T. Anna Pellegrino

Amici d'Italia

Corso di lingua italiana

1

GUIDA PER L'INSEGNANTE

T. Anna Pellegrino
Amici d'Italia
Corso di italiano – Guida per l'insegnante Livello 1

Coordinamento editoriale: Paola Accattoli
Redazione: Paola Accattoli, Gigliola Capodaglio
Direttore artistico: Marco Mercatali
Progetto grafico: Sergio Elisei
Impaginazione: Thesis Contents S.r.l. – Firenze-Milano
Ricerca iconografica: Giorgia D'Angelo
Direttore di produzione: Francesco Capitano
Concezione grafica della copertina: Paola Lorenzetti
Foto di copertina: Gettyimages

© ELI s.r.l. 2013
Casella Postale 6
62019 Recanati
Italia
Telefono: +39 071 750701
Fax: +39 071 977851
info@elionline.com
www.elionline.com

Crediti
Illustrazioni: Susanna Spelta / Marcello Carriero / Pietro Di Chiara
Fotografie: Shutterstock, archivio ELI

Si ringrazia Elettra Ercolino per la collaborazione nel lavoro di revisione e per i preziosi suggerimenti dati.
La sezione relativa alle soluzioni e trascrizioni del libro degli esercizi (da pagina 81 a pagina 92) è interamente a cura di Maddalena Bolognese e Ivana Viappiani.

I siti Web presenti in questo volume sono segnalati ad uso esclusivamente didattico, completamente esterni alla casa editrice ELI e assolutamente indipendenti da essa. La casa editrice ELI non può esaminare tutte le pagine, i contenuti e i servizi presenti all'interno dei siti Web segnalati, né tenere sotto controllo gli aggiornamenti e i mutamenti che si verificano nel corso del tempo di tali siti. Lo stesso dicasi per i video, le canzoni, i film e tutti gli altri materiali autentici complementari, di cui la casa editrice ELI ha accertato l'adeguatezza esclusivamente riguardo alle selezioni proposte e non all'opera nella sua interezza.

L'editore è a disposizione degli aventi diritto tutelati dalla legge per eventuali e comunque non volute omissioni o imprecisioni nell'indicazione delle fonti bibliografiche o fotografiche. L'editore inserirà le eventuali correzioni nelle prossime edizioni dei volumi.

Tutti i diritti riservati. Le fotocopie non autorizzate sono illegali. È vietata la riproduzione totale o parziale così come la sua trasmissione sotto qualsiasi forma o con qualunque mezzo senza previa autorizzazione scritta da parte dell'editore.

Stampato in Italia presso Tecnostampa: 13.83.133.0

ISBN 978-88-536-1513-8

Sommario

Introduzione   4

Soluzioni Libro dello studente
Unità 0 Benvenuti!   14
Unità 1 Primo giorno di scuola   17
Unità 2 Tanti auguri!   23
Unità 3 Foto di classe   29
Tiriamo le somme Unità 1-3   35
Unità 4 Un nuovo compagno   36
Unità 5 Ma che bella giornata!   42
Unità 6 Ti presento i miei   48
Tiriamo le somme Unità 4-6   54
Unità 7 Da grande voglio fare...   55
Unità 8 Facciamo spese!   61
Unità 9 Buone vacanze!   67
Tiriamo le somme Unità 7-9   73

Clicca e guarda
Attività video   74
Soluzioni   79

Eserciziario
Trascrizioni e soluzioni   81

Test, bilanci e materiale integrativo per il rinforzo
Introduzione   93
Test d'ingresso   94
Bilancio 1A – 1B   96
Bilancio 2A – 2B   98
Bilancio 3A – 3B   100
Bilancio 4A – 4B   102
Bilancio 5A – 5B   104
Bilancio 6A – 6B   106
Bilancio 7A – 7B   108
Bilancio 8A – 8B   110
Bilancio 9A – 9B   112
Rinforzo 1   114
Rinforzo 2   115
Rinforzo 3   116
Rinforzo 4   117
Rinforzo 5   118
Rinforzo 6   119
Rinforzo 7   120
Rinforzo 8   121
Rinforzo 9   122

Verso la certificazione
Test 1A   124
Test 1B   125
Test 2A   126
Test 2B   127
Test 3A   128
Test 3B   129
Test 4A   130
Test 4B   131
Test 5A   132
Test 5B   133
Test 6A   134
Test 6B   135
Test 7A   136
Test 7B   137
Test 8A   138
Test 8B   139
Test 9A   140
Test 9B   141

Competenza linguistica
Unità 1-2   142
Unità 3-4   143
Unità 5-6   144
Unità 7-8   145
Unità 9   146

Soluzioni test, bilanci e competenza linguistica   147

Consigli per la drammatizzazione   155

Elenco delle tracce audio   156

Cartina dell'Italia   159

Introduzione

Presentazione del corso

Amici d'Italia è un corso di italiano per stranieri strutturato in tre volumi, indirizzato a un pubblico di adolescenti. L'obiettivo è il raggiungimento di una competenza linguistica equilibrata nelle quattro abilità fondamentali (ascoltare, parlare, leggere, scrivere), l'acquisizione di una buona competenza ortografica, fonetica e morfosintattica e, non ultimo, la conoscenza degli aspetti più salienti della cultura e della civiltà italiane. Il corso è tarato sui livelli A1-A2-B1 del Quadro Comune Europeo di Riferimento per le lingue (QCER); ogni volume è dedicato a un singolo livello. La metodologia didattica è molto duttile, basata su attività adattabili a diverse realtà e a contesti d'apprendimento diversificati, e si sviluppa in modo da soddisfare i vari stili e ritmi di apprendimento.

La struttura di **Amici d'Italia** mantiene alta la motivazione dell'apprendente in quanto:

- lo studente e i suoi bisogni comunicativi sono sempre al centro della didattica; le strutture sono presentate chiaramente e sono immediatamente riutilizzabili in modo attivo; l'allievo, in questo modo, è cosciente del percorso che sta svolgendo e ne diviene responsabile;
- la progressione didattica è molto lineare e, in ogni sua fase, lo studente è in grado di individuarne gli obiettivi;
- i temi trattati e i materiali utilizzati sono stati selezionati considerando gli interessi reali degli adolescenti e le situazioni comunicative più ricorrenti in cui potrebbero trovarsi a interagire;
- le unità didattiche (UD) si sviluppano partendo da vicende quotidiane di un gruppo di adolescenti (Alice, Damiano, Matilde, Rafael e Silvia) che sono coinvolti in una serie di situazioni molto simili al vissuto degli studenti destinatari del libro. Gli alunni, pertanto, si identificheranno facilmente con i giovani protagonisti ritrovandosi in molte delle tematiche che coinvolgono il gruppo di amici, i loro conoscenti e familiari;
- l'approccio interculturale permette allo studente di sentirsi protagonista della scena, a prescindere dalla cultura di appartenenza;
- l'impiego di supporti multimediali (CD audio e video) stimola continuamente l'interesse dell'apprendente senza mai annoiarlo;
- l'equilibrio fra le diverse metodologie di lavoro (individuale, in coppia, in gruppo, *in plenum*) favorisce l'interazione e il confronto fra pari, senza tralasciare momenti di studio e riflessione personale;
- l'apparato iconografico e la veste grafica, simpatica, accattivante, chiara e colorata, rappresentano un ulteriore stimolo per mantenere vivo l'interesse e la concentrazione, oltre naturalmente a essere un supporto per la comprensione, rendendo più espliciti e fruibili i contenuti.

Amici d'Italia è un valido strumento di lavoro per l'insegnante in quanto:

- scandisce le varie sezioni delle UD in maniera chiara ed efficace, permettendo così di affrontare lo studio senza sovrapposizioni, consentendo al contempo di gestire in maniera autonoma il percorso della lezione;
- esplicita chiaramente gli obiettivi da raggiungere in ogni UD e offre *in itinere* strumenti di verifica e di rinforzo;
- presenta modelli linguistici e culturali vivi e in uso nella realtà italiana;
- avvicina lo studente alla struttura delle diverse certificazioni d'italiano per stranieri (**CILS, CELI, PLIDA**) attualmente attive a livello europeo e adattate al pubblico adolescenziale;
- rende l'apprendimento della lingua divertente e coinvolgente, grazie alla diversificazione tipologica delle attività, non ultime quelle ludiche;
- promuove l'autonomia dello studente e la capacità di autovalutazione;
- affronta le diverse tematiche mantenendo un approccio rispettoso delle culture e delle sensibilità dei singoli;
- educa al dialogo fra diverse individualità e differenti culture;
- offre materiali di lavoro integrativi da poter utilizzare secondo le esigenze della classe, soprattutto in caso di compresenza di alunni con livelli di conoscenza non omogenei.

Introduzione

Struttura del corso
Ogni livello di **Amici d'Italia** comprende:
- il libro dello studente o manuale, composto da nove UD, più una introduttiva;
- l'eserciziario, che segue la stessa struttura del libro dello studente;
- la guida per l'insegnante;
- tre CD audio per l'insegnante e uno per lo studente.

Amici d'Italia 1

Libro dello studente

È così composto:
UD 0: è un'UD introduttiva di avvicinamento alla lingua. Lo studente inizia a prendere contatto con le parole e le frasi di base da utilizzare per comunicare in classe; impara l'alfabeto italiano, la computazione, la fonetica, i primi numeri e i colori; fa la conoscenza del gruppo di ragazzi protagonisti delle dieci UD, i cinque adolescenti amici e compagni di classe. L'apprendimento delle strutture è facilitato da ascolti e immagini, il discente comincia subito ad agire in modo attivo e produttivo.

UD 1–9

Ogni UD è composta da dodici pagine, divise in sezioni secondo un ordine preciso:
Due pagine di primo contatto in cui sono introdotti i temi e le strutture dell'UD: un box iniziale presenta in sintesi gli obiettivi linguistici e comunicativi che saranno affrontati nelle pagine successive. Attraverso un dialogo illustrato da un disegno su due pagine, si entra nel tema dell'UD e si attua un approccio globale alle strutture sintattiche, grammaticali e agli item lessicali oggetto dell'UD. L'ascolto-lettura del dialogo è seguito da brevi attività di verifica della comprensione e da un primo reimpiego attivo di quanto proposto. L'ampia immagine, che raffigura il contesto del dialogo, aiuta la formulazione di ipotesi su quanto sarà letto e ascoltato e ne facilita in seguito la comprensione.
Lessico: due pagine in cui è proposto il lessico relativo all'argomento trattato nell'UD: si tratta di un approccio sia induttivo sia deduttivo, attraverso immagini, ascolti e brevi testi contestualizzanti. In questa sezione sono proposte attività che richiedono un reimpiego immediato dei vocaboli appresi, facilitandone la memorizzazione.
Comunicazione: due pagine che propongono l'ascolto, la lettura e la ripetizione di piccoli dialoghi mirati a soddisfare precise esigenze comunicative, come indicato nel QCER. L'uso attivo delle stesse è, poi, richiesto tramite attività di scambi orali, esercizi scritti, riordini di dialoghi, giochi, produzioni guidate e libere.
Grammatica: due pagine in cui sono presentate le strutture grammaticali in modo molto semplice e schematico; l'approccio è di tipo deduttivo, ma nella guida per l'insegnante sono suggeriti percorsi alternativi di tipo induttivo che possono favorire altri stili di apprendimento. Ogni elemento grammaticale è sempre seguito da uno o due esercizi, di tipologia varia, che ne permettono un primo impiego attivo.
Come si pronuncia?: questa sezione, presente solo nel primo volume, non ha una collocazione fissa all'interno dell'UD, infatti si può trovare nella sezione del lessico, in quella della comunicazione o in quella della grammatica. La sua lunghezza è variabile a seconda delle esigenze del suono trattato. Qui sono esaminati singoli elementi fonetici, che sono esplicitati attraverso ascolti comparativi e distintivi; alcuni esercizi permettono, poi, la riproduzione e il riascolto del suono.
Verso la certificazione: due pagine ben illustrate in cui tutti gli elementi (grammaticali, lessicali, comunicativi e tematici), affrontati nell'UD, sono rivisti e riproposti in attività strutturate secondo le tipologie di esercizi presenti nelle certificazioni per adolescenti (**CILS ragazzi**, **CELI adolescenti**, **PLIDA juniores**), in modo da acquisire familiarità con la tipologia di questi esami. Si tratta, quindi, di un valido e utile strumento di preparazione. In questa sezione si esercitano le quattro abilità, esattamente come avviene nei test delle certificazioni: comprensione scritta e orale, produzione scritta e orale e, in alcune UD, verifica della competenza linguistica attraverso un cloze. Le abilità sono trattate in modo ben distinto, così l'insegnante può scegliere agevolmente quale testare, secondo le necessità del momento.

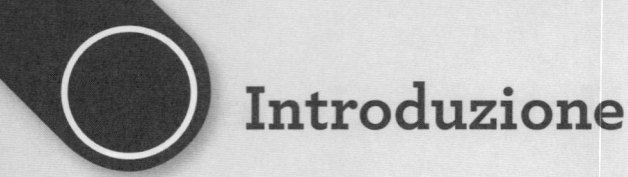

Introduzione

A spasso in Italia: due pagine che presentano elementi di cultura e civiltà in una veste accattivante e stimolante. Aiutano a conoscere l'Italia e gli italiani andando oltre l'aspetto linguistico; ogni UD affronta aspetti vivi e attuali della società italiana, selezionati in base all'età e agli interessi tipici degli apprendenti. Offre stimolanti spunti di ricerca e approfondimento, favorendo lo sviluppo di un approccio critico e consapevole verso le altre culture, privo di stereotipi e luoghi comuni.

Clicca e guarda: è parte integrante della sezione *A spasso in Italia* e consiste in un corredo di video, presenti sulla piattaforma ELI, e di link a siti internet che inquadrano la tematica attraverso spezzoni di film, programmi tv, reportage e altro materiale audiovisivo in rete. Anche sul materiale video sono proposte attività di comprensione e di elaborazione delle informazioni che si trovano in questa guida nell'apposita sezione.

Tiriamo le somme: ogni tre UD si intervallano queste due pagine predisposte per la verifica e l'autovalutazione. Si tratta di una pausa riflessiva sui punti di forza, sulle lacune e sulle misure didattiche da adottare per migliorare la preparazione degli allievi. Le attività proposte affrontano gli argomenti grammaticali, il lessico e le strutture comunicative apprese nelle ultime tre UD. Il punteggio è utile sia all'alunno sia al docente per valutare l'apprendimento dei contenuti ed, eventualmente, svolgere esercizi di recupero e rinforzo, utilizzando il materiale a disposizione nella guida, che sarà adattato alle esigenze di ogni singolo individuo. La tipologia delle attività da svolgere in questa sezione è la stessa che gli studenti hanno già incontrato nelle UD precedenti.

Glossario: sei pagine in cui sono elencate, in ordine alfabetico e suddivise per UD, le parole nuove presentate nei dialoghi, nel lessico e nella comunicazione. Per ogni lemma è richiesta allo studente la trascrizione nella sua lingua madre così da facilitarne la memorizzazione.

Regioni italiane: è una sezione di tre pagine in cui si presentano sei regioni del Nord Italia (le altre quattordici sono nei volumi 2 e 3). Sono fornite informazioni essenziali di tipo geografico e culturale, con l'aggiunta di simpatiche curiosità e belle fotografie che illustrano i contenuti. L'insegnante può decidere liberamente come usare i testi e le informazioni, secondo le esigenze scaturite dal percorso didattico svolto in classe, in collaborazione, eventualmente, con docenti di altre materie per un approccio interdisciplinare. Per aiutare a individuare con esattezza la posizione delle regioni e i toponimi citati in questa sezione si potranno usare, come supporto, le cartine alle pagine 143 e 144.

Storia d'Italia: è una sezione di tre pagine, in cui è trattata la storia d'Italia, dalle origini fino al XIV secolo (i periodi successivi sono affrontati nei volumi 2 e 3). Ogni epoca è presentata in un paragrafo autonomo, dove sono indicati gli eventi salienti e le date che hanno caratterizzato maggiormente la storia e, di conseguenza, la cultura d'Italia. Come per la sezione precedente, l'insegnante può usare i testi e le informazioni secondo le esigenze scaturite dal percorso didattico in classe, in collaborazione, eventualmente, con docenti di altre discipline, nell'ottica di uno stimolante approccio interdisciplinare.

Viva le vacanze!: è un'allegra commedia che la classe può mettere in scena alla fine dell'anno scolastico, in quanto rappresenta l'arrivederci dei cinque protagonisti di **Amici d'Italia** alla vigilia delle vacanze estive. L'inserimento di un'attività teatrale all'interno del libro dello studente segue i più recenti studi neurologici, secondo cui la drammatizzazione stimola e migliora l'apprendimento grazie al coinvolgimento di tutta la persona e all'elemento di novità che essa rappresenta, in particolare all'interno di un corso scolastico. Il teatro aiuta a mantenere alta la motivazione in modo divertente e dinamico.

Appendice: contiene alcune attività da svolgere in coppia. Si tratta di esercizi orali che stimolano l'interazione fra pari. Sono strutturati in modo che lo studente A, che lavora sulla parte dell'esercizio presente nell'UD, non veda e non conosca le informazioni in possesso dello studente B, che lavora, invece, con la

Introduzione

parte dell'esercizio in appendice. In questo modo si riesce a riprodurre meglio l'interazione reale, caratterizzata dal fattore sorpresa, senza incorrere in situazioni di tipo ansiogeno, in quanto è richiesto l'utilizzo di lessico e strutture già acquisiti.

Cartine: due cartine a pagina intera, dell'Italia fisica e dell'Italia politica, da utilizzare ogni volta che nel libro dello studente e nel quaderno degli esercizi s'incontrano i toponimi. Uno strumento utile per rendere più completa l'informazione, soprattutto nello studio delle regioni italiane.

Nel manuale, in tutte le sezioni, si trovano, inoltre, piccoli box di approfondimento:
Attenzione! focalizza brevemente l'attenzione su un particolare elemento linguistico o fonetico.
Tocca a te! invita a svolgere attività che richiedono la riflessione e la pratica individuale o l'impiego di strutture comunicative in interazioni di coppia.
Buono a sapersi! è un box che approfondisce un determinato elemento, dandone importanti informazioni sull'uso e sul significato, per avere una conoscenza completa, non solo linguistica ma anche culturale.

Eserciziario

È strutturato come il libro dello studente ed è, quindi, suddiviso in nove UD, più una introduttiva. Ognuna di queste propone esercizi seguendo le varie sezioni del libro dello studente, cui fa espresso riferimento, eccetto la sezione di civiltà che qui non è ripresa.
Lo scopo primario dell'eserciziario è offrire una serie di attività da svolgere agevolmente a casa, come rinforzo di quanto appreso in classe, e al contempo aiutare l'allievo a sviluppare la propria autonomia nello studio. Le consegne sono pertanto chiare, esaustive e rendono facilmente comprensibile il compito da eseguire, senza causare l'insorgenza di frustrazione. La tipologia degli esercizi è la stessa di quelli presenti nel libro dello studente.
Ogni UD ha la seguente struttura:

- una pagina di attività centrate sul dialogo di apertura, di cui viene richiesto un ulteriore ascolto;
- una pagina di attività sul lessico;
- una pagina di attività sulle strutture della comunicazione;
- due pagine di attività sulle strutture grammaticali;
- due pagine di attività di avviamento alla certificazione;
- una pagina in cui lo studente, in piena autonomia, fa il bilancio del suo apprendimento.

Guida per l'insegnante

Ogni volume della guida di **Amici d'Italia** ha una parte introduttiva in cui sono presentati il corso e i princìpi metodologici su cui si basa.
Segue, poi, una seconda parte dedicata alle unità, in cui sono date le indicazioni metodologico-didattiche relative alle attività da svolgere in classe per ogni singolo esercizio, di cui sono fornite man mano le soluzioni e le eventuali trascrizioni audio. Sono suggeriti, inoltre, spunti per integrazioni e arricchimenti. La terza parte, infine, offre alcune schede integrative per la verifica e il rinforzo di quanto appreso. Questi materiali costituiscono anche un valido supporto in caso di classi non omogenee e per eventuali attività di revisione. La sezione è così suddivisa:
Test d'ingresso: uno per ogni volume delle tre guide. Nella guida 1, il test verifica le preconoscenze linguistiche e culturali; si tratta ovviamente di parole semplici e diffuse nel mondo come i saluti, i cibi o il riconoscimento di personaggi italiani famosi. Nei test del secondo e del terzo volume sono, invece, testate le competenze acquisite negli anni precedenti, indispensabili per poter proseguire agevolmente il percorso senza accumulare lacune.
Bilanci: per ogni UD sono proposte due schede fotocopiabili, A e B, con esercizi simili ma non uguali, della stessa tipologia di quelli presenti nel libro dello studente. Lo scopo è verificare le competenze acquisite dai discenti e monitorare i progressi realizzati dalla classe.
Ogni scheda propone attività per testare il lessico, la grammatica e la produzione scritta. Gli esercizi sono valutabili attraverso punteggi oggettivi.
Si consiglia di svolgere questa verifica alla fine di ogni UD, sia come test in classe sia come esercita-

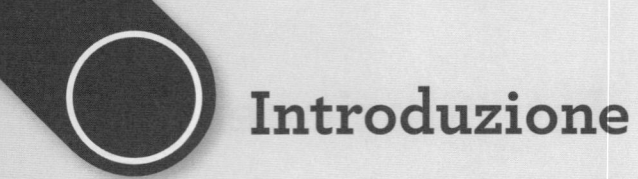

Introduzione

zione per casa. L'insegnante può scegliere se usare la doppia scheda, A e B, in classe, somministrandole alternativamente a file diverse, oppure se distribuire una scheda in classe e assegnare l'altra per casa, come ulteriore rinforzo.

La correzione può essere effettuata:
- individualmente, per stimolare l'allievo alla riflessione autonoma;
- a coppie o in gruppi, per sfruttare la collaborazione fra pari eliminando il fattore ansiogeno;
- *in plenum*, collegialmente in classe, con la supervisione dell'insegnante.

È comunque di fondamentale importanza aiutare e stimolare lo studente a riflettere sugli errori commessi e a trovare autonomamente la forma corretta. Un semplice accorgimento, a questo riguardo, potrebbe essere quello di chiedere all'allievo di autocorreggersi, tornando a rivedere regole e attività svolte nelle pagine del libro dello studente, confrontando le proprie ipotesi con quelle dei compagni.

Rinforzo: sono delle schede, una per ogni UD, utili per ripetere e rivedere quanto acquisito oppure per colmare le lacune evidenziate nello svolgimento di Tiriamo le somme e dei Bilanci. Gli esercizi sono del tutto simili a quelli dei Bilanci, senza il corredo dei punteggi.

Verso la certificazione: come per la sezione Bilanci, anche qui sono fornite due schede fotocopiabili, A e B, con testi audio uguali ma con domande di verifica della comprensione leggermente diversificate. Queste schede, oltre a valutare la comprensione (scritta e orale), propongono esercizi di verifica della produzione (scritta e orale). Tutte le attività, monitorate dai punteggi conseguiti, sono simili a quelle proposte nella corrispondente sezione del libro dello studente e ne riprendono temi e contenuti. Anche per queste schede il docente può scegliere la modalità di utilizzo secondo le proprie esigenze didattiche e di verifica.

Competenza linguistica: sono offerti esercizi supplementari di competenza linguistica non presenti in tutte le UD del libro dello studente.

Soluzioni: in questa sezione sono riportate tutte le soluzioni degli esercizi di Bilanci, Rinforzo, Verso la certificazione, Competenza linguistica e le trascrizioni audio.

La metodologia

Il QCER (Quadro Comune Europeo di Riferimento)

È un documento programmatico di politica linguistica e culturale approntato dal Consiglio d'Europa come parte integrante del progetto *Language Learning for European Citizenship* (apprendimento delle lingue per la cittadinanza europea). Il suo obiettivo è favorire l'omogeneità dell'apprendimento, dell'insegnamento e della valutazione delle lingue europee mediante indicatori linguistici coerenti, comuni e condivisi, facendo pervenire così i membri dell'Unione Europea a un'UD linguistico-comunicativa.

Pubblicato per la prima volta nel 1996, il documento, che non contiene specifiche indicazioni tecniche e metodologiche, è uno strumento di facile consultazione per collegare costantemente la teoria alla prassi operativa quotidiana. Il QCER è diventato, pertanto, un indispensabile punto di riferimento per il lavoro degli operatori nel settore dell'insegnamento: uno spunto di riflessione sulla lingua, sulla comunicazione e sui processi di apprendimento. Offre validi contributi al docente in molti ambiti della sua attività ed è il punto di riferimento tenuto in considerazioni dalle varie certificazioni linguistiche europee.

Il QCER individua sei differenti livelli di competenza linguistico-comunicativa in contesti d'uso, livelli che vengono descritti in modo trasparente, concreto e preciso. Grazie alla chiarezza del linguaggio e all'individuazione di competenze precise e definite, permette un dialogo fra insegnanti comprensibile e privo di fraintendimenti.

Sono distinte tre ampie fasce di competenza, base, autonomia e padronanza, suddivise a loro volta in due livelli ciascuna, per un totale di sei:
- Base: A1- contatto e A2-sopravvivenza;
- Autonomia: B1-soglia e B2-progresso;
- Padronanza: C1-efficacia e C2-padronanza.

Il corso è stato concepito e realizzato seguendo le indicazioni del QCER e permette agli studenti di raggiungere il livello B1. Il volume 1 del manuale porta a una conoscenza linguistica pari al livello A1, così descritto nel QCER:

Introduzione

"Comprende e usa espressioni di uso quotidiano e frasi basilari tese a soddisfare bisogni di tipo concreto. Sa presentare se stesso/a e gli altri ed è in grado di fare domande e rispondere su particolari personali come dove abita, le persone che conosce e le cose che possiede. Interagisce in modo semplice, purché l'altra persona parli lentamente e chiaramente e sia disposta a collaborare.
Ascolto: riesce a riconoscere parole familiari ed espressioni molto semplici riferite a se stesso, alla famiglia e al suo ambiente, purché le persone parlino lentamente e chiaramente.
Lettura: riesce a capire i nomi e le parole familiari e frasi molto semplici, per esempio quelle di annunci, cartelloni, cataloghi.
Interazione orale: riesce a interagire in modo semplice se l'interlocutore è disposto a ripetere o a riformulare più lentamente certe cose e aiuta a formulare ciò che si cerca di dire. Riesce a porre e a rispondere a domande semplici su argomenti molto familiari o che riguardano bisogni immediati.
Produzione orale: riesce a usare espressioni e frasi semplici per descrivere il luogo dove abita e la gente che conosce.
Produzione scritta: riesce a scrivere una breve e semplice cartolina, per esempio per mandare i saluti dalle vacanze. Riesce a compilare moduli con dati personali, scrivendo per esempio il suo nome, la nazionalità e il suo indirizzo sulla scheda di registrazione di un albergo."

L'approccio all'azione
Seguendo le indicazioni del QCER, che considera la capacità del parlante di agire in un contesto dato, **Amici d'Italia** è concepito e strutturato seguendo una metodologia rivolta all'azione. Le attività e la loro scansione sono cioè progettate al fine di mettere l'allievo in grado di raggiungere obiettivi linguistici e sociali, tenendo ben presente la sua motivazione e i suoi bisogni reali, unitamente al suo sviluppo cognitivo. Lo studente è quindi considerato un vero e proprio attore sociale e non semplicemente il soggetto intorno al quale si sviluppa l'azione didattica. Recenti studi hanno, infatti, dimostrato come il coinvolgimento totale del discente nel processo di apprendimento aiuti e faciliti l'acquisizione permanente dei saperi.

I temi, le situazioni, i contesti presi in considerazione nelle UD e le attività costruite partendo da essi sono attinenti alla vita quotidiana e sono tarati sulla fascia d'età degli studenti. Ne consegue, quindi, che quanto appreso risulta concretamente spendibile nelle realtà giovanili.

I compiti da svolgere seguono una progressione lineare, ben calibrata nel ritmo e nella scelta degli argomenti; essi hanno lo scopo non solo di mettere in pratica i contenuti linguistici appresi, ma anche quelli culturali e sociali, cosa che conferisce un senso di completezza a tutto il percorso. I modelli di lingua offerti in **Amici d'Italia** sono pertanto reali e invitano alla riflessione interculturale.

Affinché la competenza acquisita non si limiti a una mera conoscenza scolastica ma incentivi l'autonomia d'uso, in **Amici d'Italia** è data grande rilevanza alla lingua orale, poiché proprio tramite la comprensione e la produzione orali si concretizza appieno la competenza comunicativa. Questa linea di sviluppo, ovviamente, non va a detrimento delle competenze scritte, che sono sviluppate in modo armonioso lungo tutto il percorso di studio.

L'approccio interculturale
Partendo dall'assunto che l'insegnamento di una lingua non può prescindere da quello della cultura e che, anzi, la lingua ne è parte integrante, si evidenzia come **Amici d'Italia** segua un approccio interculturale che educa alla conoscenza, alla comprensione e al rispetto, con la finalità di superare i pregiudizi e le visioni stereotipate. La competenza culturale permette una comunicazione appropriata e completa, perché allo studente non è richiesto solo di dominare il sistema linguistico ma anche di riconoscere e interpretare i comportamenti socio-culturali dei suoi interlocutori. Questo principio è anche sancito nel QCER, secondo il quale la lingua è il motore della comunicazione all'interno della cultura in cui è nata e pertanto la conoscenza degli aspetti socio-culturali permette una comunicazione ottimale.

La scuola, sia essa dell'obbligo o un corso di lingua, ha ormai individuato come obiettivo primario lo

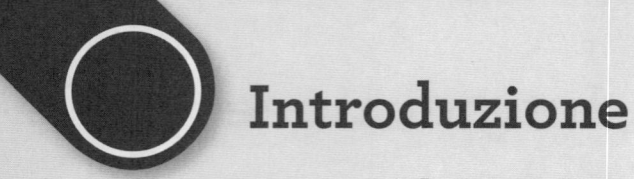

Introduzione

sviluppo della competenza interculturale. Questo comporta l'adozione di una serie di strategie atte alla formazione di una personalità autonoma, capace di osservare e analizzare i modelli culturali altri (abilità di decentrarsi) per arrivare poi al confronto con i propri e capirne i valori che li hanno generati (*cultural awareness*), seguirne l'evoluzione nel tempo (*lifelong* e *lifewide*), arrivando così a costruire un nuovo sistema di conoscenze. La competenza linguistica e culturale in una lingua è modellata e influenzata dalla conoscenza dell'altro e contribuisce ad arricchire la personalità rendendola più completa, complessa e aperta verso il nuovo. Secondo quanto asserisce Hymes, si deve risvegliare la propensione all'osservazione etnografica (interpretazione dell'ambiente), che è innata in ciascuno di noi. Quest'obiettivo s'inserisce, dunque, in un percorso che pone lo studente al centro dell'azione didattica, di cui diventa attore principale e in cui può sviluppare la competenza glottomatetica, strettamente correlata a quella interculturale; una scuola come fucina di personalità autodidatte e capaci di rilevazioni etnografiche, sollecitate da un insegnante che segue per primo questo percorso.

Le certificazioni

Esistono quattro certificazioni ufficiali per l'italiano rivolte ad adulti e riconosciute a livello internazionale; sono rilasciate da istituzioni che fanno parte dell'ALTE (*Association of Language Testers in Europe*) o che hanno seguito i parametri e le direttive del QCER. Gli enti certificatori per l'italiano aderiscono a una convenzione con il MAE, Ministero degli Affari Esteri e somministrano le certificazioni in tutto il mondo attraverso la rete di rappresentanze diplomatiche e culturali. Queste sono:

- il CELI (Certificato di Lingua Italiana), rilasciato dall'Università per Stranieri di Perugia;
- il CILS (Certificato di Italiano Lingua Straniera), rilasciato dall'Università per Stranieri di Siena;
- il PLIDA (Programma Lingua Italiana Dante Alighieri), rilasciato dalla Società Dante Alighieri;
- l'IT (Certificato di competenza generale in italiano come lingua straniera), rilasciato dall'Università degli Studi di Roma Tre.

Tre di questi enti, da tempo, hanno approntato una certificazione per un pubblico più giovane:
- CELI adolescenti, per ragazzi fra i 13 e i 17 anni, da A2 a B2;
- CILS bambini per i livelli A1 e A2, ragazzi da A1 a B1;
- PLIDA junior per ragazzi fra i 13 e i 18 anni, da A1 a C1.

Tutti i certificati sono basati sulle impostazioni, il modello di lingua e il tipo di valutazione proposto dai descrittori del QCER, e sono altresì assimilabili ai certificati ufficiali europei. Rivolgendosi a un pubblico di ragazzi, i generi testuali presi in esame nelle diverse sezioni degli esami e i compiti assegnati sono rapportati all'età degli utenti, al loro bagaglio culturale, ai loro interessi e alla loro capacità cognitiva, pur mantenendo le stesse competenze da raggiungere, previste dal QCER per gli adulti.

Nelle pagine *Verso la certificazione* di **Amici d'Italia** si trovano attività che riprendono la tipologia delle prove d'esame e che corrispondono alle quattro competenze testate. Facendo pratica con le attività di queste pagine gli studenti saranno in grado di affrontare la prova con una valida preparazione tecnica e, anche, psicologica.

Introduzione

Come lavorare con Amici d'Italia 1: esempio di approccio didattico

Presentiamo qui alcune indicazioni didattiche generali per l'uso del manuale: l'insegnante potrà tenerle in considerazione adattando il materiale alle esigenze specifiche della classe.

Ogni UD si apre con la lista degli **obiettivi** linguistici e culturali, utile per focalizzare l'attenzione degli allievi su di essi durante lo studio.

Il **dialogo iniziale** è sempre illustrato da un disegno a doppia pagina che ne riassume i punti principali e rappresenta gli interlocutori nel contesto d'interazione. Queste immagini, molto chiare e gradevoli, possono essere usate per stimolare la curiosità della classe, per elicitare conoscenze pregresse, attraverso *brainstorming*, e per formulare ipotesi sul contenuto. Si tratta di operazioni che facilitano la comprensione mantenendo al contempo alta la motivazione. Nella fase di preascolto l'insegnante, qualora lo ritenga opportuno, può fornire alcune parole chiave utili allo svolgimento delle attività.
Ogni dialogo è stato concepito in base alle conoscenze linguistiche e culturali acquisite in precedenza, seguendo una progressione costante e graduale nell'esposizione degli elementi nuovi. I dialoghi anticipano il lessico, le funzioni comunicative e le strutture grammaticali che saranno ampiamente trattate nelle sezioni successive.
In ogni dialogo sono presenti alcuni dei protagonisti (Alice, Damiano, Matilde, Rafael e Silvia) che accompagnano l'allievo nel suo percorso di studio. Sono giovani adolescenti che vivono a Torino, frequentano la stessa classe e hanno origini diverse: insieme ad altri loro amici rappresentano la composita realtà regionale ed etnica italiana.
Le attività delle prime due pagine sono progettate seguendo il processo naturale di apprendimento, privilegiando, quindi, prima l'ascolto e la ripetizione, per passare, successivamente, al reimpiego attivo. Per favorire al massimo la comprensione dell'ascolto, si possono programmare le seguenti fasi:

1. chiedere alla classe di osservare l'illustrazione e formulare ipotesi sul contenuto del dialogo che si ascolterà; si possono stimolare gli studenti con domande del tipo "dove sono?", "quante persone ci sono?", "chi sono?", "cosa fanno?". Se domande di questo genere risultano troppo difficili, si possono riformulare in modo da avere risposte del tipo "sì" o "no", per esempio: "sono a casa?", "sono a scuola?", ecc. In questa fase è possibile anche focalizzare l'attenzione sugli oggetti, chiedendone il nome e la funzione. L'insegnante, inoltre, può scrivere alla lavagna le parole che non sono note all'intera classe, indicando, poi, sull'immagine del libro a cosa si riferiscono;

2. ripetere più volte l'ascolto, a seconda delle esigenze della classe. L'insegnante propone agli studenti un primo ascolto a libro chiuso, seguito da uno scambio d'informazioni in coppia su quanto si è compreso; si prosegue, quindi, con un secondo ascolto, sempre a libro chiuso. Per facilitare la comprensione delle parole nuove e difficili, il docente scrive alla lavagna, da una parte, le parole nuove, e dall'altra il loro significato o la traduzione nella lingua madre. I vocaboli e la loro spiegazione non si devono trovare in corrispondenza ma in voluto disordine, in modo che sia lo studente stesso a trovare, tramite gli ascolti, gli abbinamenti corretti. Si procede quindi alla lettura delle domande di comprensione nell'esercizio 2, in modo che l'attenzione ora si focalizzi sulle informazioni da cercare. Le domande sono sempre molto semplici e richiedono una risposta del tipo 'vero' o 'falso' oppure a scelta multipla. La lettura delle domande aiuta anche nella comprensione di tutto il dialogo, in quanto sono formulate riprendendo esattamente le parole e le strutture in esso contenute. Dopo un ulteriore ascolto, si passa a verificare le risposte date. Il controllo può essere effettuato in prima istanza a coppie, in modo che gli studenti superino la paura di sbagliare e, soprattutto, apprendano le strategie impiegate per trovare la risposta attraverso il confronto fra pari. Per garantire un livello di comprensione uniforme all'interno della classe, è necessaria una correzione *in plenum*;

Introduzione

3. **leggere il dialogo**: questa fase è utile per l'esercitazione del lessico e della fonetica. Può essere svolta dividendo la classe in gruppi e assegnando a ogni singolo studente il ruolo di un personaggio del dialogo. Per le frasi più difficili o con intonazione più problematica è possibile prevedere una ripetizione corale preceduta da una lettura da parte dell'insegnante;
4. **produrre oralmente**: un momento di personalizzazione durante il quale gli studenti, a turno, prendono la parola e svolgono l'attività richiesta nel box *Adesso tocca a te!* Si può procedere facendo leggere le domande, sincerandosi che tutta la classe le abbia comprese, lasciare un po' di tempo per riflettere sulla risposta e assegnare quindi i turni di parola.

Lessico

In queste pagine si affronta lo studio del lessico necessario alla comunicazione secondo gli obiettivi annunciati a inizio UD. Il contesto di presentazione è sempre familiare e di interesse immediato per il pubblico adolescente. Le attività proposte richiedono una prima fase di ascolto, poi il riconoscimento e quindi la scrittura della parola. In molti casi si tratta di vocaboli già incontrati nel dialogo di apertura, quindi di facile identificazione. Il lessico spesso è associato a una rappresentazione illustrata, in modo da favorirne la comprensione e la memorizzazione. Gli esercizi con audio devono prevedere almeno due ascolti per lo svolgimento dell'attività proposta. La correzione, anche in questo caso, può avvenire prima in coppia e poi collegialmente. Si passa, in seguito, all'impiego attivo delle parole tramite esercizi di varia tipologia, che rispondono ai diversi stili di apprendimento: riempimenti, riconoscimenti, associazioni, attività orali, ripetizioni e giochi, i quali favoriscono la memorizzazione sia scritta sia orale.

Comunicazione

Due pagine in cui si esercitano le funzioni comunicative presentate nel dialogo d'apertura. Queste sono sempre proposte attraverso semplici dialoghi, riutilizzabili in diversi contesti. Ogni funzione è presentata partendo dalla frase già incontrata nel dialogo iniziale, cui si aggiungono delle varianti e alcune possibili risposte. Il percorso prevede sempre prima una fase di ascolto e ripetizione poi un impiego attivo di quanto appreso. Trattandosi di comunicazione, in queste pagine è dunque privilegiata l'oralità ma non mancano esercizi scritti.

È bene programmare un primo momento di lettura silenziosa della consegna, lasciare il tempo necessario per la preparazione e poi passare alla recitazione. Anche in questa sezione sono presenti numerosi box *Adesso tocca a te!*, che coinvolgono maggiormente lo studente attraverso attività prossime al vissuto quotidiano adolescenziale. La correzione degli esercizi è, poi, svolta collegialmente in classe.

Come si pronuncia?

Questa sezione, che non ha una posizione fissa, prevede momenti di lavoro individuale. Si ascoltano, anche più volte, parole che contengono i suoni presi in esame; l'insegnante, in seguito, spiega la loro articolazione e l'ortografia. Lo studio prosegue con altri ascolti abbinati ad attività di riconoscimento, di discriminazione e di riempimento per passare, infine, a quelli di pronuncia. Il lavoro è sempre di tipo individuale ed è seguito dal controllo *in plenum*.

Grammatica

Dopo il lessico e le funzioni comunicative, si passa allo studio delle strutture grammaticali. In queste due pagine sono presentate le regole, brevemente spiegate e riassunte in pratici schemi, facili da memorizzare e utili anche per successivi ripassi. L'insegnante in questa fase deve essere chiaro nelle spiegazioni e prodigo nelle esemplificazioni. L'approccio alla struttura può avvenire secondo due metodologie: deduttiva e induttiva.

1. Deduttiva Si scrive alla lavagna una frase del dialogo iniziale che contiene l'elemento grammaticale preso in esame; si invitano gli alunni ad aprire il libro alla pagina dello schema e si illustra la regola. Si mostra poi l'elemento grammaticale all'interno della frase, provvedendo a spiegare la funzione che esso svolge e la sua morfologia. Per esempio, nel caso dello studio

Introduzione

della coniugazione verbale al presente, si evidenzia il verbo nella frase, si scrive l'infinito, si cancella la desinenza dell'infinito, si coniuga il verbo e si torna infine alla forma che è stata usata nel dialogo;

2. Induttiva L'insegnante scrive alla lavagna alcune frasi che contengono la struttura grammaticale, evidenziandola. Chiede, poi, agli studenti di cercare nel dialogo iniziale la stessa struttura. Una volta individuata, si formulano ipotesi sulla funzione che essa svolge. Ovviamente, si possono offrire stimoli di vario genere: per esempio, sempre nello studio del verbo presente, si può scrivere la forma all'infinito e sottolineare i verbi nelle frasi alla lavagna, magari impiegando colori diversi per ogni persona verbale. La formulazione delle ipotesi, svolta in coppia o a piccoli gruppi, è seguita da un confronto comparativo con lo schema nel libro, che convaliderà le supposizioni esatte.

Si passa poi al lavoro individuale con gli esercizi di applicazione della regola. È buona pratica leggere sempre collegialmente le consegne, in modo che sia ben chiaro il compito da eseguire e non si creino filtri affettivi. Gli esercizi sono di difficoltà progressiva e presentano la regola in contesti già noti allo studente. Prima del controllo *in plenum*, gli studenti possono confrontarsi a coppie e discutere eventuali divergenze, facendo ricorso, se necessario, allo schema nel libro. Si consiglia di scrivere sempre le soluzioni alla lavagna così da evitare errori di ortografia.

Verso la certificazione

Le attività in questa sezione sono mirate a esercitare le quattro abilità, avvalendosi di elementi iconografici e di file audio. In alcune UD si misura anche la competenza linguistica. Non si introducono elementi nuovi ma si riprendono e si usano attivamente quelli già studiati: il lessico, le funzioni comunicative e le strutture grammaticali. Le prove sono tutte da svolgersi individualmente, a eccezione delle interazioni orali in coppia. Si consiglia sempre di leggere collegialmente e spiegare in dettaglio le consegne. Per queste attività, più complesse rispetto a quelle delle altre sezioni, è necessario prevedere un tempo di svolgimento più lungo, poiché si richiede all'alunno un impegno maggiore.

La correzione delle produzioni orali e scritte deve essere individuale; per gli ascolti e le letture invece si può procedere *in plenum*.

Il lavoro in questa sezione è particolarmente utile per due motivi:

1. si riassume tutto quello che in precedenza è stato studiato nelle singole sezioni e si ripropone integrato in contesti comunicativi reali. Si richiede allo studente di interagire in situazioni molto vicine a quelle della vita quotidiana, in cui si ascolta, si legge, si parla e si scrive rispondendo a molteplici stimoli;

2. le attività riprendono la tipologia degli esercizi da svolgere negli esami delle certificazioni CILS ragazzi, CELI adolescenti e PLIDA juniores. Con la pratica svolta nei tre anni di scuola grazie ad **Amici d'Italia**, lo studente sarà in grado di sostenere l'esame senza timori, grazie alla familiarità acquisita con i meccanismi dei vari test.

A spasso in Italia

Alla fine di ogni UD, queste due pagine aprono una finestra sulla realtà italiana, fornendo informazioni su elementi di cultura e civiltà attraverso testi e immagini. Dopo uno studio più impegnativo richiesto nelle altre sezioni del manuale, *A spasso in Italia* si presenta come un momento leggero e, al contempo, costruttivo, uno spunto per intraprendere un dialogo sulle differenze culturali e sfatare gli stereotipi. Queste pagine solleticano la curiosità degli studenti e li spingono a conoscere da vicino la nazione, al di là dell'apprendimento linguistico. I docenti potranno sfruttare il materiale offerto, adattandolo alle esigenze della classe. Si propongono, comunque, alla fine di ogni UD, alcune attività di comprensione e/o di produzione, di cui gli insegnanti si potranno avvalere, qualora lo riterranno utile. Per coinvolgere maggiormente gli studenti e ritornare sugli argomenti culturali trattati in questa sezione, sono disponibili sulla piattaforma ELI alcuni video interessanti corredati di attività di comprensione, descrizione e produzione (esposte qui nella guida) da svolgere in classe.

Unità 0 Benvenuti!

Obiettivi

Conoscere i ragazzi protagonisti di **Amici d'Italia**, apprendere l'alfabeto, la computazione, contare fino a 20, imparare i colori, le parole e le frasi più utili e basilari per comunicare in classe, le regole fonetiche più importanti.

Questa unità introduttiva ha lo scopo di fare avvicinare l'apprendente alla lingua italiana attraverso un contatto semplice con alcuni elementi di grande utilità pratica per muovere i primi passi in classe. Le attività proposte sono minime, chiare e facilmente eseguibili, così da rendere gradevole e motivante l'approccio con l'italiano senza alzare il filtro affettivo e creare ansie. L'associazione ascolto-lettura favorisce un approccio totale e allo stesso tempo rassicurante.

Per calare lo studente nell'atmosfera di **Amici d'Italia**, si comincia con la presentazione dei cinque ragazzi protagonisti che, prendendo per mano lo studente, lo accompagneranno nel percorso di apprendimento. In questo modo si instaura subito un rapporto di complice amicizia con dei coetanei con i quali si stabilisce un'ideale comunicazione fra pari. Si passa poi all'alfabeto italiano e alla computazione con i nomi di città. È questa l'occasione per prendere visione della cartina d'Italia e verificare la collocazione delle città menzionate. Allo studente è quindi richiesto di attivarsi nella produzione orale attraverso l'ascolto e il reimpiego di strutture per la computazione. In questa fase, per animare un po' la lezione e stimolare l'interesse, l'insegnante può mostrare foto di monumenti famosi presenti in alcune città della cartina.

Il passo successivo è l'ascolto e la lettura dei numeri da uno a venti, seguito da un simpatico gioco che, oltre a facilitare la memorizzazione dei numeri, diverte e rilassa. Questo esercizio può essere svolto anche come competizione fra coppie o piccole squadre. Segue un'attività che richiede nuovamente concentrazione per cominciare a conoscere e memorizzare i colori, cosa resa più facile e gradevole dall'immagine delle matite.
Si continua con il lessico e con le frasi maggiormente usate in classe: si tratta degli oggetti più comuni che utilizzano gli studenti e delle frasi base impiegate nelle prime interazioni in lingua italiana.
Infine, un box di introduzione alla fonetica in cui si spiegano le principali regole della pronuncia e si forniscono numerosi esempi con supporto audio.

(1-2) Esercizio 1 pagina 10

Attività di ascolto e ripetizione. Sono le presentazioni dei cinque ragazzi protagonisti del manuale. Ascoltare due volte e poi ripetere coralmente.

✓ Si può chiedere ai più estroversi di ripetere la presentazione usando il proprio nome.

Esercizio 2 pagina 10

Attività di comprensione orale, con ascolto e ripetizione. Fare osservare l'alfabeto e fare notare le differenze con quello della propria lingua. Sottolineare che alcune lettere, J-K-W-X-Y, si trovano solo in parole straniere in uso anche in italiano; eventualmente si possono dare anche degli esempi come 'clown', 'kayak', 'kiwi', 'taxi', 'yogurt', 'judo'. Si ascolta più volte seguendo le lettere sul libro e si ripete.

✓ Si possono preparare alcuni fogli, ciascuno con una lettera, estrarli a caso e chiedere alla classe di pronunciare la lettera.

(1-3)

a - bi - ci - di - e - effe - gi - acca - i - elle - emme - enne - o - pi - qu - erre - esse - ti - u - vu - zeta.
Lettere straniere: i lunga - cappa - vu doppia - ics - ipsilon.

(1-4) Esercizio 3 pagina 10

Attività di ascolto e ripetizione. Prima focalizzare l'attenzione della classe sulla cartina d'Italia di fianco all'alfabeto ed evidenziare le città. Poi leggerne insieme i nomi, prima l'insegnante poi gli studenti, facendone sottolineare man mano la lettera iniziale. Ascoltare due volte i dialoghi con la computazione e fare rileggere in coppia. Chiedere agli studenti di fare ipotesi sul significato della domanda "come si scrive?" e arrivare insieme, se possibile, alla spiegazione. Fare notare che per la risposta si usano le lettere iniziali delle città italiane. Scrivere poi 'Matilde' in stampatello alla lavagna; fare la domanda a tutta la classe: "Come si scrive Matilde?" e sollecitare la risposta collettiva.

Esercizio 4 pagina 11
Attività di produzione orale. È il momento di fare esercitare la computazione attivamente. Leggere e mostrare visivamente le parole 'matita' e 'banco', spiegare cosa significa 'il tuo nome' e 'il nome del tuo compagno'. Formare delle coppie i cui componenti, a turno, devono computare le quattro parole. Il controllo finale può essere svolto con una risposta corale che in questa fase iniziale è molto utile per non creare ansia.

✓ Si possono mostrare man mano alcune fotografie delle città menzionate nell'esercizio. Se in classe non c'è il videoproiettore collegato a internet, possono essere usate le foto del manuale, per esempio Torino e Roma a pagina 15, Milano a pagina 18, Venezia a pagina 82.

Soluzione: 1 M come Milano, A come Ancona, T come Torino, I come Imola, T come Torino, A come Ancona. 2 B come Bari, A come Ancona, N come Napoli, C come Como, O come Otranto.

Esercizio 5 pagina 11
Attività di comprensione e ripetizione orale. Si ascoltano i numeri seguendo in contemporanea le cifre sul libro e poi si ripete coralmente. Successivamente si può fare contare a turno seguendo l'ordine dei banchi.

✓ Gioco del lancio della pallina. Si dispongono gli studenti in cerchio e a turno si lanciano una pallina di carta. A ogni lancio si dice un numero partendo ovviamente da zero, seguendo la normale successione. Quando uno studente sbaglia, si ricomincia da zero.

✓ Dettato dei numeri. L'insegnante divide la classe in coppie, ognuna delle quali riceve due liste di numeri, una per studente, scritta a lettere e a cifre, per esempio '15' e 'quindici'. Un alunno legge il numero senza ovviamente farlo vedere e l'altro lo deve scrivere in cifre.

zero – uno – due – tre – quattro – cinque – sei – sette – otto – nove – dieci – undici – dodici – tredici – quattordici – quindici – sedici – diciassette – diciotto – diciannove – venti.

Esercizio 6 pagina 11
Attività ludica. Gli studenti devono cercare i numeri nella griglia. Si può dividere la classe in coppie o in piccoli gruppi e fare una gara.
Orizzontali: tredici, nove, dodici, cinque, quattro.
Verticali: venti, tre, sette, due, dieci, diciotto.

Esercizio 7 pagina 11
Attività di comprensione e ripetizione orale. Si ascoltano i nomi dei colori seguendo in contemporanea le matite sul libro; fare ripetere coralmente.

✓ L'insegnante può preparare fogli o oggetti colorati e chiedere alla classe di dirne i colori.

blu – grigio – viola – celeste – nero – verde – bianco – marrone – rosso – rosa – arancione – giallo.

Esercizio 8 pagina 12
Attività di comprensione e produzione scritta. Gli studenti devono abbinare il nome degli oggetti alle figure. Conoscono già alcune parole viste in attività precedenti (matita, cartina, probabilmente si sono già usate anche le parole 'libro' e 'pagina'); lasciare il tempo per effettuare gli abbinamenti e poi fare un confronto in coppia, utile, eventualmente, per completare l'esercizio nel caso in cui gli studenti non conoscano tutte le parole. Al termine controllo collegiale.

Soluzione: 1 quaderno – 2 pagina – 3 cartina – 4 libro – 5 penna – 6 gomma – 7 matita – 8 lavagna – 9 dizionario – 10 temperino.

Esercizio 9 pagina 12
Attività di comprensione e produzione orale. Si ascoltano i nomi degli oggetti seguendo in contemporanea le figure sul libro; fare ripetere coralmente.

✓ Dopo l'ascolto, l'insegnante può indicare gli stessi oggetti in classe e sollecitare gli studenti a dirne i nomi.

1 *quaderno* – 2 *pagina* – 3 *cartina* – 4 *libro* – 5 *penna* – 6 *gomma* – 7 *matita* – 8 *lavagna* – 9 *dizionario* – 10 *temperino*.

Soluzioni

Esercizio 10 pagina 12
Attività di ascolto e comprensione orale, produzione scritta e lettura. Gli studenti devono riscrivere le frasi mettendo le parole in ordine. Fare ascoltare più volte le singole frasi e lasciare il tempo per scrivere. Procedere al confronto in coppia e dopo al controllo *in plenum*. Spiegare il significato delle frasi, invitando gli studenti a usarle in futuro. Fare rileggere le frasi a turno in coppia.

 (1-8)

Come si scrive 'libro'?
1 *Non ho capito!*
2 *Per favore, può ripetere?*
3 *Come si dice 'book' in italiano?*
4 *Posso fare una domanda?*
5 *Che cosa significa libro?*
6 *Scusi, posso uscire?*

Come si pronuncia?

In questo box si presentano i principali suoni che possono creare problemi nella pronuncia. Se si vuole lavorare in modo induttivo, si può dividere la classe in gruppi e chiedere di ricercare nelle parole e nelle frasi viste fino a questo momento la pronuncia di una o più lettere. È possibile anche assegnare a ogni gruppo una sola lettera o un insieme di lettere per snellire il lavoro. Dopo, collegialmente, si fa la verifica di quanto detto dagli studenti; eventualmente questa fase può essere accompagnata dal riascolto degli audio 2-8. Per gli insegnanti che invece preferiscono un lavoro deduttivo, è consigliato seguire man mano il box procedendo con spiegazioni e ascolti con ripetizioni. Alla fine delle attività il docente può scrivere alla lavagna alcune parole e chiedere agli studenti di leggerle. Possono essere usate le parole viste nelle quattro pagine dell'unità, compresa 'amici' che si trova nel titolo: Alice, scuola, lavagna, pagina, significa, uscire, undici, grigio, compagno, Genova.

(1-9) **Esercizio 1 pagina 13**
Attività di ascolto e ripetizione.

(1-10) **Esercizio 2 pagina 13**
Attività di ascolto e ripetizione.

(1-11) **Esercizio 3 pagina 13**
Attività di ascolto e ripetizione.

(1-12) **Esercizio 4 pagina 13**
Attività di ascolto e ripetizione.

Unità 1 — Primo giorno di scuola

Obiettivi

Lessico: i Paesi e le nazionalità, i nomi maschili e femminili per le persone.
Funzioni comunicative: presentarsi e salutare, presentare qualcuno, chiedere la città di provenienza e la nazionalità.
Strutture grammaticali: i nomi e gli aggettivi singolari, concordanza, i pronomi personali soggetto, il presente indicativo del verbo 'essere' e dei verbi della 1ª coniugazione, la forma negativa.

Esercizio 1 pagina 14

Attività di comprensione orale e scritta. In questo dialogo iniziale gli studenti entrano nel mondo dei cinque amici italiani al loro primo giorno di lezione. L'ambiente crea, quindi, un'immediata sintonia con questi personaggi perché se ne condividono le emozioni e le sensazioni. È opportuno spiegare agli studenti che ascolteranno un dialogo che introduce le funzioni comunicative, il lessico e le strutture grammaticali oggetto dell'unità; presentare, quindi, gli obiettivi che sono riassunti nel riquadro in alto a pagina 15, in modo da rendere esplicite le competenze che acquisiranno, cosicché durante lo studio delle varie sezioni sarà più facile mantenere l'attenzione focalizzata su questi elementi.

All'inizio dell'attività osservare la grande illustrazione su due pagine e stimolarne la descrizione con domande che potranno aiutare a immaginare il contenuto del dialogo, assicurandosi che tutti partecipino attivamente. Le domande, cui gli studenti possono rispondere nella loro lingua, saranno del tipo:

- Dove sono?
- Chi sono?
- Di cosa parlano?
- Sono tutti italiani?

In questa fase l'insegnante può anche scrivere alla lavagna alcune parole contenute nel dialogo, senza però darne la traduzione. Saranno gli studenti stessi, a dialogo ascoltato e letto, a fare delle supposizioni o delle deduzioni sul loro significato. Prima dell'ascolto, che si svolgerà a libro chiuso, è importante fare presente alla classe che, ovviamente, non si può comprendere tutto ma sarà comunque possibile avere un'idea globale della comunicazione in atto. Questo è fondamentale per evitare, durante l'ascolto, l'innalzamento del filtro affettivo nei soggetti più sensibili e facili allo scoraggiamento. Dopo il primo ascolto gli studenti possono avere un breve scambio di informazioni in coppia sui contenuti del dialogo, riferendo cosa hanno capito della situazione e le parole che hanno sentito. Procedere, quindi, a un secondo ascolto sempre a libro chiuso e poi fare domande molto generali a tutta la classe, del tipo:

- quante persone parlano? che età hanno? sono maschi o femmine?
- qual è l'argomento del dialogo?
- quali parole avete sentito?

L'insegnante può scrivere alla lavagna le parole riconosciute dagli studenti o ne scrive altre che possono aiutare la comprensione.

Prima del terzo ascolto, che sarà attivo, fare leggere attentamente le frasi dell'esercizio 2 e assicurarsi che tutti gli studenti le comprendano. Al termine dell'ascolto si controllano le risposte collegialmente o, in alternativa, si può fare prima un controllo in coppia, per superare l'eventuale paura di mostrare in pubblico i propri errori, permettendo, in questo modo, anche di scoprire le strategie di apprendimento fra pari. Dopo il controllo della comprensione si passa alla lettura: si può svolgere sia collegialmente, assegnando a turno la lettura, sia dividendo la classe in gruppi formati da tanti studenti quanti sono i personaggi del dialogo.

Esercizio 2 pagina 14

Attività di comprensione orale.

Soluzione: 1 V, 2 F, 3 V, 4 V.

Esercizio 3 pagina 14

Attività di comprensione e produzione scritta. Lasciare agli studenti il tempo per reperire nel dialogo le informazioni per completare le frasi.

Soluzione: 1 Torino, 2 brasiliano, 3 italiano, 4 Giulia Ragini.

Esercizio 4 pagina 15

Attività di comprensione e produzione scritta. Lasciare

Soluzioni

il tempo necessario per il completamento degli spazi. Informare che una linea corrisponde a una sola parola.

Soluzione: mi, chiamo, chiama, si.

Esercizio 5 pagina 15
Attività di lettura e produzione orale. Fare leggere in coppia il dialogo dell'esercizio 4 sostituendo i nomi con quelli degli studenti e dell'insegnante di italiano. Spiegare la differenza fra professoressa e professore, per usare in maniera corretta il titolo con il nome del proprio insegnante. In seguito è possibile formare nuove coppie e fare recitare il dialogo senza leggerlo.

Esercizio 6 pagina 15
Attività di produzione scritta. Seguendo sempre l'esempio dell'esercizio 4, fare scrivere sul quaderno il dialogo secondo le istruzioni.

Esercizio 7 pagina 15
Attività di produzione scritta. Completare le parole per i saluti. Ogni linea corrisponde a una lettera. Gli studenti possono aiutarsi cercando le parole nel dialogo iniziale.

Soluzione: 1 buongiorno, 2 ciao, 3 piacere, 4 salve, 5 benvenuta.

Lessico

Esercizio 1 pagina 16
Attività di comprensione e produzione scritta. Lavoro individuale di abbinamento fra nazione e nazionalità. Controllo con tutta la classe.

✓ Se in classe è presente una cartina del mondo, indicare man mano la posizione geografica delle varie nazioni.

Soluzione: 1 svizzero, 2 brasiliano, 3 spagnolo, 4 tedesco, 5 francese, 6 argentino, 7 giapponese, 8 cinese, 9 indiano, 10 nigeriano, 11 egiziano.

Esercizio 2 pagina 16
Attività di comprensione orale e produzione scritta. Confronto in coppia e poi controllo con tutta la classe. Eventuale ripetizione corale o lettura in coppia delle frasi.

 (1-14)

   Damiano è italiano.
1 *Maria è brasiliana.*
2 *Hans è tedesco.*
3 *Claudia è svizzera.*
4 *Consuelo è spagnola.*
5 *Amit è indiano.*
6 *Eiko è giapponese.*

Esercizio 3 pagina 16
Attività di comprensione orale e produzione scritta. Confronto in coppia e poi controllo con tutta la classe. Eventuale ripetizione corale o lettura in coppia delle frasi.

 (1-15)

1 *professore,* 2 *professoressa,* 3 *dottore,* 4 *dottoressa,* 5 *studente,* 6 *studentessa,* 7 *attore,* 8 *attrice.*

 (1-16) **Esercizio 4 pagina 17**
Attività di comprensione e produzione orale. Ascoltare i dialoghi, leggerli ed eventualmente drammatizzarli. Spiegare la differenza fra il dialogo formale e quello informale: soffermarsi sulle parole che si usano per salutare avvalendosi del box *Buono a sapersi!*. Attirare l'attenzione degli studenti sul dialogo 6 e spiegare che in Italia è usuale rivolgersi al professore e alla professoressa con il diminutivo 'prof'.

Esercizio 5 pagina 17
Attività di produzione scritta e comprensione orale. Fare completare i brevi dialoghi con i saluti. Poi verificare tramite l'ascolto e chiarire eventuali dubbi con tutta la classe. Rileggere i dialoghi in coppia.

 (1-17)

1 **A** *Buonanotte Silvia.*
  B *Buonanotte Beatrice.*
2 **A** *Buonasera signora Lanetti.*
  B *Buonasera Dario.*
3 **A** *ArrivederLa signor Albini.*
  B *ArrivederLa direttore.*

Soluzioni

4 **A** *Buongiorno professore.*
B *Ciao, Lino.*

Come si pronuncia?

 Esercizio 1 pagina 17

Attività di ascolto e ripetizione. Scrivere alla lavagna la parola 'intonazione' e chiedere di fare delle ipotesi sul suo significato, con particolare riferimento alla lingua italiana. Successivamente si ascoltano e si ripetono le frasi. In alternativa, si può fare un primo ascolto a libro chiuso, ripetendo a una a una le frasi. Il secondo ascolto invece è a libro aperto in modo che gli studenti vedano anche quando si tratta di una domanda e quando di una affermazione: fare notare come le frasi, pur essendo identiche, siano enunciate in modo diverso. Poiché sono molto semplici e gli studenti le hanno già incontrate nel dialogo iniziale, risulteranno del tutto comprensibili. Da questo esercizio gli allievi noteranno facilmente che in italiano le frasi interrogative hanno una tonalità ascendente.

Esercizio 2 pagina 17

Attività di ascolto e riconoscimento. Gli alunni ascoltano e indicano quali frasi hanno tono ascendente e sono, quindi, interrogative. Dopo la correzione collegiale si può far leggere le frasi agli studenti.

La professoressa si chiama Barbara Marani?
1 *Marco è di Bari?*
2 *Tu abiti a Genova?*
3 *Loro sono di Livorno.*
4 *Rafael parla italiano perfettamente.*
5 *Silvia e Alice sono in classe?*

Soluzione: 1 domanda, 2 domanda, 3 affermazione, 4 affermazione, 5 domanda.

Comunicazione

 Esercizio 1 pagina 18

Attività di comprensione e produzione orale. Fare ascoltare i dialoghi e farli rileggere in coppia. Attirare poi l'attenzione sugli elementi che differiscono sia dal punto di vista linguistico sia da quello situazionale, facendo osservare anche le illustrazioni. Stimolare la formulazione di ipotesi su come ci si presenta in situazioni formali e informali e, infine, soffermarsi sul box *Attenzione!* per fissare la regola.

Esercizio 2 pagina 18

Attività di produzione orale in coppia. Gli studenti, avvalendosi anche dell'ausilio del libro, si presentano sia in modo informale sia in modo formale. Poi si alzano e girano per la classe, avvicinandosi a tutti i compagni per presentarsi. L'insegnante può anche predisporre e distribuire foglietti su cui scrive nomi e cognomi italiani da usare per fare delle presentazioni formali.

 Esercizio 3 pagina 18

Attività di comprensione e produzione orale. Fare ascoltare i dialoghi e farli rileggere in coppia.

Esercizio 4 pagina 18

Attività di comprensione orale e produzione scritta. Al termine dell'attività fare svolgere prima un confronto in coppia e poi effettuare un controllo collegiale. Fare infine recitare i dialoghi, sempre in coppia.

1 **A** *Ciao Davide, lui è Paolo.*
  B *Salve Paolo, piacere!*
2 **A** *Ciao Carla, ti presento Patrizia.*
  B *Ciao Patrizia, piacere.*
3 **A** *Lui è il mio cane, Macchia.*
  B *Ciao, bello!*

 Esercizio 5 pagina 18

Attività di comprensione e produzione orale. Fare ascoltare i dialoghi e farli rileggere in coppia.

Esercizio 6 pagina 19

Attività di produzione scritta. Fare scrivere i due dialoghi di presentazione individualmente, secondo l'esempio dell'esercizio 5, attirando l'attenzione degli allievi sugli input presenti in 1 e 2. Effettuare un primo confronto in coppia e poi controllo collegiale. Successivamente gli studenti in coppia possono drammatizzare i dialoghi.

Soluzioni

Possibile produzione
1 A Ciao Paolo, di dove sei?
   B Ciao Klaus, sono italiano, di Roma, e tu?
   A Io sono di Francoforte.
2 A Signor Taylor, Lei di dov'è?
   B Sono americano, di New York, e Lei di dov'è signor Espinosa?
   A Sono argentino, di Buenos Aires.

Esercizio 7 pagina 19
Attività di comprensione scritta. Dopo avere riordinato le battute del dialogo, fare un primo confronto in coppia e poi con tutta la classe. Al termine fare recitare il dialogo.

Soluzione: 1 Ciao, come ti chiami? 2 Michele, e tu? 3 Andrea, piacere! 4 Piacere! Lui come si chiama? 5 Si chiama Gianni. 6 Di dove siete? 7 Siamo di Pisa, e tu? 8 Io sono di Siena. 9 Ciao, a dopo. 10 A dopo!

Esercizio 8 pagina 19
Attività di produzione orale in coppia. Fare leggere il primo dialogo e chiedere di individuare Eros Ramazzotti nelle foto (b). Se gli studenti non lo conoscono, spiegare che è un famoso contante pop italiano. Chiedere poi di ripetere i dialoghi individuando gli altri personaggi famosi e le loro città di provenienza.

Soluzione: a Lionel Messi, Rosario, b Eros Ramazzotti, Roma, c Principe William, Londra, d Julia Roberts, Atlanta.

Esercizio 9 pagina 19
Attività di produzione orale o scritta. Ogni alunno risponde alle domande con i propri dati.

Grammatica

Tutte le strutture in questa sezione (i nomi maschili e femminili, la concordanza degli aggettivi, il verbo 'essere', i verbi della 1ª coniugazione, la forma negativa) possono essere presentate induttivamente o deduttivamente, come spiegato nell'introduzione, a seconda delle esigenze della classe. In entrambi i casi si può comunque ricorrere all'ausilio del dialogo iniziale per mostrare le strutture spiegate o da spiegare.

Esercizio 1 pagina 20
Attività di riconoscimento. Indicare il genere dei nomi.

Soluzione: 1 femminile, 2 maschile, 3 femminile, 4 femminile, 5 maschile, 6 femminile.

Esercizio 2 pagina 20
Attività di comprensione scritta. Trasformare dal maschile al femminile.

Soluzione: 1 bambina russa, 2 ragazza cinese, 3 studentessa brava, 4 pittrice francese, 5 mucca nera, 6 donna australiana.

Esercizio 3 pagina 21
Attività di comprensione e produzione scritta. Completare con il presente indicativo del verbo 'essere'.

Soluzione: 1 sono, 2 è, 3 sei, 4 siete, 5 sono, 6 siamo.

Esercizio 4 pagina 21
Attività di comprensione e produzione scritta. Completare con il presente indicativo dei verbi in –are.

Soluzione: 1 parlate, 2 mangiamo, 3 cominci, 4 comprano, 5 ascolto, 6 abita.

Esercizio 5 pagina 21
Attività di comprensione e produzione scritta. Trasformare le frasi da affermative in negative.

Soluzione: 1 Damiano non parla spagnolo. 2 Noi non siamo di Ancona. 3 Giorgio e Silvia non studiano russo. 4 Anna non è austriaca. 5 Matilde e Alice non guardano un film. 6 Voi non mangiate la mozzarella.

Soluzioni 1

Verso la certificazione

Ascoltare

Esercizio 1 pagina 22
Attività di comprensione orale. Lasciare il tempo necessario perché gli studenti leggano bene le frasi e poi fare ascoltare due volte. Controllo delle risposte in coppia e poi collegiale.

Fatima:	*Ciao, mi chiamo Fatima, sono marocchina, di Rabat.*
Lorenzo:	*Ciao Fatima, io sono Lorenzo e lui è José, è peruviano ma abita a Roma. Tu, invece, come ti chiami?*
Peter:	*Mi chiamo Peter, sono canadese di Toronto, anche io abito a Roma.*
Fatima:	*Come si chiama il ragazzo nuovo?*
Lorenzo:	*È un ragazzo nigeriano, si chiama Nabil, non parla italiano ma parla perfettamente inglese e francese.*
Peter:	*L'insegnante di dove è?*
Lorenzo:	*La professoressa è di Napoli.*
Professoressa:	*Buongiorno!*
Studenti:	*Buongiorno professoressa!*
Professoressa:	*Bene, cominciamo la lezione.*

Soluzione: 1 marocchina, 2 peruviano, 3 canadese, 4 Roma, 5 italiano, 6 Napoli.

Scrivere

Esercizio 2 pagina 22
Attività di comprensione e produzione scritta. Prima di svolgere l'esercizio fare leggere bene la scheda sulla sinistra, soffermandosi sulla voce 'nato a' che potrebbe essere di difficile comprensione. I testi scritti possono essere controllati collegialmente, riscrivendo tutta la scheda alla lavagna.

Parlare

Esercizio 3 pagina 23
Attività di produzione orale. Formare piccoli gruppi e lasciare gli studenti liberi di esprimersi. L'insegnante può girare fra i banchi e verificare che l'attività sia svolta correttamente senza, però, interrompere la produzione. È consigliabile, durante questa fase, che il docente annoti gli errori di forma e pronuncia e, successivamente, ne discuta con tutta la classe, correggendoli senza menzionarne gli autori. Si può chiedere a un gruppo, eventualmente quello formato da allievi più spigliati, di ripetere la produzione davanti a tutta la classe.

Leggere

Esercizio 4 pagina 23
Attività di comprensione scritta. Per riprodurre le reali condizioni in cui si effettua il test di certificazione, sarebbe opportuno sin dall'inizio abituare i ragazzi a svolgere questa attività senza il dizionario. È necessario spiegare, quindi, che probabilmente non si capirà tutto, ma che una lettura attenta delle domande e una ricerca selettiva delle informazioni nel testo, potranno comunque avere un esito positivo. Questo chiarimento evita che gli studenti si scoraggino davanti a un compito che, in apparenza, può sembrare arduo ma che, con i dovuti accorgimenti, si riesce a portare a termine con successo. La correzione deve essere fatta prima in coppia e dopo collegialmente.

Soluzione: 1 F, 2 F, 3 V, 4 V, 5 V, 6 F.

A spasso in Italia

I gesti in Italia

Attività pagine 24 e 25
Il primo spazio dedicato alla civiltà prende in esame alcuni dei gesti più comuni che gli italiani usano per comunicare. L'insegnante può spiegare, nella lingua degli studenti, i vari significati dei gesti, mostrare il movimento e chiedere di riprodurlo. In questa fase è importante cominciare a operare confronti interculturali, individuando somiglianze e differenze nella gestualità. Per esercitare attivamente quanto appreso, si può proporre un gioco a squadre: i membri di una squadra dicono in italiano il significato di un gesto e i membri dell'altra devono riprodurlo entro un limite di tempo, da fissare intorno ai 10 secondi. Vince la squadra che ha ripetuto correttamente il maggior numero di gesti.

Soluzioni

Clicca e guarda
Attività pagina 25
Video dedicato alla gestualità. È una scena dal film *Mimì metallurgico ferito nell'onore* in cui i due protagonisti hanno un dialogo completamente basato sui gesti. Per le attività didattiche su questo video si rimanda a pagina 74.

Il film è stato scritto e diretto nel 1972 dalla regista italiana Lina Wertmüller. Racconta la storia di Carmelo, un operaio siciliano, interpretato da Giancarlo Giannini, che emigra a Torino per lavoro. Qui conosce Fiorella, interpretata da Mariangela Melato, e s'innamora di lei. I due avranno poi una storia d'amore, fra Torino e la Sicilia, un po' complicata.

Unità 2 — Tanti auguri!

Obiettivi
Lessico: i numeri da 21 a 100, i mesi, biglietti d'auguri.
Funzioni comunicative: chiedere e dire l'età, chiedere e dire quando si festeggia il compleanno, domandare e dire come si sta.
Strutture grammaticali: il presente indicativo del verbo 'avere' e del verbo 'stare', il plurale dei nomi e degli aggettivi, gli articoli determinativi.

Esercizi 1 e 2 pagina 26
Attività di comprensione orale. I temi dell'unità sono presentati attraverso il dialogo che si svolge fra i cinque ragazzi protagonisti che sono riuniti a casa di Alice per festeggiare il suo compleanno. Come nell'unità precedente, è bene procedere osservando la grande figura centrale e chiedere agli studenti di formulare delle ipotesi su quanto andranno ad ascoltare, anche con domande mirate (Chi sono? Dove sono? Cosa fanno? Cosa c'è sulla tavola?) sulla situazione illustrata. Può essere utile scrivere delle parole alla lavagna, soprattutto se possono essere d'aiuto alla comprensione. Dopo un primo ascolto a libro chiuso si può chiedere alla classe se vuole modificare o confermare le ipotesi fatte nella prima fase e se ci sono delle parole che ostacolano particolarmente la comprensione. Gli studenti ascoltano una seconda volta la registrazione, sempre a libro chiuso, e in coppia si spiegano cosa hanno capito. Si leggono poi le frasi dell'esercizio 2 e si fa un ascolto di tipo attivo, cercando di reperire le informazioni utili a completarle. La correzione può essere prima in coppia o in piccoli gruppi e poi collegiale. Al termine, in gruppi di cinque (uno per ogni personaggio), gli studenti leggono il dialogo.

Esercizio 2 pagina 26
Attività di comprensione orale.

Soluzione: 1 b, 2 a, 3 b, 4 a, 5 b.

Esercizio 3 pagina 27
Attività di comprensione e produzione scritta. Lasciare agli studenti il tempo per reperire nel dialogo le informazioni per completare le frasi.

Soluzione: 1 undici, 2 tramezzini, panini, cornetti, cioccolatini, 3 videogioco, 4 CD di Fabri Fibra.

Esercizio 4 pagina 27
Attività di comprensione e produzione orale. Fare ascoltare i dialoghi e farli rileggere in coppia. Dopo attirare l'attenzione sugli elementi che differiscono dal punto di vista linguistico e lessicale.

Esercizio 5 pagina 27
Attività di produzione scritta. Ogni alunno risponde alle domande con i propri dati.

Esercizio 6 pagina 27
Attività di produzione orale in gruppo. I vari componenti si domandano e rispondono riguardo la loro età e il giorno in cui festeggiano il compleanno.

✓ Il docente può proporre di fare un cartellone con un calendario da appendere in classe su cui segnare le date del compleanno degli alunni.

Lessico

Esercizio 1 pagina 28
Attività di produzione scritta. Fare osservare la sequenza da 21 a 64 e far ritrovare la regola per la formazione dei numeri. In seguito chiedere di completare la lista. Proporre l'ascolto per la verifica più volte per favorire la memorizzazione. Effettuare prima una correzione fra pari e poi una collegiale, scrivendo le soluzioni alla lavagna.

ventuno
ventisei
trenta
trentadue
trentotto
quaranta
quarantatré
quarantasette
cinquanta
cinquantacinque
cinquantanove

Soluzioni

sessanta
sessantaquattro
sessantasette
settanta
settantadue
settantotto
ottanta
ottantatré
ottantasei
novanta
novantacinque
novantanove
cento

Soluzione: sessantasette, settantadue, settantotto, ottantatré, ottantasei, novantacinque, novantanove.

Esercizio 2 pagina 28
Attività di comprensione orale. Specificare che i numeri devono essere scritti in cifre. Confronto in coppia e poi controllo con tutta la classe. Eventuale ripetizione corale.

cinquantadue
quarantaquattro
sessantacinque
trentanove
novantasei
ottantotto
settantatré

Soluzione: 52, 44, 65, 39, 96, 88, 73.

Esercizio 3 pagina 28
È un'attività ludica che ha come scopo la memorizzazione dei numeri da 21 a 100. Si divide la classe in coppie, decidendo chi è lo studente A e chi è lo studente B. A legge le otto operazioni a pagina 28 e B ascolta senza guardare la pagine e dà il risultato. Poi si invertono i ruoli: B legge le operazioni a pagina 142 e A dà i risultati. È importante che l'insegnante sia chiaro nella spiegazione della consegna.

Esercizio 4 pagina 29
Attività di comprensione e produzione orale. Fare ascoltare i nomi dei mesi, farli leggere e ripetere.

gennaio
febbraio
marzo
aprile
maggio
giugno
luglio
agosto
settembre
ottobre
novembre
dicembre

Esercizio 5 pagina 29
Attività ludica. Gli studenti devono cercare i mesi nella griglia. Si può dividere la classe in coppie o piccoli gruppi e fare una gara in cui vince chi li trova prima.

Soluzione: orizzontali: agosto, gennaio, marzo, luglio, febbraio; verticali: dicembre, giugno, aprile, settembre, ottobre, maggio, novembre.

Esercizio 6 pagina 29
Attività di comprensione e produzione scritta. Prima di svolgere l'esercizio fare leggere bene il biglietto d'auguri in alto. Fare completare il biglietto in basso e poi controllare collegialmente le soluzioni.

Soluzione: Caro/carissimo, auguri, compleanno, invito.

 ### Esercizio 7 pagina 29
Attività di comprensione orale e produzione scritta. Prima dell'ascolto fare osservare e leggere i nomi delle parti del corpo indicate nella figura. Dopo ascoltare e completare le frasi. Fare un controllo collegiale e dopo rileggere le frasi completate. Un eventuale procedimento alternativo, da attuare se il livello della classe lo consente, consiste nel chiedere di trovare le due frasi che è possibile completare anche senza l'ascolto (la 3 e la 5). Poi verificare, tramite l'ascolto, e chiarire eventuali dubbi con tutta la classe. Far rileggere le frasi completate.

> **Soluzione:** 1 stomaco, 2 pancia, 3 piedi, 4 testa, 5 gola, 6 denti.

Comunicazione

Esercizio 1 pagina 30
Attività di comprensione e produzione orale. Fare ascoltare i dialoghi e farli rileggere in coppia. Dopo attirare l'attenzione sulle due diverse forme per la risposta alla domanda 'quanti anni hai?'.

Esercizio 2 pagina 30
Attività di produzione scritta. Fare completare i dialoghi seguendo il modello dell'esercizio precedente.

> **Soluzione:** Danilo, quanti anni hai? Ho quarantacinque anni. / Quanti anni ha Ludovica? Ludovica ha trentaquattro anni.

Esercizio 3 pagina 30
Attività di comprensione e produzione orale. Fare ascoltare i dialoghi e farli rileggere in coppia.

Esercizio 4 pagina 30
Attività di produzione orale in coppia. Fare leggere il primo dialogo, attirando l'attenzione sugli elementi che dovranno poi mutare nello svolgimento dell'esercizio. Fare lavorare i ragazzi in coppia e, al termine dell'esercizio, proporre ad alcuni alunni di svolgere l'attività davanti a tutta la classe. Infine, l'insegnante può scrivere alla lavagna altri nomi con altre date di nascita (possono essere anche personaggi famosi suggeriti dagli studenti), gli allievi si alzano e girano per la classe ripetendo i dialoghi con altri compagni.

> **Soluzione:** 1 Quando è il compleanno di Daria? Il 17 febbraio. Quanti anni ha? Quattordici anni. 2 Quando è il compleanno di Stefano? Il 23 luglio. Quanti anni ha? Quarantatré anni. 3 Quando è il compleanno di Tiziana? Il 19 gennaio. Quanti anni ha? Ventidue anni. 4 Quando è il compleanno di Fabio? Il 27 novembre. Quanti anni ha? Cinquantaquattro anni.

Esercizio 5 pagina 30
Attività di comprensione e produzione orale. Fare ascoltare i dialoghi e farli rileggere in coppia. Dopo attirare l'attenzione sugli elementi che differiscono dal punto di vista lessicale.

Esercizio 6 pagina 31
Attività di produzione scritta. Fare completare i dialoghi impiegando il verbo 'stare' e rispondendo secondo i suggerimenti dati. Chiedere, infine, ad alcuni alunni di leggere i dialoghi completati.

> **Soluzione:**
> 1 A Ciao Mario, come stai?
>   B Sto male, ho mal di testa. E tu?
>   A Sto bene, grazie. E Miranda come sta?
>   B Sta abbastanza bene.
> 2 A Ciao Monica, come stai?
>   B Sto bene. E tu?
>   A Sto abbastanza bene. Come sta Marco?
>   B Sta male, ha mal di pancia.
> 3 A Ciao Cristiana, come stai?
>   B Sto bene. E tu?
>   A Anche io sto abbastanza bene, e Chiara?
>   B Anche lei sta bene.
> 4 A Ciao Roberta, come stai?
>   B Sto male, ho mal di gola. E tu?
>   A Anche io sto male, ho mal di testa. E come sta Francesco?
>   B Lui sta bene, grazie.

Come si pronuncia?

Esercizio 1 pagina 31
Attività di ascolto e riproduzione di suoni. Ascoltare due volte e ripetere le parole registrate. In alternativa si può fare un primo ascolto a libro chiuso, facendo ripetere a una a una le parole. Il secondo ascolto invece è a libro aperto in modo che gli studenti possano associare la pronuncia alla grafia corrispondente. Portare quindi l'attenzione sulla diversa pronuncia della lettera 'c'. Lo studio della regola fonetica può seguire il metodo deduttivo, per cui è lo stesso insegnante che la illustra facendo uno schema e riferendosi alle spiegazioni sul libro. Se si segue invece il metodo in-

2 Soluzioni

duttivo, si invitano gli alunni a osservare le parole scritte per cercare di capire le combinazioni dei fonemi che ne determinano la pronuncia. Al termine, a libro chiuso, si può fare il dettato delle 10 parole.

1 *dicembre*
2 *cinema*
3 *candela*
4 *cuoco*
5 *forchetta*
6 *chiavi*
7 *ceci*
8 *coperta*
9 *chiaro*
10 *foche*

Esercizio 2 pagina 31

Attività di riconoscimento. Gli alunni ascoltano due volte le parole registrate e le scrivono nella tabella a seconda dei suoni contenuti. Per la correzione è consigliabile scrivere i vocaboli alla lavagna.

bacheca
cibo
banchi
cesto
inchiostro
piacere
stanche
incisivo
architetto
pace
arche
cinta
centro
chiuso
panche
incidente

> **Soluzione: che:** bacheca, stanche, arche, panche; **chi:** banchi, inchiostro, architetto, chiuso; **ce:** cesto, piacere, pace, centro; **ci:** cibo, incisivo, cinta, incidente.

Esercizio 3 pagina 31

Attività di riconoscimento. Gli alunni ascoltano due volte le parole registrate, segnando se la grafia dei vocaboli concorda o meno con i suoni pronunciati. È opportuno correggere collegialmente, riportando alla lavagna l'esatta grafia delle parole scritte in maniera errata nel testo.

chiesa
incendio
cima
antiche
chiodo
cinese
anche
lance

> **Soluzione:** 1 sbagliata, 2 corretta, 3 sbagliata, 4 corretta, 5 corretta, 6 corretta, 7 sbagliata, 8 sbagliata.

Grammatica

Tutte le strutture in questa sezione (i verbi 'avere' e 'stare', il plurale di nomi e aggettivi, gli articoli determinativi) possono essere presentate induttivamente o deduttivamente, come spiegato nell'introduzione, a seconda delle esigenze dell'insegnante. In entrambi i casi si può comunque ricorrere all'ausilio del dialogo iniziale per mostrare le strutture spiegate o da spiegare.

Il verbo avere

Sottolineare che in italiano la 'h' non viene pronunciata.

Esercizio 1 pagina 32

Attività di comprensione e produzione scritta. Completare con il presente indicativo del verbo 'avere'.

> **Soluzione:** 1 hanno, 2 ha, 3 avete, 4 hai, 5 abbiamo.

Esercizio 2 pagina 32

Attività di comprensione e produzione scritta. Completare con il presente indicativo del verbo 'stare'.

Soluzioni 2

Soluzione: 1 stiamo, 2 sta, 3 state, 4 stanno, 5 stai, 6 stiamo.

Esercizio 3 pagina 33
Attività di comprensione e produzione scritta. Trasformare dal singolare al plurale.

Soluzione: 1 ospedali nuovi, 2 mesi freddi, 3 biglietti verdi, 4 feste rumorose, 5 piedi piccoli, 6 studenti brasiliani, 7 dizionari italiani, 8 fiori gialli, 9 inviti importanti, 10 anni passati.

Esercizio 4 pagina 33
Attività di comprensione scritta. Abbinare l'articolo al nome.

Soluzione: 1 e, 2 g, 3 f, 4 a, 5 h, 6 d, 7 b, 8 c.

Esercizio 5 pagina 33
Attività di comprensione e produzione scritta. Completare con gli articoli.

Soluzione: 1 l'attore italiano, 2 le direttrici simpatiche, 3 l'amica spagnola, 4 il temperino rosso, 5 gli astucci piccoli, 6 la lavagna nera, 7 i dottori bravi, 8 gli uomini importanti, 9 lo studente cinese, 10 i cioccolatini svizzeri.

Verso la certificazione

Ascoltare

Esercizio 1 pagina 34
Attività di comprensione orale e produzione scritta. Prima di procedere all'ascolto spiegare agli studenti che nell'audio le persone parlano senza seguire l'ordine della tabella.

Ciao, sono Marcella, ho 46 anni. Il mio compleanno è il 28 maggio.
Io sono Maurizio, festeggio il compleanno il 17 febbraio, ho 14 anni.
Mi chiamo Patrizia, ho 22 anni, il mio compleanno è il 3 settembre.
Ciao, sono Enrico, ho 58 anni, il mio compleanno è il 28 gennaio.
Sono Marco, ho 4 anni, il mio compleanno è il 16 dicembre.
Mi chiamo Sandra, il mio compleanno è il 12 giugno, ho 32 anni.
Io sono Claudia, ho 18 anni, festeggio il compleanno il 7 aprile.

Soluzione: Marco: 4 - 16 dicembre; Sandra: 32 - 12 giugno; Claudia: 18 - 7 aprile; Maurizio: 14 - 17 febbraio; Patrizia: 22 - 3 settembre, Enrico: 58 - 28 gennaio.

Leggere

Attività 2 pagina 34
Attività di comprensione scritta. Fare svolgere l'attività in silenzio. Controllare prima in coppia e poi collegialmente.

Soluzione: 1 V, 2 V, 3 F, 4 V, 5 F, 6 F.

Scrivere

Attività 3 pagina 35
Attività di produzione scritta. Fare presente agli alunni che il destinatario del biglietto d'auguri può essere un compagno a scelta. Si può prevedere di svolgere l'attività non sul libro ma su cartoncini o fogli; i lavori prodotti e decorati potranno essere appesi in classe o consegnati il giorno del compleanno del destinatario.

Parlare

Attività 4 pagina 35
Attività di produzione orale. Formare delle coppie, le quali dovranno descrivere le immagini che mostrano alcune persone con problemi di salute. Per svolgere l'attività è necessario rifarsi alla sezione del lessico, esercizio 7, e a quella della comunicazione, esercizio 5. La correzione può essere collegiale.

Soluzioni

Attività 5 pagina 35
Attività di produzione orale. A turno, gli alunni presentano alla classe un compagno fornendo tutte le informazioni richieste.

A spasso in Italia
Il tempo libero dei giovani

In questa sezione si incontra più da vicino la realtà giovanile italiana. Lo scopo non è quindi solo linguistico ma, soprattutto, quello di conoscere meglio una caratteristica dell'Italia, avvicinandosi ai suoi usi e costumi. Si raccomanda quindi di non essere troppo severi nelle correzioni delle attività e focalizzare molto l'attenzione sul confronto culturale.

Esercizio 1 pagina 36
Attività di comprensione scritta e abbinamento immagini-testo. Inizialmente osservare le foto e, anche con un *brainstorming*, cominciare a rendere disponibile una parte del lessico utile per la comprensione del testo. Lasciare quindi il tempo necessario per una prima lettura durante la quale gli studenti dovranno sottolineare le parole che non conoscono. Formare, poi, dei piccoli gruppi per un primo scambio di informazioni sul significato dei vocaboli e, nel caso di persistenza del dubbio, formulare delle ipotesi da confrontare con tutta la classe. Spiegare, quindi, l'attività di abbinamento in modo chiaro e lasciare il tempo necessario per il confronto in coppia prima di controllare collegialmente.

> **Soluzione:** danza 6, nuoto 4, pallacanestro 1, incontrano gli amici 5, giochi al computer 3, parlare tramite sms 2.

Esercizio 2 pagina 37
Attività di comprensione scritta. Gli studenti possono lavorare anche in coppia: leggono il testo e individuano tutte le attività citate, inserendole nelle due schede, a seconda del luogo in cui normalmente si fanno. Attenzione: alcune attività possono essere svolte sia in casa sia fuori. Su questo si può discutere collegialmente, ascoltando i vari punti di vista e le varie esperienze.

> **Soluzione: Attività in casa:** giocare con la Playstation, con il wii, a ping pong, guardare la tv, chattare, mandare sms, ascoltare musica, scaricare canzoni, vedere video.
> **Attività fuori casa:** sport, calcio, calcetto, ginnastica, pallavolo, danza, nuoto, ping pong, tennis, pallacanestro, incontrare gli amici, vedere un film al cinema, mangiare al fast food, chattare, mandare sms, ascoltare musica.

Esercizio 3 pagina 37
Attività di produzione scritta. Questa attività è importante perché oltre a coinvolgere maggiormente lo studente, chiedendogli informazioni su qualcosa di personale, avvicina al confronto culturale fra le abitudini dei giovani italiani e quelle dei giovani nel proprio Paese.

Clicca e guarda
Attività pagina 37
Videointervista di alcuni alunni che parlano delle loro attività extrascolastiche. Il video è di facile comprensione perché le domande (Quante ore studi al giorno? Fai sport o altre attività? Cosa fai nel tempo libero?) compaiono sullo schermo prima di essere formulate quindi gli studenti hanno il tempo di leggerle e capire di cosa si sta parlando. Le risposte sono molto concise, il lessico è ristretto e il margine di errore nella comprensione è basso. Per le attività didattiche su questo video si rimanda a pagina 74. L'insegnante può approfondire l'aspetto interculturale, proponendo alla classe di realizzare una videointervista simile, sempre sullo stesso tema.

Unità 3 — Foto di classe

Obiettivi

Lessico: gli oggetti in classe, le azioni in classe e le materie scolastiche.
Funzioni comunicative: chiedere e dire cos'è, chiedere e dire cosa c'è, chiedere e dire cosa insegna un professore, chiedere e dire cosa si studia.
Strutture grammaticali: il presente indicativo della 2ª e 3ª coniugazione, gli articoli indeterminativi, c'è/ci sono, i dimostrativi.

Esercizio 1 pagina 38

Attività di comprensione orale e scritta. In questa unità gli studenti fanno la conoscenza dei compagni di classe di Alice, partendo da una foto che li immortala in un momento della giornata a scuola. La presentazione mette in risalto le personalità dei ragazzi e il loro comportamento nell'ambiente scolastico. Come nelle unità precedenti, si consiglia di partire dall'osservazione della grande figura centrale e stimolare la formulazione di ipotesi, anche con domande mirate (Chi sono? Dove sono? Cosa fanno? Cosa c'è sui banchi?) sulla situazione illustrata. Scrivere, quindi, alla lavagna, le parole suggerite dagli studenti, soprattutto quelle utili alla comprensione. Dopo un primo ascolto a libro chiuso si può chiedere alla classe se ha trovato conferma alle ipotesi fatte in precedenza e se ci sono delle parole che ostacolano particolarmente la comprensione. Gli studenti ascoltano una seconda volta la registrazione, sempre a libro chiuso, e in coppia si spiegano cosa hanno capito. Si leggono poi le frasi dell'esercizio 2 e si fa un ascolto di tipo attivo, cercando di reperire le informazioni utili a completarle. La correzione può essere prima in coppia o in piccoli gruppi e poi collegiale. Al termine, gli studenti leggono in coppia il dialogo.

Esercizio 2 pagina 38

Attività di comprensione orale.

Soluzione: 1 b, 2 a, 3 a, 4 b, 5 b, 6 a.

Esercizio 3 pagina 39

Attività di comprensione e produzione scritta. Lasciare agli studenti il tempo per reperire nel dialogo le informazioni per completare le frasi.

Soluzione: 1 Riccardo, 2 Matilde, 3 Silvia, 4 Damiano, 5 il professor Quarini.

Esercizio 4 pagina 39

Attività di produzione scritta. Gli studenti controllano se gli oggetti elencati sono presenti nella classe di Alice e completano la griglia.

Soluzione: la finestra c'è, il computer non c'è, la cartina dell'Europa non c'è, la lavagna LIM c'è, il televisore non c'è, i banchi ci sono.

Esercizio 5 pagina 39

Attività di produzione scritta in coppia. Gli studenti osservano la propria classe e completano la griglia.

Esercizio 6 pagina 39

Attività di produzione orale in coppia. Gli studenti osservano i compagni e descrivono le loro azioni.

Lessico

Esercizio 1 pagina 40

Attività di comprensione scritta con associazione parola-immagine. Fare osservare il disegno in cui sono rappresentati gli oggetti nell'elenco. Gli alunni svolgono individualmente l'esercizio e poi ascoltano la registrazione con la lettura degli oggetti numerati per controllare le soluzioni. Trattandosi di lessico relativo all'ambiente classe, durante il controllo il docente o, in alternativa, uno studente, può avvicinarsi agli oggetti, indicarli e dirne il nome.

1 *la finestra*
2 *il televisore*
3 *l'armadio*
4 *la lavagna*
5 *il computer*
6 *il cestino*
7 *la sedia*
8 *il banco*
9 *la cattedra*
10 *la porta*

Soluzioni

Esercizio 2 pagina 40
Attività di produzione scritta. Gli studenti osservano la sequenza da 100 a 535 e provano a dedurre la regola della formazione dei numeri. Leggono poi il box *Attenzione!* a pagina 41 e quindi completano la lista. Ripetere l'ascolto più volte per controllare e favorire la memorizzazione. La proposta della modalità induttiva per svolgere questa attività è giustificata dal fatto che per gli studenti dovrebbe essere molto facile capire la regola, in quanto si tratta, più che altro, di applicare quanto già studiato nell'unità 2. Trovando da solo la regola, lo studente accrescerà la fiducia in se stesso e nelle proprie capacità.

 (1-40)

cento
duecento
trecentodieci
quattrocentoventi
cinquecentotrentacinque
seicentoquaranta
settecentosessantacinque
ottocentosettanta
novecentottanta
mille
milleduecento
duemila
tremilaquattrocento
quattromilacinquecento
cinquemilaseicento
seimilasettecento
settemilaottocento
ottomilanovecento
novemiladuecento
diecimila
un milione
due milioni
un miliardo
due miliardi

Soluzione: seicentoquaranta, settecentosessantacinque, ottocentosettanta, novecentottanta, quattromilacinquecento, cinquemilaseicento, seimilasettecento, settemilaottocento, ottomilanovecento, novemiladuecento, due milioni, due miliardi.

Esercizio 3 pagina 41
Attività ludica. Gli alunni devono leggere al contrario le lettere della serpentina, partendo dal basso verso l'alto, e una volta trovato il numero scriverlo sull'apposita riga.

Soluzione: duemilaseicentodiciassette, 2617.

Esercizio 4 pagina 41
Attività di comprensione scritta con associazione frase-immagine. Gli alunni, dopo avere osservato le immagini, le abbinano a una delle due azioni proposte. Il primo controllo avviene singolarmente, tramite ascolto, e poi collegialmente.

 (1-41)

Sottolineare una parola.
1 *Ripetere la lezione.*
2 *Chiedere il permesso.*
3 *Seguire la lezione.*

Soluzione: 1 b, 2 a, 3 b.

Esercizio 5 pagina 41
Attività di comprensione e produzione orale. Fare ascoltare, leggere e ripetere le parole.

 (1-42)

geografia
matematica
educazione musicale
educazione fisica
scienze
educazione artistica

Esercizio 6 pagina 41
Attività di comprensione e produzione scritta. Attirare l'attenzione degli studenti sulle figure e farle associare alla materia di rifermento. Ogni alunno svolge, poi, individualmente l'esercizio. La correzione può avvenire prima in coppia e poi collegialmente.

Soluzione: 1 pentagramma-educazione musicale, 2 montagne-geografia, 3 microscopio-scienze, 4 colori-educazione artistica.

Soluzioni 3

Comunicazione

 Esercizio 1 pagina 42

Attività di comprensione e produzione orale. Fare ascoltare i dialoghi e farli rileggere in coppia. Dopo attirare l'attenzione sugli elementi che differiscono dal punto di vista grammaticale.

Esercizio 2 pagina 42

Attività di comprensione e produzione orale. Gli studenti prima ascoltano la registrazione con l'elenco degli oggetti e poi, seguendo il modello dell'esercizio precedente, in coppia formulano le domande e rispondono. Se l'insegnante lo ritiene opportuno, prima dell'attività di produzione, si possono scrivere alla lavagna i nomi menzionati nell'ascolto.

(1-44)

a *zaino*
b *gomma*
c *pennarello*
d *matita*
e *righello*
f *quaderno*
g *diario*
h *libro*
i *atlante*
l *astuccio*
m *penna*
n *temperino*

> **Soluzione:** che cos'è? a è uno zaino, b è una gomma, c è un pennarello, d è una matita, e è un righello, f è un quaderno, g è un diario, h è un libro, i è un atlante, l è un astuccio, m è una penna, n è un temperino.

Esercizio 3 pagina 42

Attività di produzione orale in coppia. Invitare gli alunni a prendere e a disporre sul banco alcuni oggetti fra quelli che hanno a disposizione. A turno gli studenti formuleranno domande e risponderanno secondo il modello dell'esercizio 2.

 Esercizio 4 pagina 42

Attività di comprensione e produzione orale. Fare ascoltare i dialoghi e farli rileggere in coppia. Dopo attirare l'attenzione sugli elementi che differiscono dal punto di vista grammaticale. Il docente può interagire con alcuni allievi domandando cosa c'è sul loro banco o nel loro astuccio.

Esercizio 5 pagina 42

Attività di produzione orale in coppia. Gli alunni a turno dicono cosa c'è nella figura. Correzione collegiale.

> **Possibile soluzione:** Nella classe c'è: un professore, una porta, un armadio, un televisore, una lavagna, un cestino, una cattedra, uno zaino, un orologio; nella classe ci sono: dieci alunni, due finestre, dieci banchi, dodici sedie, due computer, alcuni libri, alcuni quaderni.

Esercizio 6 pagina 42

Invitare gli alunni a formulare domande sul contenuto del proprio zaino e a rispondere. L'insegnante può iniziare l'attività cercando di indovinare cosa c'è nello zaino di uno studente.

Esercizio 7 pagina 43

Attività di produzione scritta. L'insegnante invita gli studenti a osservare attentamente l'immagine prima di completare il dialogo. Si possono fare esempi con alcuni professori della classe.

> **Soluzione:** matematica.

Esercizio 8 pagina 43

Attività di produzione scritta. Gli alunni scrivono il nome di sei loro docenti e la materia che insegnano. Per questa attività ci si può avvalere del lessico dell'esercizio 5 a pagina 41 o del box sulla scuola media a pagina 48. Alla fine si possono scrivere alla lavagna i nomi di tutti i professori con le relative materie di insegnamento.

Esercizio 9 pagina 43

Attività di produzione scritta. L'insegnante invita gli studenti a osservare attentamente le immagini prima di rispondere. Qualora si incontrino difficoltà ci si può avvalere delle immagini e del lessico dell'esercizio 5 a pagina 41.

Soluzioni

Soluzione: geografia – educazione musicale.

Esercizio 10 pagina 43
Attività di produzione orale in coppia. Invitare gli alunni a formulare domande e a rispondere. Qualora si incontrino difficoltà ci si può avvalere delle immagini e del lessico dell'esercizio 5 a pagina 41.

Soluzione: Cosa studia Giorgio? Giorgio studia educazione artistica; Cosa studia Teresa? Teresa studia scienze.

Come si pronuncia?

Esercizio 1 pagina 43
Attività di ascolto e riproduzione di suoni. Gli alunni ascoltano due volte le parole registrate e le ripetono. Attirare l'attenzione sul gruppo 'cq' e sull'eccezione di 'soqquadro'.

quadro
questa
quaderno
acqua
qui
frequenza
liquido
Pasqua
quiz
squalo

Esercizio 2 pagina 43
Attività di lettura da svolgere individualmente. Dopo l'ascolto per la verifica, la lettura può essere ripetuta collegialmente.

squadra
aquila
cinquemila
equatore
quadrimestre
qualità
quantità
tranquillo
obliquo
questura
inquilino

Grammatica

Lo studio di questa sezione può essere affrontato sia in maniera induttiva (la coniugazione al presente indicativo dei verbi in -ere e in -ire, gli articoli indeterminativi, 'c'è' e 'ci sono' e i dimostrativi possono essere introdotti con l'utilizzo di alcune frasi del dialogo iniziale, sulle quali l'insegnante attira l'attenzione, procedendo, poi, secondo la metodologia illustrata nell'introduzione) che in maniera deduttiva, mostrando e spiegando le schede riassuntive e usando le frasi del dialogo iniziale come esempi esplicativi. Per lo svolgimento degli esercizi si consiglia sempre il lavoro individuale e un confronto in coppia prima della correzione collegiale.

Esercizio 1 pagina 44
Attività di comprensione scritta. Abbinare il soggetto al resto della frase.

Soluzione: 1 f, 2 g, 3 a, 4 e, 5 b, 6 c, 7 d.

Esercizio 2 pagina 44
Attività di comprensione e produzione scritta. Completare con il presente indicativo dei verbi.

✓ Dopo la correzione si può fare pratica orale in coppia: gli alunni usano le frasi degli esercizi 1 e 2 per formulare domande cambiando i soggetti grammaticali, per esempio 'voi discutete di pallacanestro?', 'loro aprono la finestra?', 'tu prendi appunti?'.

Soluzione: 1 prende – scrive, 2 dormono, 3 chiede, 4 perdo, 5 partiamo, 6 apri – leggi.

Esercizio 3 pagina 44
Attività di comprensione scritta. Abbinare l'articolo al nome.

✓ Un'eventuale attività di rinforzo può essere la trasformazione dei singolari in plurali e viceversa.

Soluzioni 3

Soluzione: Un: uomo, esercizio, cestino. **Uno:** sportivo, psicologo, xilofono. **Una:** gomma, squadra. **Un':** ora, orchestra, aula. **Dei:** quadri, dizionari, ragazzi. **Degli:** studenti, astucci, istruttori. **Delle:** amiche, sedie, aquile.

Esercizio 4 pagina 45
Attività di comprensione e produzione scritta. Completare con 'c'è' e 'ci sono'.

Soluzione: 1 ci sono, 2 ci sono, 3 c'è, 4 c'è, 5 c'è, 6 ci sono.

Esercizio 5 pagina 45
Attività di comprensione e produzione scritta. Completare con i dimostrativi.

Soluzione: 1 quei, 2 quella, 3 queste, 4 quell', 5 quello, 6 quegli.

Esercizio 6 pagina 45
Attività di comprensione e produzione scritta. Completare con i pronomi dimostrativi.

Soluzione: 1 quella, 2 quello, 3 quello.

Verso la certificazione

Ascoltare

Esercizio 1 pagina 46
Attività di comprensione orale e produzione scritta. Prima di procedere all'ascolto spiegare agli studenti che nell'audio i professori non sono elencati secondo l'ordine della tabella. Controllo delle risposte in coppia e poi collegiale.

(1-48)

Martina: *Ciao Simona, come stai?*
Simona: *Bene, ma sono stanca. Ho tanti compiti da fare.*
Martina: *Davvero?*
Simona: *Sì, ci sono da studiare venti pagine di storia per il professor Ranaldi, scrivere il tema d'italiano per la professoressa Sacco e fare la ricerca di scienze per la professoressa Ottaviano.*
Martina: *Tutto per domani?*
Simona: *Sì, purtroppo.*
Martina: *Io invece domani ho due ore di musica con il professor Marchetti, una di educazione tecnica con il professor Del Brocco e una di geografia con la professoressa Giansanti. È una giornata leggera, infatti come compiti da fare ho lo studio della cartina della Calabria e il disegno di un parallelepipedo.*
Simona: *Sei davvero fortunata!*

Soluzione: Del Brocco educazione tecnica, Giansanti geografia, Marchetti musica/educazione musicale, Ottaviano scienze, Ranaldi storia, Sacco italiano.

Parlare

Esercizio 2 pagina 46
Attività di produzione orale con interazione di coppia. Gli studenti descrivono la figura nella pagina 46, alternando i turni di parola. Prima di cominciare l'attività, precisare che si possono descrivere sia gli oggetti sia le azioni fatte dalle persone. Controllo finale collegiale.

Scrivere

Esercizio 3 pagina 47
Attività di produzione scritta. Gli studenti scrivono, sul loro quaderno o su un foglio, la descrizione della propria classe. La correzione deve essere individuale e personalizzata.

Leggere

Esercizio 4 pagina 47
Attività di comprensione scritta. Gli studenti devono trovare le differenze fra la descrizione della classe e la figura a pagina 47, sottolineando le frasi discordanti. Per la correzione collegiale si può chiedere agli studenti, dopo la lettura di ogni singola frase sottolineata, di descrivere l'elemento corrispondente nella figura.

3 Soluzioni

Soluzione
Questa è la classe di Simona, l'amica di Alice. Ci sono <u>diciotto</u> (quindici) banchi, <u>sei</u> (cinque) per ogni fila. Ci sono <u>tre</u> (due) finestre e due porte. Sul muro ci sono la cartina dell'Italia e quella dell'<u>Europa</u> (del mondo). Vicino alla porta c'è una libreria con i <u>CD e i DVD</u> (libri). Sulla cattedra ci sono il registro, una penna e un <u>libro</u> (non c'è un libro). A terra, vicino ai banchi, ci sono gli zaini dei ragazzi. C'è una grande lavagna nera e <u>non c'è il cestino</u> (c'è il cestino). Sui banchi ci sono quaderni, matite, gomme, astucci e <u>computer</u> (non ci sono computer). È l'ora di <u>educazione artistica</u> (educazione tecnica) e i ragazzi disegnano dei <u>fiori</u> (delle figure geometriche).

A spasso in Italia

La scuola italiana

Esercizio 1 pagine 48 e 49

Attività di comprensione scritta. La scheda culturale è sulla scuola italiana; prima di procedere alla lettura si consiglia di fare una breve discussione sulla suddivisione degli anni scolastici nella nazione degli studenti, puntualizzare la denominazione dei cicli (scuola materna, primaria, inferiore, superiore o altro) e la loro durata. Procedere, quindi, alla lettura della scheda e, poi, al completamento delle frasi a pagina 49. Effettuare un primo controllo in coppia e, in seguito, collegiale. Dividere, poi, la classe in piccoli gruppi e fare individuare tutte le differenze fra le scuole italiane e quelle della nazione degli studenti. Si può infine preparare un cartellone che indichi sinteticamente i punti in comune e quelli differenti e appenderlo in classe. Il confronto culturale può essere arricchito anche con eventuali informazioni date da allievi di origine diversa presenti nel gruppo classe.

Soluzione: 1 cinque anni, 2 tanti insegnanti per classe, 3 musica, 4 diverse materie secondo gli indirizzi, 5 ci sono degli esami, 6 tutti gli studenti che finiscono le scuole superiori.

Clicca e guarda

Attività pagina 49

I link rimandano a siti scolastici utili per dare uno sguardo panoramico su alcune realtà italiane. Nello specifico sono stati inseriti i link alle pagine web di:

- scuola primaria Leonardo da Vinci di Milano;
- Istituto Comprensivo Dante Alighieri di Roma;
- Accademia Lirica Santa Croce di Trieste;
- Liceo Italiano di Istanbul, Turchia.

Per le attività didattiche su questi siti si rimanda a pagina 75.

Unità 1-3 Tiriamo le somme

Questa sezione propone una serie di attività, da svolgere individualmente, per verificare se le conoscenze apprese nelle unità 1-3 sono state acquisite. A ogni esercizio è attribuito un punteggio oggettivo; dopo la correzione con tutta la classe ogni studente può calcolare i suoi punteggi e autovalutarsi facendo la somma totale. Durante la correzione è bene ritornare alle pagine delle unità 1-3 per rivedere il lessico e le strutture oggetto degli esercizi. Lo svolgimento dei nove esercizi richiede circa un'ora di tempo.

Soluzioni

Esercizio 1 pagina 50
1 No, non ho 15 anni, ho 14 anni, 2 No, non abitiamo a Catania, abitiamo ad Agrigento, 3 No, non è di Bari, è di Foggia, 4 No, il mio compleanno non è il 24 aprile, è il 3 giugno, 5 No, non ho mal di stomaco, ho mal di pancia, 6 No, in classe non ci sono 21 studenti, ci sono 22 studenti.

Esercizio 2 pagina 50
1 L'insegnante gentile, gli insegnanti gentili, le insegnanti gentili, 2 Una pittrice brava, dei pittori bravi, delle pittrici brave, 3 La cameriera svelta, i camerieri svelti, le cameriere svelte, 4 Una donna vecchia, degli uomini vecchi, delle donne vecchie, 5 La gatta bianca, i gatti bianchi, le gatte bianche, 6 Una studentessa portoghese, degli studenti portoghesi, delle studentesse portoghesi.

Esercizio 3 pagina 50
1 Marina e Filippo aprono gli ombrelli, 2 Questi quaderni sono rossi e verdi, 3 Maria e Alberto preparano gli zaini, 4 Quelle ragazze sono olandesi, 5 In classe/nelle classi ci sono degli armadi, 6 Gli studenti ascoltano le ultime canzoni di Jovanotti.

Esercizio 4 pagina 50
1 Questa professoressa insegna filosofia, 2 La dottoressa parla con un'infermiera, 3 Quelle bambine giocano con la gatta, 4 Queste mucche sono grandi, 5 Quell'attrice è molto brava, 6 Le studentesse ascoltano le insegnanti.

Esercizio 5 pagina 50
1 Stiamo abbastanza bene, 2 Abbiamo 13 anni, 3 Festeggio il compleanno il 2 marzo, 4 Siamo canadesi, 5 Siamo di Toronto, 6 Abitiamo a Sydney.

Esercizio 6 pagina 51
1 viaggiamo, 2 lanci, 3 offrono, 4 leggete, 5 dormo, 6 prende.

Esercizio 7 pagina 51
Specificare che non sempre una linea corrisponde a una sola parola.
ragazza, di, liceo, ventitré, polacco, rumena, tedesco, educazione fisica, compiti, videogiochi, cinema, compagni, compleanno, inviti, torta, candeline.

*Caterina è una **ragazza** di sedici anni. È **di** Viterbo ma studia a Roma: frequenta la terza C del **Liceo** Linguistico Mamiani. Nella sua classe ci sono **ventitré** studenti, alcuni sono stranieri, infatti Adrian è **polacco**, Victor è peruviano e Mariana è **rumena**. Caterina studia tante materie: italiano, storia, filosofia, francese, inglese, **tedesco**, arte, biologia, matematica ed **educazione fisica**. Ogni giorno ha tanti **compiti** per casa e ha poco tempo libero. Quando finisce, però, naviga in internet, gioca con i **videogiochi** o passeggia con gli amici. Il fine settimana, invece, fa un picnic con i genitori, va al **cinema** o in paninoteca con i **compagni**, e a volte visita qualche parco naturale. Domani è il suo **compleanno** e organizza una festa. Adesso, infatti, scrive ai compagni gli **inviti**; più tardi passa in pasticceria per ordinare una grande **torta** e in tabaccheria per comprare le **candeline**.*

Esercizio 8 pagina 51
1 e, 2 c, 3 f, 4 a, 5 b, 6 d.

Esercizio 9 pagina 51
italiano, classe, suonano, la, il, musiche, due, a, 24, maggio.

Unità 4 — Un nuovo compagno

Obiettivi

Lessico: i nomi e gli aggettivi per la descrizione del carattere e dell'aspetto fisico, gli ambienti della scuola.

Funzioni comunicative: chiedere e dire di chi è un oggetto, descrivere una persona.

Strutture grammaticali: il presente indicativo dei verbi in -care e -gare, dei verbi della 3ª coniugazione in -isc-, del verbo 'fare'; gli aggettivi e i pronomi possessivi.

(1-50) Esercizio 1 pagina 52

Attività di comprensione orale. I nostri ragazzi sono al campo di atletica per l'ora di educazione fisica e Damiano parla con Adrian, un nuovo compagno di classe appena arrivato, descrivendogli sommariamente la personalità e sottolineando l'aspetto fisico degli altri compagni. Come nelle unità precedenti, si consiglia di partire dall'osservazione della grande figura centrale e stimolare la formulazione di ipotesi, anche con domande mirate (Chi sono? Dove sono? Cosa fanno? Come sono fisicamente? Ci sono insegnanti? Cosa insegnano?) sulla situazione illustrata. Scrivere, quindi, alla lavagna, le parole suggerite dagli studenti, soprattutto quelle utili alla comprensione. Dopo un primo ascolto a libro chiuso si può chiedere alla classe se ha trovato conferma alle ipotesi fatte in precedenza e se ci sono delle parole che ostacolano particolarmente la comprensione. Gli studenti ascoltano una seconda volta la registrazione, sempre a libro chiuso, e in coppia si spiegano cosa hanno capito. Si leggono poi le affermazioni dell'esercizio 2: è bene sottolineare che oltre alle possibilità Vero e Falso e ce n'è anche una terza indicata dal punto interrogativo (?) che indica la mancanza dell'informazione. Si ascolta, quindi, in modo attivo, cercando di reperire le informazioni utili per completare l'attività. La correzione può essere prima in coppia o in piccoli gruppi e poi collegiale. Al termine, gli studenti leggono in coppia il dialogo (si consiglia di non assegnare le prime due battute, quelle di Alice e del professore, perché sono le uniche dette da questi due personaggi).

Esercizio 2 pagina 52

Attività di comprensione orale.

> **Soluzione:** 1 V, 2 F, 3 l'informazione non c'è, 4 V, 5 l'informazione non c'è, 6 V, 7 F, 8 F, 9 V, 10 l'informazione non c'è.

Esercizio 3 pagina 53

Attività ludica. Gli studenti devono cercare gli aggettivi nella griglia, disposti orizzontalmente e verticalmente. Si può dividere la classe in coppie o piccoli gruppi e fare una gara.

> **Soluzione:** Orizzontali: castani, blu, verdi, grigi. Verticali: neri, azzurri.

(1-51) Esercizio 4 pagina 53

Attività di comprensione e produzione orale in coppia. Gli studenti ascoltano due volte la registrazione, seguendo il testo sul libro e ripetono le frasi in coppia. Poi ripetono il dialogo osservando e descrivendo i ragazzi nella grande figura centrale.

Esercizio 5 pagina 53

Attività di produzione orale in coppia. Gli studenti a turno descrivono i propri compagni di classe.

Lessico

Esercizio 1 pagina 54

Attività di comprensione e produzione scritta con associazione parola-immagine. Gli alunni svolgono l'esercizio individualmente. Fare osservare le varie vignette che illustrano alcuni tratti caratteriali e chiedere quindi di completare le frasi con gli aggettivi nell'elenco, puntualizzando di effettuare anche l'accordo al femminile laddove è necessario. In questa fase, per evitare che gli studenti si scoraggino, è necessario sottolineare che probabilmente incontreranno parole che non conoscono ed è quindi normale che non completino tutte le frasi. Un successivo scambio di informazioni con un compagno può sicuramente aiutare dal punto di vista sia linguistico sia psicologico. Poi l'insegnante fa ascoltare la registrazione per controllare: le frasi potranno anche essere scritte alla lavagna per una correzione collegiale.

Soluzioni 4

(1-52)

1. *Lei è chiacchierona.*
2. *Lui è disordinato.*
3. *Lei è studiosa.*
4. *Lui è pigro.*
5. *Lei è generosa.*
6. *Lei è golosa.*
7. *Lei è intelligente.*
8. *Lui è divertente.*
9. *Lei è simpatica.*
10. *Lui è timido.*

Soluzione: 1 a, 2 b, 3 h, 4 f, 5 g, 6 e, 7 i, 8 d, 9 c, 10 l.

Esercizio 2 pagina 54
Attività individuale di comprensione scritta con associazione di aggettivi contrari. La correzione sarà svolta collegialmente, scrivendo le soluzioni alla lavagna o svolgendola oralmente.

Soluzione: 1 d, 2 e, 3 i, 4 g, 5 c, 6 a, 7 m, 8 l, 9 h, 10 b, 11 f.

Esercizio 3 pagina 54
Attività di comprensione orale e produzione scritta. Fare ascoltare due volte la registrazione, intercalando delle pause per dare agli studenti il tempo di scrivere. Si può procedere prima a una correzione tra pari, poi a una collegiale, scrivendo le soluzioni alla lavagna.

(1-53)

La mia amica Carla è una ragazza molto simpatica e scherzosa, infatti quando sono con lei rido sempre! È molto disinvolta e parla con tutti, io invece sono un po' timido e, quando sono imbarazzato, arrossisco facilmente! Carla è anche molto golosa, mangia sempre tanti dolci. A scuola è generalmente attenta, anche se a volte è troppo disordinata.

Soluzione: simpatica, scherzosa, disinvolta, timido, golosa, attenta, disordinata.

Esercizio 4 pagina 55
Attività di comprensione e produzione scritta con associazione parola-immagine. L'insegnante dopo avere fornito qualche esempio pratico, descrivendo un paio di alunni della classe, fa svolgere l'esercizio singolarmente. La correzione collegiale può essere svolta scrivendo le parole alla lavagna o leggendo le frasi complete a voce alta.

Soluzione: 1 lunghi, azzurri; 2 corti, neri; 3 lisci, verdi; 4 ricci, marroni; 5 rossi, azzurri; 6 neri, verdi.

(1-54) ### Esercizio 5 pagina 55
Attività di comprensione scritta e orale e produzione orale. Gli alunni leggono, ascoltano e ripetono le frasi.

Esercizio 6 pagina 55
Attività di comprensione e produzione scritta. Dopo la descrizione fisica e caratteriale si passa agli ambienti della scuola. Fare leggere le parole nel riquadro e chiedere il loro significato, anche con eventuale traduzione nella lingua madre degli studenti. Gli alunni svolgono l'esercizio individualmente, completando le frasi con i vocaboli nel riquadro. Il controllo avviene tramite l'ascolto.

(1-55)

Nel corridoio ci sono i distributori delle merendine.
1. *Oggi in aula magna c'è una conferenza.*
2. *Gli studenti fanno gli esperimenti nel laboratorio di scienze.*
3. *Questa mattina al campo sportivo c'è una gara di atletica.*
4. *Il ricevimento dei genitori è in sala professori.*
5. *Quando c'è il sole, gli studenti fanno ricreazione in cortile.*
6. *I genitori sono in segreteria per chiedere informazioni.*
7. *Gli studenti fanno ginnastica in palestra.*

Soluzione: 1 aula magna, 2 laboratorio di scienze, 3 campo sportivo, 4 sala professori, 5 cortile, 6 segreteria, 7 palestra.

4 Soluzioni

Comunicazione

(1-56) Esercizio 1 pagina 56
Attività di comprensione e produzione orale. Fare ascoltare i dialoghi e farli rileggere in coppia. Dopo attirare l'attenzione sugli elementi che differiscono dal punto di vista strutturale e grammaticale.

Esercizio 2 pagina 56
Attività di comprensione e produzione scritta. Prima di svolgere l'attività, attirare l'attenzione sulla forma dei possessivi, sulla variazione singolare-plurale e maschile-femminile. Gli studenti poi completano individualmente le frasi e ascoltano la registrazione per controllare. Alla fine si legge il dialogo in coppia.

(1-57)

Ada: Di chi è questo cellulare?
Fabrizio: È il mio!
Ada: E di chi sono questi zaini?
Fabrizio: Sono i nostri.
Ada: E la borsa blu di chi è? Di Lisa?
Fabrizio: Sì, è sua.
Ada: Questa palla è la tua?
Fabrizio: No, non è la mia, è di Bruno.

Soluzione: il mio, i nostri, la sua, la tua, la mia.

Esercizio 3 pagina 56
Attività di produzione orale ludica. Si divide la classe in coppie, attribuendo il ruolo A e il ruolo B. Lo studente A rimane a pagina 56, lo studente B va a pagina 142 dove si trova l'altra figura per svolgere l'esercizio. È importante spiegare chiaramente e accuratamente la consegna. Al centro del disegno ci sono Matilde, Rafael e Silvia, cui sono collegati, attraverso linee con frecce, gli oggetti di loro proprietà. Le due figure sono complementari, nel senso che ciascuna di esse fornisce solo metà delle informazioni. Compito degli studenti è, quindi, completare i collegamenti oggetto-proprietario, attraverso l'interazione orale. Per facilitare il dialogo, è riportato all'inizio un esempio di domanda-risposta che gli studenti possono prendere come modello. Al termine dell'attività è previsto un controllo collegiale.

✓ Si può chiedere, eventualmente, agli alunni di scrivere i dialoghi come compito per casa.

Soluzione: le caramelle, lo zaino, gli occhiali da sole e il gatto sono di Matilde; le matite, il pallone e le riviste sono di Rafael; la borsa, i CD e il cellulare sono di Silvia.

Esercizio 4 pagina 56
Attività di produzione orale in coppia. Invitare gli alunni a domandare a chi appartengono alcuni oggetti che si trovano in classe, seguendo la falsariga dei dialoghi nel riquadro. Eventualmente si possono raccogliere gli oggetti e metterli sulla cattedra. Fornire un esempio per chiarire meglio la consegna. L'esercizio si può svolgere anche facendo girare gli studenti per la classe per porsi le domande l'un l'altro.

(1-58) Esercizio 5 pagina 57
Attività di comprensione e produzione orale. Gli alunni ascoltano i dialoghi e li rileggono in coppia.

Esercizio 6 pagina 57
Attività di produzione orale in gruppo. Gli studenti, a turno, scelgono una delle persone nell'immagine e, senza dirne il nome, la descrivono agli altri che devono indovinare di chi si tratta. In seguito si potranno ripetere collegialmente le descrizioni degli otto ragazzi.

(1-59) Esercizio 7 pagina 57
Attività di comprensione e produzione orale. Gli alunni ascoltano i dialoghi e li rileggono in coppia.

Esercizio 8 pagina 57
Attività di produzione scritta. Seguendo l'esempio dell'esercizio precedente, gli studenti osservano le immagini e scrivono i dialoghi. Eventualmente l'attività può essere svolta prima oralmente. Il controllo è collegiale.

Soluzione: 1 Com'è Lorena? È generosa. 2 Com'è Ruggero? È chiacchierone. 3 Com'è Tiziano? È disordinato. 4 Com'è Rossella? È studiosa.

Esercizio 9 pagina 57
Attività di produzione orale in coppia. Gli studenti, a turno, descrivono un compagno di classe e indovinano di chi si tratta. L'insegnante può fornire un esempio, descrivendo uno studente che la classe deve indovinare.

Soluzioni 4

Grammatica

Tutti le strutture in questa sezione (i verbi in -care e -gare, i verbi del terzo gruppo in -isc-, il verbo 'fare', gli aggettivi e i pronomi possessivi) possono essere presentate induttivamente o deduttivamente, come spiegato nell'introduzione, a seconda delle esigenze della classe. In entrambi i casi si può comunque ricorrere all'ausilio del dialogo iniziale per mostrare le strutture spiegate o da spiegare.

Esercizio 1 pagina 58

Attività di comprensione scritta. Abbinare il soggetto alle forme verbali.

Soluzione: 1 b, 2 a, 3 e, 4 f, 5 d, 6 c, 7 d, 8 e, 9 c, 10 a, 11 f, 12 b.

Esercizio 2 pagina 58

Attività di comprensione e produzione scritta. Abbinare le forme verbali alle immagini e coniugare il verbo.

Soluzione: 1 starnutisce, 2 pulisce, 3 spedisce una email, 4 arrossisce.

Esercizio 3 pagina 58

Attività di comprensione e produzione scritta. Completare le frasi con il verbo 'fare'.

Soluzione: 1 facciamo, 2 fanno, 3 fa, 4 fai, 5 faccio, 6 fate.

Esercizio 4 pagina 59

Attività di comprensione e produzione scritta. Completare le frasi con i possessivi.

Soluzione: 1 i tuoi, 2 la loro, 3 i miei, 4 la nostra, 5 la vostra, 6 le sue, 7 i nostri, 8 la mia.

Esercizio 5 pagina 59

Attività di comprensione e produzione scritta. Gli studenti devono completare la tabella con gli aggettivi possessivi in base ai pronomi cui si riferiscono, accordandoli ai nomi.

Soluzione: io: le mie penne, il mio astuccio; **tu:** i tuoi occhi, la tua barba; **lui/lei:** il suo zaino, i suoi capelli; **noi:** la nostra classe, il nostro direttore; **voi:** le vostre biciclette, il vostro cane; **loro:** la loro casa, il loro professore.

Come si pronuncia?

Esercizio 1 pagina 59

Attività di ascolto e riproduzione di suoni. Ascoltare due volte e ripetere le parole registrate. Lo studio della regola fonetica può seguire il metodo induttivo o il metodo deduttivo. Al termine, a libro chiuso, si può fare il dettato delle parole ascoltate in precedenza.

(1-60)

giorno – righello – funghi – gelatina – giostra – agenzia – ghianda – gatto – auguri – digestione – aragosta – sughero – gennaio – gioia.

Esercizio 2 pagina 59

Attività di lettura da svolgere individualmente. Dopo l'ascolto per la verifica, la lettura può essere ripetuta collegialmente.

(1-61)

1 *Il professor Ghirardi ha un gatto giovane.*
2 *La Liguria è una regione italiana.*
3 *Questa sera mangiamo la pizza margherita.*
4 *Il dottor Marghi ha una giacca gialla.*
5 *Giovanni ha il singhiozzo.*
6 *I miei genitori sono di Alghero.*

Esercizio 3 pagina 59

Attività di comprensione orale e produzione scritta. Gli allievi ascoltano le frasi e completano scrivendo la parola mancante. Dopo il controllo collegiale, si può chiedere agli studenti di leggere le frasi.

(1-62)

1 *Diego mangia gli spaghetti al sugo.*
2 *Questo pacco è molto urgente.*
3 *Le mie unghie sono molto lunghe.*
4 *L'agenda di Ugo è gialla.*
5 *Il ghepardo è un animale molto veloce.*
6 *La professoressa Arteghini oggi spiega algebra.*

(4) Soluzioni

> **Soluzione:** 1 spaghetti, 2 urgente, 3 unghie, 4 agenda, 5 ghepardo, 6 algebra.

Verso la certificazione

Leggere

Esercizio 1 pagina 60
Attività di comprensione scritta con completamento di frasi. Prima di cominciare l'attività spiegare agli studenti che anche se possono trovare il testo un po' difficile in alcuni punti, l'attività da svolgere è comunque alla loro portata. Fare leggere il testo in silenzio e lasciare il tempo necessario per il completamento delle frasi. Dopo la correzione collettiva si può rileggere il testo approfondendo l'aspetto lessicale.

> **Soluzione:** 1 abitano, 2 quinta, 3 quattro, 4 tre.

Parlare

Esercizio 2 pagina 60
Attività di produzione orale. Da svolgere in coppia e poi con tutta la classe.

> **Possibile produzione:** La ragazza è bionda/ha i capelli biondi, ha i capelli lunghi e lisci. Non è molto alta ed è magra. Il ragazzo è alto e robusto. Ha i capelli corti, castani e un po' mossi.

Ascoltare

Esercizio 3 pagina 61
Attività di comprensione orale. Spiegare agli studenti che non è necessario scrivere frasi complete nella tabella ma è sufficiente individuare una o poche parole chiave sulle quali sarà bene concentrarsi durante l'ascolto. Specificare anche che le informazioni nel dialogo non seguono l'ordine della tabella.

(1-63)

Patrizia: Finalmente l'intervallo! Ma dov'è Maria?
Luigi: È già in cortile con le sue amiche e chiacchierano come sempre! Dai, andiamo in cortile anche noi!
Patrizia: Sì certo, chiamiamo anche Gianni?
Luigi: Gianni è nel laboratorio di lingue, fa la verifica di inglese che dura due ore e quindi non fa l'intervallo.
Patrizia: Peccato! Ma... guarda, il tecnico è qui nel corridoio e parla con la segretaria! Ma allora chi è in laboratorio con Gianni?
Luigi: Il professore di inglese, Guidi! Lui controlla sempre gli studenti quando fanno le verifiche!
Patrizia: Guarda Eleonora! È al campo sportivo con Mauro. Giocano a calcio...
Luigi: Mmm... senti, ho un'idea, perché non giochiamo a calcio con loro?
Patrizia: Buona idea!

> **Soluzione:** Gianni è nel laboratorio di lingue, fa la verifica di inglese. Eleonora è al campo sportivo con Mauro, gioca a calcio. Il professor Guidi è nel laboratorio di lingue, controlla gli studenti. Maria è in cortile, chiacchiera. Il tecnico è nel corridoio, parla con la segretaria.

Esercizio 4 pagina 61
Attività di comprensione orale. Gli studenti devono riconoscere quale famiglia è descritta nella registrazione. Prima di procedere con l'ascolto fare osservare bene le figure ed eventualmente provare a descriverle mentalmente.

✓ Dopo il controllo si può chiedere agli studenti di descrivere le tre famiglie nei disegni.

(1-64)

Il signore e la signora Biagini hanno un figlio che si chiama Edoardo. Il signor Biagini ha gli occhiali e i baffi. La signora Biagini è bionda e ha i capelli lunghi. Edoardo ha i capelli lisci e castani. Il suo migliore amico è il suo cane Teo.

> **Soluzione:** famiglia 2.

Scrivere

Esercizio 5 pagina 61
Attività di produzione scritta. L'attività può essere

svolta sul quaderno o su un foglio. La correzione deve essere individuale e personalizzata.

A spasso in Italia

Un giro a Torino

In queste pagine sono presentate alcune caratteristiche interessanti di Torino, la città dove vivono e studiano i ragazzi protagonisti di **Amici d'Italia**. È un modo per conoscere meglio il mondo dei nostri compagni di viaggio, oltre che per vedere più da vicino una bella e importante città italiana.

Esercizio 1 pagina 62

Attività di comprensione scritta e abbinamento testo-immagine. Per prima cosa attirare l'attenzione degli studenti sulle sei fotografie e chiedere, secondo loro, di cosa si tratta senza però dare conferme o informazioni. Spiegare, poi, che la comprensione del testo può essere difficoltosa in alcuni punti ma ciò non dovrebbe impedire lo svolgimento dell'attività. Si lavora in coppia e, prima del controllo collegiale, gli studenti, in gruppi di quattro, possono confrontarsi tra loro. Si suggerisce un'ulteriore attività lessicale, da svolgere sempre in gruppi di quattro, in cui gli alunni individuano le parole nuove e tentano di comprenderne il significato. L'insegnante può scrivere, poi, questi vocaboli alla lavagna in modo che rimangano più impressi nella memoria.

Soluzione: 1 c, 2 f, 3 e, 4 b, 5 d, 6 a.

Esercizio 2 pagina 63

Attività di comprensione scritta con completamento di frasi. Dopo il controllo si può chiedere agli studenti quale elemento presentato nella scheda trovino più interessante e perché.
Si può, poi, fare un interessante confronto fra Torino e la città dove ha sede la scuola o, eventualmente, una grande città che tutti gli studenti conoscono.

Soluzione: 1 alle montagne, 2 una fortezza, 3 mummie, 4 nella Mole, 5 un cinema, 6 la tramvia, 7 di barca capovolta.

Clicca e guarda

Attività pagina 63

Il video presentato è uno spezzone tratto da un documentario su Torino. Siamo all'interno della Mole Antonelliana e vediamo alcune immagini del Museo Nazionale del Cinema. Il giornalista Carlo Massarini ci mostra anche il portone di un palazzo, poco lontano dalla Mole, in cui i fratelli Lumière fecero la loro prima proiezione cinematografica. Per le attività didattiche su questo video si rimanda a pagina 75.
La Mole Antonelliana è un monumento simbolo di Torino. Si trova nel centro della città e ha preso il nome dall'architetto che la progettò. La sua costruzione cominciò nel 1863 e fu completata, dopo numerose modifiche al progetto originario, solo nel 1900. Inizialmente doveva essere la sinagoga di Torino, fu poi usata come sede di mostre e musei fino al 1996, quando è diventata la sede definitiva del Museo Nazionale del Cinema.

Unità 5 — Ma che bella giornata!

Obiettivi

Lessico: le attività quotidiane, l'ora, i giorni della settimana, gli avverbi di frequenza.

Funzioni comunicative: chiedere e dire l'ora, chiedere e dire a che ora si fanno delle azioni, chiedere e dire dove si va.

Strutture grammaticali: le preposizioni per esprimere il tempo e il luogo, il presente indicativo dei verbi riflessivi, il presente indicativo dei verbi 'bere', 'uscire', 'andare'.

(2-1) Esercizio 1 pagina 64

Attività di comprensione orale. In questo dialogo Rafael è al telefono con la sua amica Ling e parlano della loro giornata tipo, raccontando le azioni quotidiane e come trascorrono i fine settimana. Come nelle unità precedenti, si consiglia di partire dall'osservazione della grande figura centrale e stimolare la formulazione di ipotesi, anche con domande mirate (Chi sono? Dove sono? Cosa stanno facendo? Come sono fisicamente? Di cosa parlano?) sulla situazione illustrata. Scrivere, quindi, alla lavagna, le parole suggerite dagli studenti, soprattutto quelle utili alla comprensione. Dopo un primo ascolto a libro chiuso si può chiedere alla classe se ha trovato conferma alle ipotesi fatte in precedenza e se ci sono delle parole che ostacolano particolarmente la comprensione. Gli studenti ascoltano, sempre a libro chiuso, una seconda volta la registrazione e in coppia si spiegano cosa hanno capito. Si leggono poi le frasi dell'esercizio 2 e si fa un ascolto di tipo attivo, cercando di reperire le informazioni utili a completarle. La correzione può essere prima in coppia o in piccoli gruppi e poi collegiale.
Al termine, gli studenti leggono in coppia il dialogo.

Esercizio 2 pagina 64

Attività di comprensione orale.

Soluzione: 1 b, 2 a, 3 a, 4 b, 5 a, 6 b.

Esercizio 3 pagina 65

Attività di comprensione scritta con associazione frase-immagine.

Soluzione: 1 d, 2 e, 3 b, 4 c, 5 f, 6, a.

Esercizio 4 pagina 65

Attività di comprensione e produzione scritta. Gli alunni, dopo aver riletto il dialogo, svolgono individualmente l'esercizio, completando le frasi con i verbi.

Soluzione: si sveglia, si prepara, fa, beve, mangia, esce, arriva, studia, esce.

Esercizio 5 pagina 65

Attività di produzione scritta individuale. L'insegnante invita gli studenti a descrivere brevemente la loro giornata tipo. L'attività può, eventualmente, essere svolta sul quaderno o su un foglio da consegnare al docente. La correzione deve essere individuale e personalizzata.

Lessico

(2-2) Esercizio 1 pagina 66

Attività di comprensione e produzione orale. Fare ascoltare le frasi, mettendo in risalto la diversità lessicale e soffermandosi anche sul contenuto del box *Attenzione!*.

✓ Come rinforzo l'insegnante può domandare alla classe quando Rafael svolge le azioni: "Quando guarda la televisione?", "Quando va a scuola?" e così via.

Esercizio 2 pagina 66

Attività di comprensione e produzione scritta. Spiegare agli studenti che, dopo avere letto attentamente il testo, dovranno completarlo con il lessico dell'esercizio 1. Gli alunni svolgono individualmente l'esercizio e poi ascoltano la registrazione per controllare. Eventualmente, scrivere le soluzioni alla lavagna.

(2-3)

Sono una persona un po' particolare: sono un vampiro e faccio tutto al contrario! Dormo di giorno e vivo di notte. Mi sveglio di sera, quando è buio, e vado a letto di mattina, quando comincia a fare giorno. La mia è una vita proprio strana!

> **Soluzione:** di giorno, di notte, di sera, di mattina.

Esercizio 3 pagina 66
Attività di comprensione orale e produzione scritta. Gli alunni svolgono individualmente l'esercizio completando le frasi con i vocaboli ascoltati nella registrazione. Poi si può procedere in due modi: 1) si cercano nella serpentina gli avverbi e si confrontano con quelli scritti nell'esercizio. Segue poi un controllo collegiale; 2) si esegue un controllo collegiale, scrivendo eventualmente le soluzioni alla lavagna. In seguito gli studenti possono dedicarsi alla piccola attività ludica di ricerca dei vocaboli nella serpentina. L'attività può essere anche svolta come gara fra coppie. Vince la coppia che individua per prima i quattro vocaboli.

(2-4)

1 *Pietro arriva tardi in ufficio.*
2 *Carolina domani si sveglia presto.*
3 *Tu arrivi a scuola sempre in anticipo.*
4 *Oggi l'autobus è in ritardo.*

> **Soluzione:** 1 tardi, 2 presto, 3 anticipo, 4 ritardo.

Esercizio 4 pagina 67
Attività di comprensione e produzione scritta. Fare osservare il calendario con i vari appuntamenti della settimana. Gli alunni svolgono l'esercizio individualmente o a coppie. Poi l'insegnante fa leggere le frasi ad alta voce per controllare le soluzioni, le quali potranno anche essere scritte alla lavagna.

> **Soluzione:** 1 sabato, 2 mercoledì, 3 venerdì, 4 martedì, 5 domenica, 6 giovedì.

Esercizio 5 pagina 67
Attività di comprensione e produzione scritta. Chiedere agli studenti se conoscono il significato degli avverbi nel riquadro e dare eventuali spiegazioni. Fare notare che la frequenza da essi indicata è schematizzata dalle stelline. In seguito gli studenti completano le frasi seguendo le indicazioni date dalle stelline. Poi procedere all'ascolto, dando tempo per controllare. Si può eseguire prima una correzione tra pari, poi una collegiale, scrivendo le soluzioni alla lavagna.

(2-5)

Il lunedì di solito mi alzo alle 7.00 per andare a lavorare.

1 *La domenica non mi alzo mai prima delle 9.00.*
2 *Il sabato sera a volte vado a cena al ristorante.*
3 *La mattina a colazione bevo sempre il tè.*
4 *Non sono una persona puntuale, arrivo spesso in ritardo.*
5 *Durante la settimana raramente torno a casa per pranzo.*

> **Soluzione:** 1 mai, 2 a volte, 3 sempre, 4 spesso, 5 raramente.

Esercizio 6 pagina 67
Attività di comprensione e produzione scritta con associazione parola-immagine. Gli studenti dovrebbero conoscere la gran parte dei verbi nel riquadro, per cui risulta facilmente deducibile il significato anche di quelli che non conoscono. Si può, pertanto, provare a svolgere l'attività senza controllare i verbi collegialmente, facendo leva sulla capacità d'intuito e di ragionamento dei singoli. Gli alunni eseguono individualmente l'esercizio. Poi si procede con l'ascolto per controllare. Infine le frasi potranno essere lette collegialmente per un'ulteriore verifica.

✓ Utilizzando i verbi dell'esercizio si può svolgere il gioco dei mimi. Si divide la classe in gruppi che a turno scelgono un'azione da mimare. Il gruppo che indovina il verbo, si aggiudica un punto.

(2-6)

1 *Alle sette si sveglia.*
2 *Alle sette e un quarto fa la doccia.*
3 *Alle sette e mezza si lava i denti.*
4 *Alle sette e trentacinque si pettina.*
5 *Alle otto meno un quarto fa colazione.*
6 *Alle otto va a scuola.*
7 *Alle tredici e trenta pranza.*
8 *Alle quindici fa i compiti.*
9 *Alle venti cena.*
10 *Alle 21 e 15 si mette il pigiama.*

5 Soluzioni

11 *Alle 21 e 30 va a letto.*
12 *Alle 21 e 45 dorme.*

Soluzione: 1 si sveglia, 2 fa la doccia, 3 si lava i denti, 4 si pettina, 5 fa colazione, 6 va a scuola, 7 pranza, 8 fa i compiti, 9 cena, 10 si mette il pigiama, 11 va a letto, 12 dorme.

Comunicazione

Prima di spiegare i diversi modi per dire l'ora, illustrati nel box *Attenzione!*, si consiglia di svolgere l'esercizio 1, in modo da attivare un meccanismo di familiarizzazione con le nuove strutture.

(2-7) Esercizio 1 pagina 68
Attività di comprensione e produzione orale. Gli alunni ascoltano i dialoghi e li rileggono in coppia. Fare notare i diversi modi per chiedere l'ora. Osservare il box *Attenzione!* e spiegarne i contenuti. Soffermarsi anche sulle modalità formali e informali per dire l'ora.

Esercizio 2 pagina 68
Attività di produzione scritta e orale in coppia. Gli studenti, partendo dai modelli dati nell'esercizio precedente, a turno, prima formulano la domanda e rispondono oralmente, poi scrivono le frasi individualmente. La correzione può avvenire inizialmente tra pari e poi collegialmente.

Soluzione: Che ore sono?/Che ora è?: 1 Sono le diciassette e trenta./Sono le cinque e mezza. 2 Sono le dodici e trenta./È mezzogiorno e mezzo. 3 Sono le tre e dieci. 4 Sono le sei e quarantacinque./Sono le sei e tre quarti./Sono le sette meno un quarto. 5 È l'una e venticinque. 6 Sono le venti e trentacinque./Sono le otto e trentacinque. 7 Sono le nove e quindici./Sono le nove e un quarto.

(2-8) Esercizio 3 pagina 69
Attività di comprensione e produzione orale. Fare ascoltare i dialoghi e farli rileggere in coppia. Dopo attirare l'attenzione sugli elementi che differiscono dal punto di vista strutturale.

In particolare sottolineare l'uso delle preposizioni 'a', 'alle' e 'dalle' per indicare l'ora in cui si svolge, comincia o finisce una determinata azione.

Esercizio 4 pagina 69
Attività di produzione orale in coppia. Gli studenti a turno si pongono le domande sulle azioni quotidiane che svolgono al mattino e rispondono. In seguito, per controllare, si ripetono alcuni dialoghi davanti alla classe, tutto collegialmente.

Esercizio 5 pagina 69
Attività di comprensione scritta e produzione orale. Gli studenti leggono i dialoghi in coppia e li ripetono, possibilmente a libro chiuso. Spiegare che in Italia è usanza comune fare una cena con i professori per festeggiare la fine dell'anno scolastico. L'insegnante può invitare gli studenti a girare per la classe rivolgendo a diversi compagni alcune domande sui programmi del pomeriggio o del fine settimana.

Esercizio 6 pagina 69
Attività di comprensione orale e produzione scritta. Specificare che in ogni linea andranno scritte più parole. Fare ascoltare tre volte la registrazione, prevedendo diverse pause durante l'ascolto, per dare agli studenti il tempo di scrivere. Si può procedere prima a una correzione tra pari, poi a una collegiale, scrivendo le soluzioni alla lavagna. Fare quindi leggere il dialogo in coppia.

(2-9)

Ling: *Ciao Rafael, che fai questa sera?*
Rafael: *Vado al cinema con Damiano e Adrian.*
Ling: *Cosa andate a vedere?*
Rafael: *L'ultimo film di Roberto Benigni.*
Ling: *Che bello! Dove andate?*
Rafael: *Al cinema Trianon.*
Ling: *E a che ora inizia il film?*
Rafael: *Inizia alle diciotto e trenta. Tu invece cosa fai?*
Ling: *Prima faccio i compiti, poi vado anche io al cinema con Alessia.*
Rafael: *E voi cosa andate a vedere?*
Ling: *L'ultimo film di Cristina Comencini.*

> **Soluzione:** Cosa andate a vedere?, Dove andate?, a che ora, voi cosa andate a vedere?

Come si pronuncia?

Esercizio 1 pagina 69
Attività di ascolto e riproduzione di suoni. Ascoltare due volte e ripetere le parole registrate. Lo studio della regola fonetica può seguire il metodo induttivo o il metodo deduttivo. Al termine, a libro chiuso, si può fare il dettato delle parole ascoltate in precedenza.

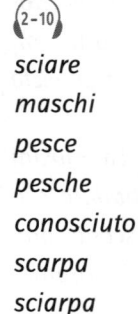

(2-10)

sciare
maschi
pesce
pesche
conosciuto
scarpa
sciarpa
casco

Esercizio 2 pagina 69
Attività di riconoscimento. Gli alunni ascoltano due volte le parole registrate e le scrivono nella tabella a seconda dei suoni contenuti. Per la correzione è consigliabile scrivere i vocaboli alla lavagna.

(2-11)

schema
scena
rischi
lisci
scheletro
riuscire
schiena
fasce
fischio
asciugare
ascensore
scheda
schiuma
scivolo
lische
mascella

> **Soluzione: sche:** schema, scheletro, scheda, lische; **schi:** rischi, schiena, fischio, schiuma; **sce:** scena, fasce, ascensore, mascella; **sci:** lisci, riuscire, asciugare, scivolo.

(2-12) **Esercizio 3 pagina 69**
Attività di lettura da svolgere individualmente. Dopo l'ascolto per la verifica, la lettura può essere ripetuta collegialmente.

Grammatica

Tutte le strutture in questa sezione (i verbi 'andare', 'bere', 'uscire', i verbi riflessivi, le preposizioni di tempo, le preposizioni di luogo) possono essere presentate induttivamente o deduttivamente, come spiegato nell'introduzione, a seconda delle esigenze della classe. In entrambi i casi si può comunque ricorrere all'ausilio del dialogo iniziale per mostrare le strutture spiegate o da spiegare.

Esercizio 1 pagina 70
Attività di comprensione scritta. Abbinare i pronomi alle forme verbali.

> **Soluzione:** 1 tu ti chiami, 2 noi ci alziamo, 3 voi vi lavate, 4 io mi sveglio, 5 loro si pettinano, 6 lui/lei si veste.

Esercizio 2 pagina 70
Attività di comprensione e produzione scritta. Completare con le preposizioni.

> **Soluzione:** 1 in, 2 dal - al, 3 dalle - alle, 4 di, 5 di, 6 alle, 7 in, 8 a.

Esercizio 3 pagina 71
Attività di comprensione e produzione scritta. Completare con i verbi.

> **Soluzione:** 1 esco, 2 uscite, 3 beviamo, 4 vai, 5 escono, 6 beve, 7 andiamo, 8 va.

5 Soluzioni

Esercizio 4 pagina 71
Attività di comprensione e produzione scritta associata a immagini. Gli studenti devono descrivere le azioni usando il verbo 'andare', la preposizione e il luogo. Poiché gli alunni potrebbero formare delle frasi corrette usando la preposizione a + verbo infinito (per esempio 'va a giocare a calcio'), è importante sottolineare che la consegna richiede che nelle risposte sia esplicitato il luogo in cui si va.

Soluzione: 1 Germano va in classe. 2 Tu sei molto goloso e vai spesso in pasticceria. 3 I Ferrante quando c'è il sole vanno sempre in campagna. 4 Giorgia ogni venerdì sera va a Trieste dove abitano i suoi genitori. 5 Il sabato sera i ragazzi vanno in discoteca. 6 Ogni mercoledì pomeriggio io vado al campo sportivo/allo stadio. 7 Oggi pomeriggio io e Patrizia andiamo in pizzeria con gli amici. 8 Di solito in estate voi andate a Roma/in Italia. 9 Questa sera Bruno ed Elena vanno a teatro. 10 Quando abbiamo educazione fisica andiamo in palestra. 11 Il fine settimana Giovanni e Francesca vanno al mare/in spiaggia. 12 Voi d'inverno andate in montagna.

Verso la certificazione

Leggere

Esercizio 1 pagina 72
Attività di comprensione scritta con lettura individuale silenziosa.
Spiegare agli studenti che, anche se non riusciranno a capire ogni singola parola, potranno agevolmente trovare le informazioni per svolgere l'esercizio. Il controllo si può eseguire prima in coppia e poi collegialmente.

Soluzione: 1 Paco, 2 Marachella, 3 Marachella, 4 Paco, 5 Marachella, 6 Paco, 7 Paco, 8 Marachella.

Ascoltare

Esercizio 2 pagina 73
Attività di comprensione orale. Lasciare il tempo necessario alla lettura delle frasi da controllare e poi procedere all'ascolto. Al termine effettuare verifica collegiale.

🎧 (2-13)

Laura, di solito, si sveglia tardi, intorno alle undici, fa colazione e poi entra in internet per aggiornare il suo sito. Prima legge il forum dei suoi fan e poi risponde alle email. La sua giornata è molto silenziosa, parla poco perché deve conservare la voce per il concerto. Dopo pranzo si rilassa, legge qualche rivista di musica e poi esce per organizzare lo spettacolo serale.
Dalle diciotto alle diciannove c'è il controllo del suono: sono presenti soltanto i fan iscritti al suo forum. Laura, poi, si prepara, si pettina, si trucca e si veste per andare in scena.
Alle ore ventuno precise inizia il concerto. La Pausini esce sul palco, saluta tutti, poi inizia a ballare e a cantare. A fine spettacolo, Laura resta in scena, presenta la band, ringrazia i tecnici e i suoi collaboratori. Poi, in ultimo, saluta tutti e corre via.

Soluzione: 1 V, 2 F, 3 F, 4 V, 5 V, 6 F, 7 V, 8 F.

Parlare

Esercizio 3 pagina 73
Attività di produzione orale in coppia. Durante l'interazione si possono usare il lessico e le strutture apprese nell'unità. Al termine gli studenti possono raccontare la giornata del compagno a tutta la classe o a un altro compagno.

Scrivere

Esercizio 4 pagina 73
Attività di produzione scritta. L'attività può essere svolta anche su un quaderno o su un foglio. La correzione deve essere individuale e personalizzata.

Competenza linguistica

Esercizio 5 pagina 73
Attività di comprensione scritta e completamento.

Soluzione: 1 sua, 2 si, 3 a, 4 alle, 5 casa, 6 fa, 7 dal, 8 sabato, 9 domenica, 10 letto/dormire.

Soluzioni 5

A spasso in Italia
A tavola con gli italiani

Pagine 74 e 75

Attività di comprensione scritta. La lettura di questa scheda culturale non è seguita da attività di verifica della comprensione ma è stata concepita proprio per stimolare un dibattito basato sul confronto culturale in merito ai pasti della giornata. Prima di procedere alla lettura si consiglia una fase di *brainstorming* sull'argomento, durante la quale l'insegnante può scrivere alla lavagna le parole che gli studenti associano a questo tema. Successivamente si passa a una prima lettura per la comprensione globale, senza dare troppo peso alle parole nuove o alle frasi complesse. Si può poi dividere la classe in piccoli gruppi e chiedere di riassumere oralmente quanto si è capito dalla lettura. Si torna, quindi, a leggere il testo e si sottolineano i vocaboli nuovi che vengono poi spiegati collegialmente. Si chiede, infine, agli studenti quali differenze e quali similitudini hanno riscontrato fra quanto letto e quanto invece avviene nel loro Paese; se in classe sono presenti studenti di altre nazionalità il confronto può essere allargato anche alle loro culture di origine.

✓ Una modalità alternativa può essere il lavoro in gruppi, a ognuno dei quali è assegnato un solo paragrafo. Dopo la fase di sintesi delle informazioni e del controllo delle parole nuove, durante la quale il docente gira fra i banchi per dare qualche suggerimento, si rimescolano i gruppi in modo tale che all'interno di ognuno convergano studenti che hanno lavorato su paragrafi diversi. I membri del nuovo gruppo espongono quanto hanno appreso nel loro paragrafo e poi si procede alla rilettura del testo completo e alla spiegazione del lessico.

Clicca e guarda

Attività pagina 75

Il video proposto è un servizio del Tg1 su una rassegna di merende tradizionali all'interno della manifestazione MangiaTO. Gli intervistati danno consigli su come mangiare sano e gustoso, sottolineando l'importanza dello spuntino mattutino e pomeridiano per i ragazzi. Per le attività didattiche su questo video si rimanda a pagina 76.

Unità 6 — Ti presento i miei

Obiettivi

Lessico: parlare della famiglia e della casa.
Funzioni comunicative: chiedere e dire cosa sta facendo una persona, chiedere e dire dove sono le persone e gli oggetti, chiedere e dire da dove vengono le persone.
Strutture grammaticali: il presente progressivo, il presente indicativo del verbo 'venire', le preposizioni di luogo.

(2-14) Esercizio 1 pagina 76

Attività di comprensione orale. Silvia va a casa di Alberto e conosce la sua famiglia: il fratello gemello Federico, i genitori, i nonni. Il dialogo è un'introduzione al tema della famiglia e della casa. Come nelle unità precedenti, si consiglia di partire dall'osservazione della grande figura centrale e stimolare la formulazione di ipotesi su quanto si andrà ad ascoltare, anche con domande mirate (Chi sono? Dove sono? Cosa stanno facendo? Come sono fisicamente?) sulla situazione illustrata. Scrivere, quindi, alla lavagna, le parole suggerite dagli studenti, soprattutto quelle utili alla comprensione. Dopo un primo ascolto a libro chiuso si può chiedere alla classe se ha trovato conferma alle ipotesi fatte in precedenza e se ci sono delle parole che ostacolano particolarmente la comprensione. Gli studenti ascoltano una seconda volta la registrazione, sempre a libro chiuso, e in coppia si spiegano cosa hanno capito. Si leggono poi le frasi dell'esercizio 2 e si fa un ascolto di tipo attivo, cercando di reperire le indicazioni utili per comprendere se sono vere o false. La correzione può essere prima in coppia o in piccoli gruppi e poi collegiale. Al termine, gli studenti, in gruppi di quattro, leggono il dialogo (si consiglia di non assegnare la battuta dei genitori di Alberto, perché è l'unica detta da questi due personaggi).

Esercizio 2 pagina 76

Attività di comprensione orale.

Soluzione: 1 V, 2 V, 3 F, 4 V, 5 V, 6 F, 7 V, 8 V, 9 V, 10 V.

Esercizio 3 pagina 77

Attività di comprensione scritta con associazione parole-immagini. Lasciare agli studenti il tempo per reperire nel dialogo le informazioni utili per lo svolgimento. La correzione è prima in coppia e dopo collegiale.

Soluzione:
In alto: nonno materno-nonna materna / nonno paterno-nonna paterna.
Al centro: madre-padre.
Sotto: Alberto-fratello (Federico).

Esercizio 4 pagina 77

Attività di produzione scritta. Gli alunni individualmente completano lo schema con le informazioni e i nomi della propria famiglia. Per la correzione si suggerisce di disegnare lo stesso albero genealogico alla lavagna e chiedere a diversi studenti come l'hanno completato.

Lessico

Esercizio 1 pagina 78

Attività di comprensione orale e produzione scritta. Gli studenti ascoltano più volte e completano le didascalie. Specificare che i componenti della famiglia non sono menzionati secondo l'ordine numerico. Si suggerisce di eseguire un primo controllo in coppia in cui scambiarsi le informazioni comprese ed effettuare almeno un altro ascolto. Al termine svolgere una correzione collegiale.

(2-15)

Ciao a tutti! Io sono Alice e questa è la mia famiglia. Ho un fratello di 14 anni, Teo, e una sorella di 3 anni, Lucilla. Mia madre si chiama Rosanna e ha 39 anni. Mio padre si chiama Antonio e ha 43 anni. Ci sono anche i miei nonni che abitano nell'appartamento vicino al nostro: mio nonno si chiama Guido e mia nonna Raffaella. Fanno parte della famiglia anche mio zio Giovanni, mia zia Adriana e i miei cugini Carlo e Clelia. E poi c'è lei, Mirimì, la mia dolcissima gattina!

Soluzione: 1 madre, 2 padre, 3 nonna, 4 nonno, 5 zio, 6 fratello, 7 sorella, 8 cugino, 9 cugina, 10 zia.

Soluzioni 6

Esercizio 2 pagina 78
Attività di comprensione e produzione scritta. Fare osservare l'immagine della famiglia di Alice con le didascalie scritte in precedenza e fare completare le frasi. L'esercizio può essere svolto individualmente o in coppia. Poi l'insegnante fa leggere le frasi ad alta voce per controllare le soluzioni, le quali potranno anche essere scritte alla lavagna. Si consiglia, al termine del controllo, di fare rileggere tutte le frasi in coppia, come fase propedeutica all'esercizio successivo.

Soluzione: 1 Guido, 2 cugina, 3 genitori, 4 zio, 5 cugina, 6 nonna.

Esercizio 3 pagina 78
Attività di produzione orale. Dividere la classe in coppie. Lo studente A formula le domande presenti in questa pagina e lo studente B risponde. Lo studente B fa altrettanto con le domande a pagina 142 e A risponde. Poiché l'esercizio ha una parte in appendice, è necessario spiegare bene la consegna e accertarsi che sia stata compresa da tutti, per evitare fraintendimenti.

Soluzione:
A: Chi è Lucilla? È sua sorella.
   Come si chiama suo nonno? Guido.
   Chi è Adriana? È sua zia.
   Come si chiama suo cugino? Carlo.
   Chi è Mirimì? È la sua gattina.
   Come si chiama suo padre? Antonio.
B: Chi è Teo? È suo fratello.
   Chi è Rosanna? È sua madre.
   Chi è Giovanni? È suo zio.
   Come si chiama sua cugina? Clelia.
   Come si chiama sua nonna? Raffaella.

Esercizio 4 pagina 79 (2-16)
Attività di comprensione scritta con associazione parola-immagine. Gli studenti devono abbinare le parole della lista agli ambienti della casa indicati dai numeri nel cerchietto blu. Poiché, probabilmente, non conoscono tutto il lessico, si consiglia lo svolgimento dell'attività in coppia o piccoli gruppi, in modo da condividere al massimo le conoscenze, evitando così l'insorgere di ansia nello studente che potrebbe scoraggiarsi. È consigliabile uno scambio di informazioni fra coppie o gruppi. Procedere poi con l'ascolto per verificare gli abbinamenti. Al termine effettuare un controllo collegiale.

Soluzione: 1 la soffitta, 2 la camera da letto, 3 il bagno, 4 il bagno di servizio, 5 l'ingresso, 6 lo studio, 7 il soggiorno, 8 la cucina, 9 la cantina, 10 il garage.

Esercizio 5 pagina 79 (2-17)
Attività di comprensione scritta con associazione parola-immagine. Gli studenti devono abbinare le parole della lista agli oggetti indicati dalle lettere nel cerchietto rosso. Fare svolgere l'esercizio seguendo le stesse modalità dell'attività 4.

Soluzione: A l'armadio, B il letto, C il comodino, D il letto a castello, E la lavatrice, F lo specchio, G il lavandino, H la doccia, I la libreria, L la scrivania, M il tappeto, N la poltrona, O il divano, P il tavolino, Q il frigorifero, R il tavolo.

Esercizio 6 pagina 79
Attività di comprensione e produzione scritta. Fare osservare la sezione della casa e, tenendo presente il lessico appreso negli esercizi 4 e 5, scrivere dove si trovano gli oggetti elencati. Gli alunni svolgono individualmente l'esercizio. La correzione è collegiale e può essere orale o scritta alla lavagna.

Soluzione: 1 in bagno, 2 in bagno, 3 nello studio, 4 in camera da letto, 5 in camera da letto, 6 in cucina, 7 in bagno, 8 in bagno, 9 in soggiorno.

Comunicazione

Esercizio 1 pagina 80 (2-18)
Attività di comprensione e produzione orale. Fare ascoltare i dialoghi e farli rileggere in coppia. In seguito attirare l'attenzione sugli elementi che differiscono dal punto di vista strutturale.

6 Soluzioni

Esercizio 2 pagina 80
Attività di produzione orale in coppia. Seguendo gli esempi dell'esercizio 1, gli studenti a turno fanno le domande e rispondono impiegando il presente progressivo. Durante la correzione collegiale scrivere le frasi alla lavagna.

> **Soluzione:** Cosa sta/stanno facendo? Nicola sta lavando il cane. Luigi e Paolo stanno giocando a tennis. Carla sta bevendo l'acqua. Patrizia sta mangiando un panino. Marina si sta pettinando. Gli studenti stanno andando a scuola. Gianluca sta accarezzando il gatto. Marzia si sta lavando i denti.

Esercizio 3 pagina 80
Attività di produzione orale. Gli studenti, a turno, seguendo l'esempio, descrivono cosa sta facendo un compagno in classe e gli altri indovinano di chi si tratta.

(2-19) Esercizio 4 pagina 80
Attività di comprensione e produzione orale. Gli studenti ascoltano i dialoghi e li ripetono in coppia. Dopo si attira l'attenzione sugli elementi che differiscono dal punto di vista strutturale.

Esercizio 5 pagina 80
Attività di produzione orale in coppia. Seguendo gli esempi dell'esercizio 4, gli studenti, a turno, formulano le domande e rispondono, dicendo da dove vengono le persone rappresentate nelle vignette. Durante la correzione collegiale scrivere le frasi alla lavagna.

> **Soluzione:** Da dove viene/vengono? 1 Barbara viene dal ristorante. 2 Andrea viene da scuola. 3 Erica e Fabio vengono dal cinema. 4 Franco viene dallo stadio. 5 Mauro viene dal supermercato. 6 Adele e Roberto vengono dalla stazione.

(2-20) Esercizio 6 pagina 81
Attività di comprensione e produzione orale. Gli studenti ascoltano i dialoghi e li ripetono in coppia. Dopo attirare l'attenzione sugli elementi che differiscono dal punto di vista strutturale e lessicale.

Esercizio 7 pagina 81
Attività di produzione orale in coppia. Seguendo gli esempi dell'esercizio 6, gli studenti a turno formulano le domande e rispondono, chiedendo e dicendo dove si trovano gli oggetti e gli animali nella figura. Per lo svolgimento dell'attività gli studenti possono ricorrere all'ausilio dello schema sulle preposizioni di luogo a pagina 83 e quello sulle preposizioni articolate a pagina 121. La correzione è collegiale e orale.

✓ A questo punto si possono disporre alcuni oggetti nella classe secondo la figura dell'esercizio e, formando nuove coppie, ripetere l'attività.

> **Soluzione:** Dov'è il cane? Dietro la pianta. Dov'è la pianta? Vicino alla finestra. Dov'è la torta? Sul tavolo. Dove sono le penne? Sul tavolo. Dov'è il cellulare? Sul tavolo. Dov'è la palla? Sotto al tavolo. Dov'è lo zaino? Sulla sedia. Dov'è l'astuccio? Nello/Dentro lo zaino. Dove sono gli occhiali? Sulla poltrona. Dov'è il gatto? Davanti la poltrona. Dov'è il quadro? Sopra la porta. Dove sono i libri? Sul divano.

Come si pronuncia?

Esercizio 1 pagina 81
Attività di ascolto e riproduzione di suoni. Fare ascoltare due volte e fare ripetere le parole registrate, ponendo molta attenzione alla differenza di suono tra la consonante semplice e doppia.

(2-21)

1 *papa-pappa*
2 *copia-coppia*
3 *sono-sonno*
4 *rene-renne*
5 *casa-cassa*
6 *micia-miccia*

Esercizio 2 pagina 81
Attività di riconoscimento. Gli alunni ascoltano due volte e indicano il suono semplice e quello marcato. Durante la correzione collegiale il docente può anche riscrivere le parole alla lavagna per indicare meglio la corrispondenza fra suono e grafia. Si consiglia di fare ripetere, anche coralmente, le coppie di parole.

Soluzioni 6

(2-22)

1. sette
2. sete
3. capelli
4. cappelli
5. pollo
6. polo
7. coppia
8. copia

> **Soluzione:** 1 sette, 2 sete, 3 capelli, 4 cappelli, 5 pollo, 6 polo, 7 coppia, 8 copia.

Esercizio 3 pagina 81

Attività di comprensione orale e produzione scritta. Gli allievi ascoltano e scrivono le parole. La correzione è collegiale e alla lavagna. Al termine della correzione si consiglia di fare rileggere in coppia tutte le parole.

(2-23)

1. penna
2. pena
3. lego
4. leggo
5. fato
6. fatto
7. nonno
8. nono
9. pala
10. palla
11. corro
12. coro

Grammatica

Tutte le strutture in questa sezione (il presente progressivo, il verbo 'venire', le preposizioni di luogo, gli aggettivi possessivi con i nomi di parentela) possono essere presentate induttivamente o deduttivamente, come spiegato nell'introduzione, a seconda delle esigenze della classe. In entrambi i casi si può comunque ricorrere all'ausilio del dialogo iniziale per mostrare le strutture spiegate o da spiegare.

Esercizio 1 pagina 82

Attività di comprensione e produzione scritta. Completare le frasi con il presente progressivo.

✓ Per fare un po' di pratica orale l'insegnante può fare delle domande orali del tipo: "Cosa sta facendo la persona in cantina?" o "Dov'è la persona che sta spedendo le email?".

> **Soluzione:** 1 stai prendendo, 2 sta spedendo, 3 stanno guardando, 4 si sta lavando, 5 state leggendo, 6 stiamo facendo, 7 mi sto addormentando, 8 ci stiamo rilassando.

(2-24) ### Esercizio 2 pagina 82

Attività di comprensione e produzione scritta. Completare le frasi con il il verbo 'venire' e la preposizione.

> **Soluzione:** 1 Adrian **viene dalla** Polonia, 2 John e Mary **vengono dagli** Stati Uniti, 3 Giacomo **viene da** Roma, 4 Voi **venite dalla** Svizzera, 5 Tu **vieni dal** Marocco, 6 Io **vengo da** Venezia, 7 Noi **veniamo dall'**Italia, 8 Amina **viene dallo** Yemen, 9 Pablo e Pilar **vengono da** Barcellona.

Esercizio 3 pagina 83

Attività di comprensione e produzione scritta. Completare le frasi con la preposizione di luogo seguita dall'eventuale articolo o preposizione articolata.

> **Soluzione:** 1 davanti la/alla, 2 vicino la/alla, 3 sotto la/alla, 4 sulla, 5 dietro lo/allo, 6 fra/tra.

Esercizio 4 pagina 83

Attività di comprensione e produzione scritta. Gli studenti completano il testo scrivendo gli articoli dove necessario.

> **Soluzione: La** mia famiglia è composta da cinque persone: mia madre Giulia, mio padre Antonio, **i** miei fratelli Alfredo e Caterina e io. C'è anche Tato, **il** nostro amato cane. **La** nostra casa è grande e abbiamo anche un bel giardino. Spesso la domenica vengono da noi **i** miei zii con **le** mie cugine e mio nonno Guglielmo: io sono molto contenta perché giochiamo e ci divertiamo. La sera poi sono sempre stanca e vado presto in camera mia a dormire!

6 Soluzioni

Verso la certificazione

Ascoltare

Esercizio 1 pagina 84

Attività di comprensione orale. Specificare che nel dialogo le informazioni non seguono l'ordine numerico dell'albero genealogico.

> **Soluzione:** 1 nonno, Massimo, 2 nonna, Cassandra, 3 papà, Francesco, 4 mamma, Alkisti, 5 zio, Nicola, 6 zia, Astrid, 7 Bruno, 8 Matteo, 9 Laura, 10 Sonia, 11 cugino, Piero, 12 cugina, Carla.

(2-25)

Piero: *Laura, quanti siete in famiglia?*
Laura: *Siamo in sei: i miei genitori, io e mia sorella Sonia, e i miei fratelli gemelli Bruno e Matteo. Si somigliano molto, per fortuna che Matteo ha gli occhiali, così non si fa confusione fra loro...*
Piero: *E i tuoi genitori come si chiamano?*
Laura: *La mamma si chiama Alkisti, con la K, e il papà Francesco.*
Piero: *Alkisti? Che bel nome!*
Laura: *Sì, è un nome greco; la nonna materna è di Atene, e si chiama Cassandra.*
Piero: *Anche tuo nonno è greco?*
Laura: *No, lui è italiano, si chiama Massimo.*
Piero: *Hai anche dei cugini?*
Laura: *Sì, Carla e Piero, sono i figli di mio zio Nicola, il fratello di mia madre. Mio padre invece è figlio unico.*
Piero: *E come si chiama tua zia?*
Laura: *Astrid.*
Piero: *Originale!*
Laura: *Sì, davvero.*

Parlare

Esercizio 2 pagina 84

Attività di produzione orale. Si lascia qualche minuto agli studenti per osservare la foto della famiglia e prepararne la descrizione, rivedendo anche il vocabolario e le strutture grammaticali apprese in questa unità e nelle precedenti. Per casa si può assegnare la descrizione della foto come compito scritto, chiedendo di includere anche la descrizione fisica e del luogo.

Esercizio 3 pagina 84

Attività di produzione orale in coppia. Si lascia qualche minuto per preparare la descrizione della propria famiglia. Invitare gli studenti a vivacizzare l'interazione anche ponendo domande del tipo "Hai cugini?", "Che classe frequenta tua sorella?" ecc.

Leggere

Esercizio 4 pagina 85

Attività di comprensione scritta con associazione testo-immagine. Si richiede di svolgere due compiti: scegliere la casa più adatta alle esigenze della famiglia e poi abbinare le tre fotografie alle descrizioni. Il controllo si esegue prima in coppia e poi con tutta la classe e può essere seguito da un dibattito per sostenere le proprie tesi in quanto i punti di vista per l'individuazione della casa più adatta possono essere diversi. Anche la verifica del lessico nuovo si può fare prima in coppia o in gruppo e poi con l'insegnante.

> **Soluzione:** la casa più adatta alla famiglia è quella nella descrizione B, in quanto soddisfa tutte le esigenze (numero adeguato di camere da letto, giardino per i cani, posto per le due macchine).
> 1 b, 2 a, 3 c.

Scrivere

Esercizio 5 pagina 85

Attività di produzione scritta. Gli studenti devono scrivere un sintetico annuncio per la vendita di una casa. Possono prendere come esempio gli annunci dell'esercizio 4. Per rendere più completa l'attività si può chiedere di disegnare la piantina della casa. La correzione deve essere individuale e personalizzata. Si può poi scegliere il migliore tra i vari annunci, riprodurlo su un cartoncino o su un foglio e appenderlo in classe.

> **Possibile produzione:** Vendesi appartamento in centro. Cucina, salone, due camere, due bagni, terrazza e cantina. Riscaldamento autonomo e spese condominiali minime.

Esercizio 6 pagina 85

Attività di produzione scritta. Questa attività può essere assegnata anche per casa se si è già svolta in classe l'attività 5. Gli studenti devono descrivere la propria abitazione. Eventualmente si può chiedere di disegnarne anche la piantina. La correzione deve essere individuale e personalizzata.

A spasso in Italia

Le case italiane

In queste pagine sono presentate delle tipologie di abitazioni particolari, tipiche di alcune zone geografiche. L'intento della scheda culturale è proprio di dare una visione più ampia dell'Italia, mostrando delle interessanti alternative all'appartamento tradizionale di città che tutti conoscono.

Esercizio pagine 86-87

Attività di comprensione scritta. Prima della lettura chiedere agli studenti se nella loro nazione o, eventualmente, in quella di origine, ci sono tipi di abitazioni o costruzioni particolari che si differenziano dalle case di città. Procedere poi con la lettura.
In questa fase il docente può scegliere la modalità più opportuna fra le seguenti: 1) lettura con sottolineatura delle parole nuove e conseguente spiegazione, 2) lettura con comprensione globale con eventuale divisione dei paragrafi assegnati a piccoli gruppi, 3) lettura individuale silenziosa. Il controllo finale è prima in coppia, se non si è già adottato questo metodo di lavoro per lo svolgimento dell'attività, e dopo collegiale.

> **Soluzione:** 1 trullo, 2 casa di ringhiera, 3 trullo, 4 trullo, 5 cascina, 6 cascina, 7 casa di ringhiera, 8 cascina, 9 casa di ringhiera.

Clicca e guarda

Attività pagina 87

Il video proposto è una breve selezione di alcune scene tratte dal film *Parenti serpenti*, in cui il piccolo protagonista della pellicola presenta la sua famiglia che sta per riunirsi in occasione delle feste natalizie. Per le attività didattiche su questo video si rimanda a pagina 76.
Il film del famoso regista Mario Monicelli è stato girato nel 1992. Racconta la riunione di quattro fratelli, con le rispettive famiglie, a casa degli anziani genitori a Sulmona, una piccola cittadina dell'Abruzzo.

Unità 4-6 Tiriamo le somme

Questa sezione propone una serie di attività, da svolgere individualmente, per verificare se le conoscenze apprese nelle unità 4-6 sono state acquisite. A ogni esercizio è attribuito un punteggio oggettivo; dopo la correzione con tutta la classe ogni studente può calcolare i suoi punteggi e autovalutarsi facendo la somma totale. Durante la correzione è bene ritornare alle pagine delle unità 4-6 per rivedere il lessico e le strutture oggetto degli esercizi. Lo svolgimento dei nove esercizi richiede circa un'ora di tempo.

Soluzioni

Esercizio 1 pagina 88
1 basso, 2 distratto, 3 magro, 4 simpatico, 5 disordinato, 6 timido/silenzioso.

Esercizio 2 pagina 88
1 fanno, 2 spedisco, 3 finisce, 4 giochiamo, 5 fa, 6 dimentichi, 7 vengono, 8 bevo.

Esercizio 3 pagina 88
1 vanno in, 2 vado a, 3 andate in, 4 vai in, 5 va in, 6 andiamo al.

Esercizio 4 pagina 88
1 dietro, 2 dentro, 3 davanti, 4 sotto, 5 fra/tra, 6 sotto.

Esercizio 5 pagina 88
1 sta preparando, 2 mi sto facendo, 3 sta studiando, 4 sta giocando, 5 stai guardando, 6 sta pulendo.

Esercizio 6 pagina 89
1 Di chi è lo zaino? 2 Da dove viene tua cugina?/Chi viene dagli Stati Uniti? 3 Dov'è il libro? 4 A che ora è l'appuntamento con Rodolfo? 5 Cosa stai facendo?/ Cosa stai preparando? 6 Di dove sono Norbert e Amin?

Esercizio 7 pagina 89
1 i suoi voti, le sue verifiche, il suo tempo, 2 la nostra classe, i nostri insegnanti, 3 la mia famiglia, mio padre, mia madre, i miei due fratelli, 4 il mio sport, i miei amici, le mie amiche.

Esercizio 8 pagina 89
Specificare che non sempre una linea corrisponde a una sola parola.
Le parole in grassetto nella trascrizione corrispondono alle soluzioni.

(2-26)

Ciao Paulina,
come stai? Qui a Torino tutto ok. Finalmente frequento la nuova scuola e sono molto contento perché **capisco** *bene quando i miei compagni parlano in italiano. Non conosco ancora tutti i professori ma* **i miei** *compagni di classe sono davvero super! La scuola è molto grande! Le lezioni cominciano alle* **otto e mezza** *e* **finiscono** *alle quattordici. Nell'intervallo prendiamo le merendine e le bibite alle macchinette e andiamo a fare* **ricreazione** *in cortile: qui* **beviamo**, *mangiamo, chiacchieriamo e giochiamo a pallone. Quando* **esco** *da scuola a volte pranzo con i compagni, più* **spesso** *però torno a casa.* **Vicino** *alla scuola c'è un campo di calcetto: qualche volta mi fermo a* **giocare** *con alcuni compagni.*
Bene, come vedi qui è tutto ok! E tu invece come stai? **Quando vieni** *a Torino?*
Adesso vado a letto perché la mattina **mi alzo** *sempre alle sette.*
Scrivimi presto!
Adrian

Esercizio 9 pagina 89
1 Sono le cinque e mezza./Sono le diciassette e trenta. 2 Sono le dieci e un quarto./Sono le dieci e quindici. 3 Sono le sei e tre quarti./Sono le sette meno un quarto./Sono le diciotto e quarantacinque. 4 Sono le dodici/È mezzogiorno e venticinque. 5 Sono le undici/Sono le ventitré e cinquantacinque./È mezzanotte meno cinque. 6 È l'una/Sono le tredici e venti.

Unità 7 — Da grande voglio fare...

Obiettivi

Lessico: le professioni, le attività e i luoghi di lavoro.
Funzioni comunicative: domandare che lavoro si fa, domandare e dire cosa si fa nel lavoro, domandare e dire che lavoro si vuole fare.
Strutture grammaticali: il presente indicativo dei verbi servili, dei verbi 'sapere', 'dire' e 'dare', dei verbi in -gliere, -gnere e -nere, i pronomi interrogativi.

🎧 2-27 Esercizio 1 pagina 90

Attività di comprensione orale. Matilde e Adrian sono seduti su una panchina e discutono sulla professione dei loro genitori, descrivendo cosa fanno, quando e dove lavorano. I ragazzi parlano, inoltre, del mestiere che vorrebbero fare da grandi. Come nelle unità precedenti, si consiglia di partire dall'osservazione della grande figura centrale e stimolare la formulazione di ipotesi, anche con domande mirate (Chi sono? Dove sono? Di cosa parlano? Chi sono le altre persone? Cosa stanno facendo?) sulla situazione illustrata.

Scrivere, quindi, alla lavagna, le parole suggerite dagli studenti, soprattutto quelle utili alla comprensione. Dopo un primo ascolto a libro chiuso si può chiedere alla classe se ha trovato conferma alle ipotesi fatte in precedenza e se ci sono delle parole che ostacolano particolarmente la comprensione. Gli studenti ascoltano ancora, sempre a libro chiuso, e in coppia si spiegano cosa hanno capito. Si leggono poi le frasi dell'esercizio 2 e si fa un ascolto di tipo attivo, cercando di reperire le informazioni utili a completarle. La correzione può essere prima in coppia o in piccoli gruppi e poi collegiale. Al termine, gli studenti leggono in coppia il dialogo.

Esercizio 2 pagina 90

Attività di comprensione orale.

Soluzione: 1 b, 2 b, 3 a, 4 b, 5 a.

Esercizio 3 pagina 91

Attività di comprensione e produzione scritta. Fare rileggere il dialogo e poi fare completare le frasi con le informazioni trovate nel testo. Precisare che una linea non corrisponde sempre a una sola parola. Gli alunni svolgono individualmente l'esercizio. Poi l'insegnante fa leggere le frasi ad alta voce per controllare le soluzioni, le quali potranno anche essere scritte alla lavagna.

Soluzione: 1 negozio, 2 bianco e pulito, i turni anche di notte, 3 parla, 4 la giornalista, 5 passano a prendere.

Esercizio 4 pagina 91

Attività di comprensione scritta con associazione parola-immagine. Lasciare agli studenti il tempo per trovare nel dialogo le informazioni utili per lo svolgimento. La correzione è prima in coppia e poi collegiale.

Soluzione: 1 b c, 2 a f, 3 d e

Esercizio 5 pagina 91

Attività di produzione orale. Gli studenti girano per la classe chiedendo ai compagni se i loro genitori lavorano il fine settimana e di notte. Per svolgere l'attività possono preparare una lista con i nomi di tutti i compagni su cui annotare le informazioni. Al termine degli scambi, ogni studente può raggruppare i nominativi in base alle risposte ricevute.

Esercizio 6 pagina 91

Attività di produzione orale in gruppo. A turno gli alunni dicono una frase che descrive il lavoro del professore. L'insegnante può proporre lo stesso esercizio applicandolo anche ad altri lavori, cominciando da quelli citati nel dialogo iniziale.

Lessico

🎧 2-28 Esercizio 1 pagina 92

Attività di comprensione orale e scritta e produzione orale. Gli studenti osservano le immagini ascoltando la registrazione, poi ripetono le parole. Soffermarsi sul contenuto del box *Attenzione!*; chiedere agli studenti di cercare fra le professioni nell'esercizio quelle terminati in -ista e fare il cambio di genere, eventualmente aggiungendo un aggettivo che può aiutare a rendere più chiara la regola.

7 Soluzioni

Esercizio 2 pagina 92
Attività di comprensione e produzione scritta. Esplorare insieme i verbi nel riquadro e assicurarsi che gli studenti ne conoscano il significato, poi fare completare le frasi. Il controllo avviene tramite ascolto della registrazione. In seguito è possibile rileggere le frasi per effettuare una ulteriore verifica.

(2-29)

Il chirurgo opera i pazienti.
1 Il vigile urbano fa le multe.
2 La cameriera serve i clienti.
3 Il meccanico ripara le auto.
4 Il parrucchiere taglia i capelli.
5 La pittrice dipinge i quadri.
6 Il postino consegna le lettere.
7 La farmacista vende le medicine.
8 Il barista prepara i caffè.
9 Il poliziotto arresta i criminali.
10 Il pompiere spegne gli incendi.
11 Il veterinario cura gli animali.

Soluzione: 1 fa, 2 serve, 3 ripara, 4 taglia, 5 dipinge, 6 consegna, 7 vende, 8 prepara, 9 arresta, 10, spegne, 11 cura.

Esercizio 3 pagina 93
Attività ludica da svolgere individualmente o come gara fra coppie. La correzione collegiale può avvenire oralmente o scrivendo le parole alla lavagna.

Soluzione: 1 parrucchiere, 2 veterinario, 3 barista, 4 poliziotto, 5 farmacista, 6 cameriere, 7 postino, 8 pompiere, 9 architetto, 10 meccanico.

Esercizio 4 pagina 93
Attività di comprensione scritta con associazione frase-immagine. Gli studenti lavorano individualmente, leggono le frasi e le abbinano alle foto del lavoro a cui si riferiscono. Effettuare una prima correzione in coppia e poi collegiale. Come attività supplementare si può chiedere agli studenti di scrivere un'altra frase per ciascun lavoro.

Soluzione: a 3, b 6, c 5, d 2, e 4, f 1.

Esercizio 5 pagina 93
Attività di comprensione orale con abbinamento professione-luogo di lavoro. Fare ascoltare più volte, intercalando alcune pause per dare il tempo necessario per effettuare i collegamenti e per controllare. Fare svolgere l'esercizio individualmente ed eseguire una correzione collegiale. Come metodo alternativo, nelle classi più preparate si può chiedere agli studenti di operare il collegamento lavoro-luogo prima dell'ascolto.

(2-30)

1 Il chirurgo lavora in ospedale.
2 La cameriera lavora al ristorante.
3 L'operaio lavora in fabbrica.
4 Il veterinario lavora in ambulatorio.
5 Il meccanico lavora in officina.
6 Il giornalista lavora in redazione.
7 Il professore lavora a scuola.
8 La commessa lavora al negozio.
9 L'impiegato lavora in ufficio.
10 L'attrice lavora in teatro.

Soluzione: 1 Il chirurgo - ospedale, 2 La cameriera - ristorante, 3 L'operaio - fabbrica, 4 Il veterinario - ambulatorio, 5 Il meccanico - officina, 6 Il giornalista - redazione, 7 Il professore - scuola, 8 La commessa - negozio, 9 L'impiegato - ufficio, 10 L'attrice - teatro.

Comunicazione

(2-31) ### Esercizio 1 pagina 94
Attività di comprensione e produzione orale. Fare ascoltare i dialoghi e farli rileggere in coppia. Dopo attirare l'attenzione sugli elementi che differiscono dal punto di vista strutturale e lessicale.

Esercizio 2 pagina 94
Attività di produzione orale in coppia. Seguendo gli esempi dell'esercizio 1, gli studenti a turno chiedono che lavoro fanno le persone nelle immagini e rispon-

Soluzioni 7

dono usando i vocaboli nel riquadro. La correzione è collegiale e orale. Chiedere infine agli studenti se conoscono altre parole per descrivere i lavori nelle figure, per esempio: Giampaolo è insegnante, Raffaele è un programmatore ecc.

> **Soluzione:** Che lavoro fa Augusto? È disegnatore./Fa il disegnatore. Che lavoro fa Leonardo? È ballerino./Fa il ballerino. Che lavoro fa Raffaele? È informatico./Fa l'informatico. Che lavoro fa Giampaolo? È professore./Fa il professore. Che lavoro fa Mirco? È scrittore./Fa lo scrittore. Che lavoro fa Riccardo? È musicista./Fa il musicista.

Esercizio 3 pagina 94
Attività di produzione orale. Gli studenti girano per la classe intervistando i compagni per sapere che lavoro fanno i loro genitori. Le conversazioni possono avvenire spontaneamente con alternanza dei ruoli.

Esercizio 4 pagina 94
Attività di comprensione scritta e produzione orale. Fare leggere individualmente le frasi del dialogo e farlo rimettere in ordine, numerando le caselle. Il controllo avviene tramite ascolto e la correzione è prima tra pari e poi collegiale. In ultimo rileggere il dialogo in coppia.

(2-32)

Flavio: *Bianca, che lavoro fai?*
Bianca: *Faccio l'impiegata.*
Flavio: *Impiegata? E dove lavori?*
Bianca: *In un'agenzia di viaggi.*
Flavio: *Cosa fai nel tuo lavoro?*
Bianca: *Vendo biglietti aerei e viaggi organizzati. E tu invece che lavoro fai?*
Flavio: *Io sono operaio.*
Bianca: *E cosa fai nel tuo lavoro?*
Flavio: *Costruisco macchine.*

> **Soluzione:** 9, 6, 5, 2, 7, 4, 1, 8, 3.

Esercizio 5 pagina 94
Attività di produzione orale in coppia. Seguendo l'esempio, gli studenti a turno domandano cosa fanno le persone che svolgono le professioni indicate nella lista e rispondono. La correzione è collegiale e orale.

> **Soluzione possibile:** 1 Il veterinario cura gli animali, 2 Il vigile urbano fa le multe, 3 La cameriera serve i clienti, 4 Il meccanico ripara le auto, 5 Il postino consegna le lettere, 6 La farmacista vende le medicine, 7 Il poliziotto arresta i criminali, 8 Il barista prepara i caffè/cappuccini, 9 Il musicista suona uno strumento musicale, 10 Il commesso vende prodotti, 11 L'architetto disegna gli appartamenti, 12 L'avvocato difende i clienti.

(2-33) Esercizio 6 pagina 95
Attività di comprensione e produzione orale. Fare ascoltare i dialoghi e farli rileggere in coppia. Dopo attirare l'attenzione sugli elementi che differiscono dal punto di vista strutturale e lessicale.

Esercizio 7 pagina 95
Attività di produzione orale in coppia. Gli studenti guardano le figure e ipotizzano quali lavori questi ragazzi vorranno fare da grandi. Si consiglia di introdurre i termini 'traduttore/traduttrice' e 'interprete' perché non menzionati precedentemente nel lessico. Scrivere le ipotesi alla lavagna e discuterne in classe. Successivamente gli alunni, a turno, possono dire cosa desidererebbero fare da grandi e perché.

> **Soluzione:** il pilota, il veterinario, il musicista, la traduttrice/l'interprete, l'insegnante/il professore, il medico/la dottoressa/l'infermiera.

Esercizio 8 pagina 95
Attività di produzione orale Seguendo l'esempio, a turno gli studenti descrivono brevemente un lavoro ai compagni che devono indovinare di cosa si tratta. Al termine dell'attività anche l'insegnante può descrivere un lavoro chiedendo agli studenti di indovinarlo.

Come si pronuncia?

Esercizio 1 pagina 95
Attività di ascolto e riproduzione di suoni. Fare ascoltare due volte e fare ripetere le parole registrate, po-

7 Soluzioni

nendo molta attenzione alla differenza nella pronuncia della lettera 's'.

(2-34)

1 *sveglia*
2 *testo*
3 *scuola*
4 *corsa*
5 *sala*
6 *passato*
7 *rosso*
8 *sole*
9 *sbaglio*

Esercizio 2 pagina 95
Attività di lettura da svolgere individualmente. Dopo l'ascolto per la verifica, la lettura può essere ripetuta collegialmente.

(2-35)

1 *masso*
2 *sera*
3 *falso*
4 *spalla*
5 *cestino*
6 *gesso*
7 *ansia*
8 *soggetto*
9 *ciclismo*

Esercizio 3 pagina 95
Attività di ascolto e riproduzione di suoni. Fare ascoltare due volte e fare ripetere le parole registrate, ponendo molta attenzione alla differenza nella pronuncia della lettera 'z'.

(2-36)

1 *azoto*
2 *pezzo*
3 *azione*
4 *pranzare*
5 *calze*
6 *spazio*
7 *arzillo*
8 *marziano*
9 *azzurro*

Esercizio 4 pagina 95
Attività di lettura da svolgere individualmente. Dopo l'ascolto per la verifica, la lettura può essere ripetuta collegialmente.

(2-37)

1 *prezzo*
2 *nazione*
3 *sforzo*
4 *razza*
5 *azalea*
6 *spezzare*
7 *pigrizia*
8 *stanza*
9 *calzolaio*

Grammatica

Tutte le strutture in questa sezione (i verbi servili, i verbi 'sapere', 'dire', 'dare', i verbi in -gnere, -gliere e -nere, i pronomi e gli aggettivi interrogativi) possono essere presentate induttivamente o deduttivamente, come spiegato nell'introduzione, a seconda delle esigenze della classe. In entrambi i casi si può comunque ricorrere all'ausilio del dialogo iniziale (tranne che per gli interrogativi che non sono presenti) per mostrare le strutture spiegate o da spiegare.

Esercizio 1 pagina 96
Attività di comprensione e produzione scritta. Completare le frasi con i verbi servili.

Soluzione: 1 vogliamo, 2 vogliono, 3 deve, 4 devono, 5 devi, 6 posso.

Esercizio 2 pagina 96
Attività di comprensione scritta. Abbinare il soggetto al resto della frase.

Soluzione: 1 c, 2 h, 3 b, 4 f, 5 g, 6 a, 7 e, 8 d.

Esercizio 3 pagina 97
Attività di comprensione e produzione scritta. Completare le frasi con i verbi.

Soluzioni 7

Soluzione: 1 raccolgono, 2 spengo, 3 si sciolgono, 4 contengono, 5 si tolgono, 6 rimango, 7 spengono, 8 ottengo.

Esercizio 4 pagina 97
Attività di comprensione e produzione scritta. Completare le frasi con gli aggettivi e i pronomi interrogativi.

Soluzione: 1 qual, 2 che, 3 chi, 4 quanti, 5 cosa/che cosa, 6 quanto, 7 chi, 8 cosa/che cosa.

Verso la certificazione
Leggere

Esercizio 1 pagina 98
Attività di comprensione scritta con lettura silenziosa. Per questa attività è sufficiente una lettura finalizzata a una comprensione globale del testo. Il controllo si può eseguire prima in coppia e poi collegialmente.

Soluzione: a Luca, b Daniela, c Michele.

Esercizio 2 pagina 98
Attività di comprensione scritta. Gli studenti rileggono il testo nell'esercizio 1 e rispondono alle domande. Per facilitare la comprensione del lessico nuovo l'insegnante può scrivere alcune parole e il loro significato alla lavagna. In questa seconda lettura gli studenti devono cercare informazioni precise, quindi è necessario accordare più tempo. Il controllo si può eseguire prima in coppia e poi collegialmente.

Soluzione: 1 pilota, elettricista, 2 disc jockey, 3 disc jockey, 4 pilota, 5 elettricista, 6 disc jockey.

Parlare

Esercizio 3 pagina 99
Attività di produzione orale con interazione di coppia. Lasciare il tempo necessario per prepararsi e rivedere il lessico e le strutture apprese nell'unità. Al termine dell'attività chiamare qualche coppia per fare ripetere il dialogo davanti a tutta la classe.

Ascoltare

Esercizio 4 pagina 99
Attività di comprensione orale con associazione immagini-testo. Lasciare agli studenti qualche minuto per osservare con attenzione le immagini e provare mentalmente a descriverle. Procedere poi con l'ascolto, durante il quale gli studenti devono scrivere nelle caselle i numeri che indicano l'ordine cronologico della giornata di Claudia. Al termine correzione collegiale.

🎧 (2-38)

Roby: *Ciao Claudia, ma che faccia stanca hai!*
Claudia: *Sì Roby, sono stanchissima... ho finalmente un piccolo lavoro part-time, ma fra scuola, lavoro e amici non ho più un minuto di tempo libero!*
Roby: *Cosa fai di bello?*
Claudia: *La commessa in un negozio di libri usati.*
Roby: *Ma davvero?! Sono contento per te! Che orari fai?*
Claudia: *Lavoro due sere a settimana e il week end.*
Roby: *Mamma mia, allora hai una giornata pienissima!*
Claudia: *Sì guarda... domani per esempio mi alzo alle sette, la mattina ovviamente vado a scuola, torno a casa per pranzo e dopo faccio subito i compiti perché alle cinque devo essere in negozio. Fino alle otto sono alla cassa, sempre in piedi... poi chiudiamo e dopo Carlo viene a prendermi e mangiamo qualcosa insieme, sì ma velocemente perché prima delle dieci devo essere a casa. Controllo le email, saluto gli amici in chat e poi a letto.*
Roby: *Lavori anche la domenica?*
Claudia: *Sì, ma solo il pomeriggio!*

Soluzione: a 3, b 5, c 1, d 7, e 2, f 8, g 4, h 6.

Scrivere

Esercizio 5 pagina 99
Attività di produzione scritta. Consigliare agli studenti di leggere con attenzione gli annunci nel box. Dopo la lettura si può verificare la comprensione con alcune

domande orali. Dare poi il tempo necessario per scrivere l'annuncio. La correzione deve essere individuale e personalizzata.

A spasso in Italia
Prodotti italiani

In queste pagine sono presentati alcuni prodotti simbolo del made in Italy. Fare osservare le foto e chiedere agli studenti se conoscono questi prodotti e cosa sono. Leggere, poi, la scheda e completare lo schema a pagina 101.

In ultimo si può chiedere alla classe se conosce altri prodotti simbolo dell'Italia e anche i prodotti simbolo della propria nazione; se ci sono studenti di diversa origine, il confronto può essere allargato anche alle loro nazioni di provenienza.

✓ Prima di leggere integralmente la scheda l'insegnante può dividere la classe in gruppi e assegnare a ogni gruppo la lettura di un solo prodotto. Ogni gruppo poi esporrà alla classe le informazioni contenute nel paragrafo di propria competenza.

> **Soluzione:** 1 Nutella: crema al cioccolato, 1964, Alba – Piemonte, inglese *nut* + suffisso 'ella'; 2 Vespa: scooter, 1946, Biella – Piemonte, ronzio di una vespa; 3 moka: macchinetta per preparare il caffè, 1933, Crusinallo – Piemonte, Mokha – città nello Yemen; 4 Parmigiano reggiano: formaggio, Medioevo, zona fra Parma e Reggio Emilia, le città dove è prodotto; 5 Ferrari: casa automobilistica, 1939, Maranello – Modena, cognome dell'ingegnere fondatore.

Clicca e guarda

Il video proposto è una vecchia pubblicità della Nutella che risale agli anni '70. Negli spot di questa serie, tutti in forma di cartoni animati, la vita di un piccolo villaggio era sempre disturbata dall'attività di un uccello malvagio (Jo Condor) che puntualmente planava sul villaggio per distruggere qualche oggetto utile alla vita della comunità. Interveniva poi un gigante buono che sistemava tutto e puniva il condor. Tornata la pace e la felicità, si invitava a mangiare la Nutella. Nel video proposto Jo Condor distrugge la scala dei pompieri che il gigante sostituisce poi con il suo pettine. Per le attività didattiche su questo video si rimanda a pagina 77.

Questi spot erano trasmessi in un programma serale chiamato *Carosello*, che andava in onda tutte le sere alle 20.30. A quei tempi gli annunci pubblicitari erano molto più lunghi di quelli odierni e, solitamente, raccontavano una storia.

Unità 8 Facciamo spese!

Obiettivi

Lessico: i nomi dei capi di abbigliamento, delle fantasie e dei tessuti.
Funzioni comunicative: chiedere e dire quanto costa un oggetto e se c'è lo sconto, chiedere e dire la taglia e il numero delle scarpe, chiedere e dire se una cosa piace.
Strutture grammaticali: il presente indicativo del verbo 'piacere', il condizionale presente per le richieste gentili, il superlativo assoluto.

Esercizio 1 pagina 102 (2-39)

Attività di comprensione orale. In questo dialogo Alice e Silvia si trovano in un negozio di abbigliamento per fare spese. Parlando con la commessa si informano sui prezzi dei capi, chiedendo se sono in saldo. Come nelle unità precedenti, si consiglia di partire dall'osservazione della grande figura centrale e stimolare la formulazione di ipotesi, anche con domande mirate (Chi sono? Dove sono? Cosa stanno facendo? Di cosa parlano?) sulla situazione illustrata.
Scrivere, quindi, alla lavagna, le parole suggerite dagli studenti, soprattutto quelle utili alla comprensione. Dopo un primo ascolto a libro chiuso si può chiedere alla classe se ha trovato conferma alle ipotesi fatte in precedenza e se ci sono delle parole che ostacolano particolarmente la comprensione. Gli studenti ascoltano nuovamente a libro chiuso e, in coppia, si spiegano cosa hanno capito. Si leggono poi le frasi dell'esercizio 2 e si fa un ascolto di tipo attivo, cercando di reperire le indicazioni utili per comprendere se sono vere o false. La correzione può essere prima in coppia o in piccoli gruppi e poi collegiale.
Al termine, in gruppi di tre, gli studenti leggono il dialogo.

Esercizio 2 pagina 102

Attività di comprensione orale.

Soluzione: 1 F, 2 V, 3 V, 4 F, 5 V, 6 F, 7 V, 8 F.

Esercizio 3 pagina 103

Attività di comprensione e produzione scritta. Spiegare la differenza tra vestiti e accessori. Consigliare, quindi, ai ragazzi di procedere in due fasi: prima sottolineare nel dialogo i nomi dei vestiti e degli accessori e poi scrivere l'elenco. L'esercizio sarà svolto individualmente, mentre la correzione può avvenire inizialmente tra pari e poi collegialmente, riportando la lista alla lavagna.

Soluzione: vestito, pantaloni, maglietta, maglione, scarpe, ballerine, gonna.

Esercizio 4 pagina 103

Attività di comprensione e produzione scritta. Gli studenti, individualmente, osservano i vari capi di abbigliamento e completano le frasi scrivendo i colori.

Soluzione: 1 rosa, 2 gialla, 3 marroni, 4 viola, 5 blu/azzurro.

Esercizio 5 pagina 103

Attività di comprensione e produzione scritta. Gli studenti, individualmente, rileggono il dialogo e completano le frasi. La correzione può avvenire prima tra pari e poi collegialmente, scrivendo le parole alla lavagna.

Soluzione: 1 elegante, 2 in saldo/simpatici, 3 scontatissima, 4 carine, 5 nel camerino, 6 una gonna a tinta unita.

Esercizio 6 pagina 103

Attività di produzione orale in gruppo. Gli studenti, a turno, descrivono i vestiti di alcuni compagni di classe, e gli altri indovinano di chi si tratta.

Lessico

Esercizio 1 pagina 104

Attività di produzione scritta. È preferibile fare svolgere questa attività in coppia così da favorire lo scambio di informazioni e fare in modo che, con la cooperazione fra pari, non si innalzi il filtro affettivo davanti a un compito che gli studenti potrebbero non essere in grado di completare da soli. Qualora il docente lo ritenga necessario, come ulteriore aiuto prima dello

8 Soluzioni

svolgimento dell'esercizio, si possono scrivere alla lavagna i vocaboli da inserire purché in un ordine diverso da quello richiesto nell'attività. Dopo aver scritto le parole sotto le foto, fare ascoltare la registrazione per controllare se l'esercizio è stato svolto correttamente. Si consiglia comunque di effettuare una correzione collegiale, scrivendo le parole alla lavagna, sempre che non sia stato fatto precedentemente, per attirare l'attenzione sulla loro ortografia.

(2-40)

1 maglietta
2 camicia
3 maglione
4 felpa
5 guanti
6 scarpe
7 stivali
8 gonna
9 jeans
10 vestito
11 giaccone
12 cappello
13 berretto
14 sciarpa
15 occhiali da sole
16 borsa
17 cintura
18 cappotto
19 giubbotto
20 calzini

Esercizio 2 pagina 105

Attività di comprensione e produzione scritta con abbinamento parola-immagine. Gli alunni guardano le foto e abbinano la descrizione del motivo. Il controllo si esegue tramite ascolto della registrazione e poi collegialmente.

(2-41)

1 a fantasia
2 a fiori
3 a pois
4 a quadri
5 a righe
6 a tinta unita

Soluzione: 1 a fantasia, 2 a fiori, 3 a pois, 4 a quadri, 5 a righe, 6 a tinta unita.

Esercizio 3 pagina 105

Attività di comprensione orale. Gli alunni ascoltano la registrazione e, in base a quanto viene detto, disegnano i motivi sui capi d'abbigliamento. Se il docente lo ritiene utile, prima dello svolgimento dell'esercizio, può fare alcuni esempi di motivi di tessuti, indicando quelli dei vestiti che gli studenti hanno indosso.

(2-42)

1 Questa maglietta rossa a tinta unita è la mia preferita!
2 Metto sempre questa gonna a fiori! È bellissima!
3 Quest'anno vanno molto le felpe a quadri.
4 In estate indosso sempre pantaloni a righe.
5 Sabrina mette sempre calzini a pois.
6 Come mi sta bene questo vestito a fantasia!

Soluzione: 1 rossa a tinta unita, 2 a fiori, 3 a quadri, 4 a righe, 5 a pois, 6 a fantasia.

Esercizio 4 pagina 105

Attività di produzione scritta. Prima di fare svolgere l'esercizio l'insegnante può fare qualche esempio prendendo spunto, se possibile, dai vestiti indossati dagli studenti. Gli alunni scrivono sotto ogni figura tre capi di abbigliamento che possono essere fatti con quel materiale. La correzione deve essere svolta collegialmente; si può approfittare anche per stimolare un piccolo dibattito in quanto un capo di abbigliamento può essere fatto in più materiali diversi.

Comunicazione

(2-43) **Esercizio 1 pagina 106**

Attività di comprensione e produzione orale. Fare ascoltare i dialoghi e farli rileggere in coppia. Dopo attirare l'attenzione sugli elementi che differiscono dal punto di vista strutturale, grammaticale e lessicale.

Esercizio 2 pagina 106

Attività di produzione scritta. Seguendo gli esempi

Soluzioni 8

dell'esercizio 1, gli studenti scrivono individualmente i dialoghi ponendo attenzione ai prezzi indicati nelle vignette. L'attività può essere uno spunto per svolgere dei *role-play*.

Produzione possibile

1
A Quanto costano questi jeans/pantaloni?
B 25 euro.

2
A Mi potrebbe dire quanto viene questa cintura?
B Viene 12 euro.

3
A Quanto costa?
B Costa 30 euro.

4
A Vorrei sapere il prezzo di questo cappello.
B 8 euro.

Esercizio 3 pagina 106

Attività di produzione orale in coppia. Dividere la classe in coppie. Lo studente A chiede il prezzo della camicia e del berretto allo studente B, il quale va a pagina 142 e risponde. Lo studente B chiede il prezzo del maglione e dei guanti allo studente A che, rimanendo a pagina 106, risponde. Poiché l'esercizio ha una parte in appendice, è necessario spiegare bene la consegna e accertarsi che sia stata compresa da tutti, per evitare fraintendimenti.

Produzione possibile

1 Quanto costa il maglione? 35 euro.
2 Quanto viene la camicia? 12 euro.
3 Quanto costa il berretto? 5 euro.
4 Quanto vengono i guanti? 10 euro.

(2-44) Esercizio 4 pagina 106

Attività di comprensione e produzione orale. Gli studenti ascoltano i dialoghi e li rileggono in coppia. Dopo attirare l'attenzione sugli elementi che differiscono dal punto di vista strutturale, grammaticale e lessicale.

Esercizio 5 pagina 106

Attività di produzione scritta. Gli alunni, guardando le foto, scrivono sul quaderno le risposte alle domande. La correzione può essere sia individuale e personalizzata sia collegiale.

Soluzione: 1 Sì, sono scontati. 2 No, non è in saldo.

(2-45) Esercizio 6 pagina 107

Attività di comprensione e produzione orale. Gli studenti ascoltano i dialoghi e li rileggono in coppia. Dopo attirare l'attenzione sugli elementi che differiscono dal punto di vista strutturale e lessicale.

Esercizio 7 pagina 107

Attività di produzione scritta e orale. Seguendo gli esempi degli esercizi 1, 4 e 6, gli studenti completano il dialogo individualmente, poi lo recitano in coppia. La correzione può essere eseguita facendo ripetere la conversazione a due studenti davanti alla classe.

Produzione possibile

A Buongiorno, posso aiutarti?
B Sì, grazie, vorrei provare quelle scarpe nere.
A Che numero porti?
B Il 38. Posso provare anche questa maglietta?
A Che taglia porti?
B La 44. Scusi, quanto costa?
A 35 euro.
B C'è lo sconto?
A No, mi dispiace, queste magliette non sono in saldo.
B Troppo cara! Allora provo questa camicia.

Esercizio 8 pagina 107

Attività di produzione orale e/o scritta in coppia. Gli alunni, partendo dal dialogo dell'esercizio 7, immaginano due brevi conversazioni che si possono svolgere tra i vari personaggi delle due figure. Il docente, a esercizio completato, può correggere e valutare l'operato degli studenti, tramite dei *role-play*.

(2-46) Esercizio 9 pagina 107

Attività di comprensione e produzione orale. Fare ascoltare i dialoghi e farli rileggere in coppia. Dopo attirare l'attenzione sugli elementi che differiscono dal punto di vista grammaticale e lessicale.

8 Soluzioni

Esercizio 10 pagina 107
Attività di produzione scritta e orale in coppia. Gli studenti stilano, individualmente, un elenco di cose e azioni e poi a turno domandano al compagno se gli piacciono. Prima di svolgere l'esercizio l'insegnante può fare un esempio scrivendo alla lavagna i nomi di alcuni personaggi famosi e ponendo la domanda "Ti piace...?".

Come si pronuncia?

Esercizio 1 pagina 107
Attività di ascolto e riproduzione di suoni. Fare ascoltare due volte e fare ripetere le parole registrate, ponendo molta attenzione alla pronuncia dei gruppi 'gn' e 'gl'.

(2-47)
maglione
bagno
sveglia
montagna
somigliare
disegno
meraviglioso
spagnolo

Esercizio 2 pagina 107
Attività di riconoscimento. Gli alunni ascoltano due volte, segnando con una crocetta il numero corrispondente al suono 'gl' o 'gn' contenuto nelle parole pronunciate. Si consiglia di svolgere la correzione scrivendo le parole alla lavagna e facendo osservare la loro ortografia.

(2-48)
1 *campagna*
2 *signore*
3 *maglietta*
4 *lavagna*
5 *figlio*
6 *scegliere*
7 *giugno*
8 *aglio*

Soluzione: gl 3, 5, 6, 8; **gn** 1, 2, 4, 7.

Esercizio 3 pagina 107
Attività di lettura da svolgere individualmente. Dopo l'ascolto per la verifica, la lettura può essere ripetuta collegialmente. Portare in evidenza quanto scritto nel box *Attenzione!*, per spiegare l'eccezione che vi è riportata.

(2-49)
foglio
compagno
voglio
lasagne
luglio
bignè
cognome
ignorante
caviglia
taglia

Grammatica

Tutte le strutture in questa sezione (il verbo 'piacere', il condizionale presente di 'potere' e 'volere', il superlativo assoluto) possono essere presentate induttivamente o deduttivamente, come spiegato nell'introduzione, a seconda delle esigenze della classe. In entrambi i casi si può comunque ricorrere all'ausilio del dialogo iniziale per mostrare le strutture spiegate o da spiegare.

Esercizio 1 pagina 108
Attività di comprensione e produzione scritta. Completare le frasi con il verbo 'piacere'.

Soluzione: *Esempio*: Sì, mi piace. 1 piace, piace, 2 piacciono, piacciono, 3 piace, piace, 4 piacciono, piacciono, 5 piace, piace.

Esercizio 2 pagina 108
Attività di produzione scritta libera. Specificare che gli oggetti o le azioni possono essere di ambiti diversi da quelli presi in considerazione dall'unità, come chiaramente dimostrato dall'esempio 'pizza'.

Esercizio 3 pagina 108
Attività di comprensione e produzione scritta. Completare le frasi con i verbi al condizionale.

Soluzioni 8

> **Soluzione:** 1 potrebbe, 2 potresti, 3 vorremmo, 4 potremmo, 5 vorrei.

Esercizio 4 pagina 109
Attività di produzione orale e/o scritta. Gli alunni, partendo dalle frasi dell'esercizio 3, immaginano cosa possono chiedere Alice e Matilde. La correzione collegiale può essere fatta scrivendo alla lavagna alcune delle frasi prodotte.

> **Produzione possibile**
> **Alice:** Potrei provare questa gonna gialla? Vorrei la taglia 42.
> **Matilde:** Vorrei provare questa maglietta verde. Potrei avere la 42?

Esercizio 5 pagina 109
Attività di comprensione e produzione scritta. Completare le frasi con gli aggettivi al superlativo assoluto.

> **Soluzione:** 1 intelligentissimo, 2 carissimi, 3 simpaticissima, 4 grandissima, 5 altissimi, 6 gentilissima.

Esercizio 6 pagina 109
Attività di comprensione e produzione scritta. Abbinare l'aggettivo all'immagine scrivendolo alla forma superlativa. Ricordare agli studenti che l'aggettivo deve concordare con il nome a cui si riferiscono.

> **Soluzione:** 1 scontatissima, 2 cortissima, 3 lunghissimi, 4 carissime, 5 piccolissimo, 6 golosissimo.

Verso la certificazione

Ascoltare

Esercizi 1 e 2 pagina 110
Attività di comprensione orale con due esercizi di verifica, il primo di associazione immagine-testo e il secondo di vero/falso. Prima di eseguire l'ascolto lasciare il tempo necessario all'osservazione del disegno e alla lettura accurata delle frasi. Controllare poi con tutta la classe.

(2-50)

1. - Ecco, questa cintura è in saldo, costa solo 10 euro!
   - Bella! C'è anche nera?
   - No, mi dispiace, c'è solo marrone.

2. - Scusi, questa borsa è in saldo?
   - Sì certo, c'è il 50% di sconto.
   - E quanto viene?
   - 25 euro.
   - Grazie mille!

3. - La giacca è perfetta!
   - Mah… non è un po' grande?
   - Ma no! Sta benissimo. E poi questo marrone chiaro è proprio adatto a Lei.
   - Mah… non sono molto convinto.

4. - Vorrei provare quel maglione a righe.
   - Certo signora, che taglia porta?
   - La 44.
   - Va bene questo colore o vuole vedere anche il verde?
   - No grazie, il rosa va benissimo.

> **Soluzione esercizio 1:** a 2, b 4, c 1, d 3.
> **Soluzione esercizio 2:** 1 V, 2 V, 3 V, 4 F.

Parlare

Esercizio 3 pagina 110
Attività di produzione orale. Si lascia qualche minuto agli studenti per osservare la foto del gruppo di ragazzi e preparare la descrizione, rivedendo anche il lessico e le strutture grammaticali apprese nell'unità. Per casa si può assegnare la descrizione della foto come compito scritto, chiedendo di soffermarsi sull'aspetto fisico e sull'abbigliamento.

Leggere

Esercizio 4 pagina 111
Attività di comprensione scritta con abbinamento testo-immagine. Per aiutare gli studenti con il lessico nuovo si possono scrivere alla lavagna alcune parole e il loro significato. Lasciare poi il tempo necessario alla lettura. Fare prima controllare in coppia e poi con tutta la classe.

8 Soluzioni

Soluzione: 1 super!, 2 giovanissimi, 3 giovanissimi.

Scrivere

Esercizio 5 pagina 111
Attività di produzione scritta. Gli studenti devono osservare i vestiti proposti dai due cataloghi online nell'esercizio 4 e scrivere cosa gli piace e cosa no e perché. La correzione deve essere individuale e personalizzata.

A spasso in Italia

La moda

In questa scheda è trattato un settore molto importante per l'Italia, dal punto di vista sia economico sia culturale: la moda. Prima di leggere il testo chiedere agli studenti se conoscono qualche stilista italiano.

Esercizio 1 pagina 113
Attività di comprensione scritta. Fare leggere il testo e poi completare le frasi scegliendo tra le opzioni proposte.

Soluzione: 1 a, 2 a, 3 b, 4 a, 5 a, 6 b.

Clicca e guarda

Attività pagina 113
Il video proposto è tratto da un servizio televisivo sulla produzione tessile in Italia, un segmento chiave del settore della moda. La giornalista illustra il processo che determina le scelte dei colori e delle fantasie delle collezioni stagionali, soffermandosi sulla tecnica di stampa dei tessuti.
Per le attività didattiche su questo video si rimanda a pagina 78.

Unità 9 — Buone vacanze!

Obiettivi

Lessico: le stagioni, i mezzi di trasporto, gli alloggi per le vacanze, le azioni delle vacanze, congiunzioni e avverbi.
Funzioni comunicative: chiedere e dire come e dove si trascorrono le vacanze; invitare, accettare o rifiutare un invito; dare consigli.
Strutture grammaticali: le preposizioni di tempo, il modo imperativo, le preposizioni articolate.

Esercizio 1 pagina 114 (2-51)

Attività di comprensione orale. In questo dialogo i protagonisti parlano dei loro progetti per le vacanze, raccontando dove passeranno l'estate e come raggiungeranno il luogo di villeggiatura. Come nelle unità precedenti, si consiglia di partire dall'osservazione della grande figura centrale e stimolare la formulazione di ipotesi, anche con domande mirate (Chi sono? Dove sono? Come sono vestiti? Di cosa parlano? Quali oggetti ci sono sul tavolo?) sulla situazione illustrata. Scrivere, quindi, alla lavagna, le parole suggerite dagli studenti, soprattutto quelle utili alla comprensione. Dopo un primo ascolto a libro chiuso si può chiedere alla classe se ha trovato conferma alle ipotesi fatte in precedenza e se ci sono delle parole che ostacolano particolarmente la comprensione. Gli studenti ascoltano, sempre a libro chiuso, una seconda volta la registrazione e in coppia si spiegano cosa hanno capito. Si leggono poi le affermazioni dell'esercizio 2 e si fa un ascolto di tipo attivo, cercando di reperire le indicazioni utili per comprendere se sono vere, false o se l'informazione non è data. La correzione può essere prima in coppia o in piccoli gruppi e poi collegiale.
Al termine, in gruppi di cinque (uno per ogni personaggio), gli studenti leggono il dialogo.

Esercizio 2 pagina 114

Attività di comprensione orale.

Soluzione: 1 V, 2 V, 3 l'informazione non c'è, 4 l'informazione non c'è, 5 l'informazione non c'è, 6 F, 7 V.

Esercizio 3 pagina 115

Attività di comprensione scritta con associazione informazione-immagini. Lasciare agli studenti il tempo per reperire nel dialogo le informazioni utili per lo svolgimento.

Soluzione: 1 Rafael, Silvia, Matilde; 2 Rafael, Silvia; 3; Alice; 4 Damiano; 5 Damiano.

Esercizio 4 pagina 115

Attività di comprensione e produzione scritta. Consigliare ai ragazzi di sottolineare all'interno della lettura i mezzi di trasporto e poi di scrivere l'elenco. L'esercizio sarà svolto singolarmente, mentre la correzione può avvenire prima tra pari e poi collegialmente, riportando la lista alla lavagna.

Soluzione: aereo, bicicletta, macchina, treno, traghetto, autobus.

Esercizio 5 pagina 115

Attività di produzione orale in gruppo. Dividere gli alunni in piccoli gruppi all'interno dei quali i ragazzi raccontano come passano normalmente le vacanze ed eventuali programmi estivi.

Lessico

Esercizio 1 pagina 116

Attività di comprensione e produzione scritta con associazione parola-immagine. Rileggere il dialogo iniziale e fare sottolineare i diversi tipi di alloggio per le vacanze. Fare, quindi, l'abbinamento con le immagini. Il controllo avviene tramite l'ascolto della registrazione.

(2-52)

1 *albergo*
2 *campeggio*
3 *villaggio turistico*
4 *agriturismo*
5 *pensione*
6 *casa estiva*

Esercizio 2a pagina 116

Attività di comprensione orale. Gli studenti ascoltano due volte la registrazione e completano il testo. Suc-

9 Soluzioni

cessivamente associano alle immagini le parole scritte per completare il testo. La verifica si esegue scrivendo i nomi delle stagioni alla lavagna. Le parole in grassetto nella trascrizione sono quelle per completare il testo.

(2-53)

In **inverno** andiamo in montagna, in **primavera** invece preferiamo la campagna. In **estate** che caldo! Tutti al mare a fare il bagno! E in **autunno** poi, noi studenti cosa facciamo?

> **Soluzione:** 1 inverno, 2 primavera, 3 estate, 4 autunno.

Esercizio 2b pagina 116
Attività ludica. In questo esercizio si trova la risposta al quesito posto nella precedente attività. La frase si ottiene separando le parole della serpentina.

> **Soluzione:** In autunno andiamo a scuola!

Esercizio 3 pagina 117
Attività ludica. Il docente fa svolgere il cruciverba e poi verifica leggendo le definizioni e chiedendo agli alunni di rispondere.

> **Soluzione:** 1 macchina, 2 metro, 3 moto, 4 bici, 5 treno, 6 aereo, 7 traghetto, 8 autobus.

Esercizio 4 pagina 117
Attività di comprensione scritta con associazione parole-immagini. Fare svolgere l'esercizio individualmente e dopo controllare prima in coppia e poi tramite la registrazione.

(2-54)

1 *Prendere il sole.*
2 *Andare a cavallo.*
3 *Fare una passeggiata.*
4 *Andare in bicicletta.*
5 *Fare windsurf.*
6 *Sciare.*
7 *Andare in barca a vela.*
8 *Fare arrampicata.*
9 *Rilassarsi.*
10 *Tuffarsi.*

Esercizio 5 pagina 117
Attività di comprensione e produzione scritta. Completare le frasi con gli avverbi e le congiunzioni. La correzione è collegiale e può essere svolta oralmente o scritta alla lavagna.

> **Soluzione:** 1 prima, dopo, 2 allora, 3 ma, 4 invece.

Comunicazione

(2-55) **Esercizio 1 pagina 118**
Attività di comprensione e produzione orale. Fare ascoltare i dialoghi e farli rileggere in coppia. Dopo attirare l'attenzione sugli elementi che differiscono dal punto di vista strutturale e lessicale.

Esercizio 2 pagina 118
Attività di produzione orale in coppia. Prima di svolgere l'esercizio fare un *brainstorming* sulle attività che si svolgono durante le vacanze, in modo da arricchire il lessico e affrontare in maniera più completa l'esercizio. Gli alunni, partendo dall'esempio, fanno quattro brevi conversazioni riferendosi alle persone delle foto. Il docente, a esercizio completato, può fare svolgere i dialoghi ad alcuni studenti davanti a tutta la classe.

> **Produzione possibile**
> A Dove va Miriam in vacanza?
> B Al mare.
> A E cosa fa al mare?
> B Va in barca e prende il sole.
>
> A Dove va Carlo?
> B In montagna.
> A E cosa fa in montagna?
> B Fa le arrampicate e scia.
>
> A Dove va Natalia?
> B Al mare.
> A E cosa fa al mare?
> B Si tuffa e nuota.

Soluzioni 9

(2-56) Esercizio 3 pagina 118
Attività di comprensione e produzione orale. Fare ascoltare i dialoghi e farli rileggere in coppia. Dopo, focalizzare l'attenzione degli studenti, sugli elementi che differiscono dal punto di vista linguistico e lessicale.

Esercizio 4 pagina 118
Attività di produzione scritta. Gli alunni, partendo dai dialoghi dell'esercizio 3, scrivono sul quaderno quattro possibili conversazioni tra i vari personaggi delle figure. La correzione è individuale e personalizzata.

> **Produzione possibile**
> 1 Vieni a giocare a ping pong? Certo, perché no? 2 Vuoi un gelato? Volentieri, grazie! 3 Venite al concerto sabato sera? Magari un'altra volta, grazie! 4 Vuoi venire a nuotare in piscina? Vorrei, ma devo fare i compiti.

Esercizio 5 pagina 118
Attività di produzione orale in coppia. Seguendo gli esempi degli esercizi 3 e 4, gli studenti, a turno, dialogano con il compagno invitandolo a svolgere le attività elencate nel riquadro. La correzione è collegiale e orale.

(2-57) Esercizio 6 pagina 119
Attività di comprensione e produzione orale. Fare ascoltare i dialoghi e farli rileggere in coppia. Dopo attirare l'attenzione sugli elementi che differiscono dal punto di vista strutturale.

Esercizio 7 pagina 119
Attività di comprensione scritta. Gli studenti abbinano i consigli, indicati con le lettere, alle situazioni contrassegnate con i numeri. Il controllo avviene tramite ascolto della registrazione.

(2-58)

Vogliamo imparare a sciare.
Andate in montagna.

Devo andare in Sardegna.
Prendi il traghetto.

Che sonno!
Perché non vai a letto?

Non ho la penna.
Allora usa la mia.

Non trovo il mio telefonino.
Controlla bene nel tuo zaino.

Non sappiamo nuotare.
Perché non fate un corso in piscina?

Mi piacciono i film di fantascienza.
Allora va' a vedere 'Avatar'.

Questo esercizio è difficile!
Chiedi aiuto al tuo compagno.

> **Soluzione:** 1 c, 2 e, 3 g, 4 a, 5 f, 6 h, 7 b, 8 d.

Esercizio 8 pagina 119
Attività di produzione scritta. Scrivere sotto i due desideri dell'amico i consigli riportati nel riquadro, coniugando il verbo alla forma imperativa. La correzione è collegiale ed è preferibile svolgerla alla lavagna per controllare l'ortografia. Al termine dell'attività l'insegnante può chiedere agli studenti di scrivere o dare oralmente altri consigli.

> **Soluzione:** 1 fa' sport, va' in palestra, mangia molta frutta. 2 Leggi libri italiani, parla con amici italiani, ascolta canzoni italiane.

Come si pronuncia?

Esercizio 1 pagina 119
Attività di ascolto e riproduzione di suoni. Fare ascoltare due volte e fare ripetere le parole registrate, ponendo molta attenzione alla differenza di suono tra 'r' e 'l'.

(2-59)

registro
limone
ruota
luna
ritmo
liceo
ragazzo
latino

9 Soluzioni

regione
legione

Esercizio 2 pagina 119
Attività di lettura da svolgere individualmente. Dopo l'ascolto per la verifica, la lettura può essere ripetuta collegialmente.

(2-60)

realtà
radio
lavoro
Roma
latte
laboratorio
luce
regalo
rosa
lasagne

Esercizio 3 pagina 119
Attività di produzione orale. Fare leggere individualmente più volte gli scioglilingua. Il docente può organizzare una gara tra allievi, magari a squadre: lo studente o la squadra che riesce a dire il maggior numero di volte gli scioglilingua senza sbagliare, vince. La competizione può prevedere anche l'eliminazione di chi commette errori.

Esercizio 4 pagina 119
Attività di ascolto e riproduzione di suoni. Fare ascoltare due volte e fare ripetere le parole registrate, ponendo molta attenzione alla differenza di suono tra 'b' e 'v'.

(2-61)

ballare
viaggiare
baffi
vela
banca
veloce
balcone
villaggio
bambino
vacanze

Esercizio 5 pagina 119
Attività di riconoscimento. Gli allievi ascoltano e scrivono le parole distinguendo la lettera iniziale. La correzione è collegiale e alla lavagna. Al termine si consiglia di fare rileggere in coppia tutte le parole.

(2-62)

visita
bibita
balena
vela
villaggio
vicino
bacio
valigia
voce
bocce

Soluzione: b: bibita, balena, bacio, bocce; **v:** visita, vela, villaggio, vicino, valigia, voce.

Grammatica

Tutte le strutture in questa sezione (l'imperativo, le preposizioni di tempo, le preposizioni articolate) possono essere presentate induttivamente o deduttivamente, come spiegato nell'introduzione, a seconda delle esigenze della classe. In entrambi i casi si può comunque ricorrere all'ausilio del dialogo iniziale per mostrare le strutture spiegate o da spiegare.

Esercizio 1 pagina 120
Attività di comprensione scritta. Abbinare il pronome soggetto alla forma verbale.

Soluzione: 1 b, 2 a, 3 b, 4 a, 5 a, 6 b, 7 b, 8 b, 9 b, 10 b, 11 a, 12 a, 13 b, 14 a, 15 a, 16 a.

Esercizio 2 pagina 120
Attività di comprensione e produzione scritta. Completare con i verbi all'imperativo.

Soluzione: va', prendi, leggi, dormi, mangia, fa', visita, compra.

Soluzioni 9

Esercizio 3 pagina 120
Attività di comprensione e produzione scritta. Abbinare le frasi alle immagini e coniugare il verbo all'imperativo. Prima di svolgere questo esercizio l'insegnante può chiedere agli studenti se sanno cosa rappresentano le foto 1, 2 e 4 dell'esercizio (i burattini di Pinocchio, i tortellini, la Galleria degli Uffizi di Firenze).

Soluzione: 1 compra oggetti italiani, 2 mangia cibo italiano, 3 prendi una guida in libreria, 4 visita un museo.

Esercizio 4 pagina 121
Attività di produzione scritta. Trasformare il testo dell'esercizio 3 da informale in formale. Esercizio da svolgere sul quaderno o su un foglio da consegnare al docente per la correzione individuale e personalizzata.

Soluzione: Vuole andare in vacanza in Italia? Allora ascolti questi consigli. Per prima cosa, vada in un posto non troppo famoso, così non trova molta gente. Prenda una guida in libreria e legga con attenzione per scoprire quali sono le cose più interessanti da fare. La notte dorma almeno otto ore: la vacanza è anche riposo! È importante conoscere la cultura e le tradizioni del posto, allora mangi i cibi locali, faccia delle gite e visiti i musei. Prima di tornare a casa, compri qualcosa di tipico, per avere sempre con Lei un ricordo di questa bella vacanza!

Esercizio 5 pagina 121
Attività di comprensione e produzione scritta. Completare con le preposizioni o gli articoli.

Soluzione: 1 fra/tra, 2 a/in, 3 d'/in, 4 il, 5 fra/tra, 6 fra/tra, 7 ad/in, 8 il.

Esercizio 6 pagina 121
Attività di formazione delle preposizioni articolate.

Soluzione: 1 nell', 2 sugli, 3 al, 4 della, 5 dai, 6 nel, 7 dallo, 8 delle, 9 all', 10 sulla.

Verso la certificazione
Competenza linguistica
Esercizio 1 pagina 122
Attività di comprensione scritta e completamento.

Soluzione: 1 c, 2 a, 3 b, 4 a, 5 c, 6 c.

Ascoltare
Esercizio 2 pagina 122
Attività di comprensione orale con scelta multipla.

(2-63)

Aurelio: Martina, sai che il prossimo fine settimana vado con i miei amici a fare una gita a Ferrara? C'è il festival degli artisti di strada, vengono da tutto il mondo!
Martina: Davvero? E quanto tempo rimanete a Ferrara?
Aurelio: Due, forse tre giorni.
Martina: Ma allora Aurelio, andate a visitare anche Mirabilandia! È un bellissimo parco divertimenti. È un po' lontano da Ferrara, ma se rimanete tre giorni, avete tempo!
Aurelio: Buona idea!
Martina: In questo periodo le piscine sono ancora aperte! Un vero sballo!
Aurelio: Perché non vieni anche tu con noi?
Martina: Purtroppo non posso, fra pochi giorni cominciano gli esami e devo studiare. Ma se fate un'altra gita, dopo gli esami vengo volentieri con voi!
Aurelio: Va bene! Allora alla prossima! E in bocca al lupo per gli esami!

Soluzione: 1 b, 2 a, 3 c, 4 a.

Leggere
Esercizio 3 pagina 123
Attività di comprensione scritta con abbinamento testo-immagine.

Soluzioni

Soluzione: a: labirinto degli specchi, d: Ferrara davanti al Castello Estense, b: piazza davanti al duomo, c: parcheggio di biciclette.

Scrivere

Per gli esercizi 4 e 5 la correzione deve essere individuale e personalizzata.

Esercizio 4 pagina 123
Attività di produzione scritta. Produzione libera.

Esercizio 5 pagina 123
Attività di produzione scritta. Produzione libera.

Parlare

Esercizio 6 pagina 123
Attività di produzione orale e interazione in coppia.

A spasso in Italia
I parchi divertimento

In questa scheda sono presentati tre parchi che offrono diverse tipologie di attrazioni per passare il tempo in relax e allegria. Prima di procedere alla lettura stimolare una piccola discussione domandando agli studenti se hanno visitato dei parchi divertimento e quale preferiscono; si può chiedere inoltre se ricordano quelli menzionati precedentemente nell'unità: Gardaland nel dialogo d'apertura e Mirabilandia nell'ascolto della sezione *Verso la certificazione*. Dividere gli alunni in gruppi e fare leggere prima le descrizioni e poi svolgere l'esercizio. Dopo la correzione orale e collegiale, il docente può proporre agli stessi gruppi di disegnare la mappa di un parco divertimenti di loro invenzione. È importante non passare subito alla fase grafica ma trovare, innanzitutto, un nome nuovo e fantasioso, con cui battezzare la loro creazione, ed elencare quali attrazioni intendono inserire.

Soluzione: 1 Gardaland, 2 Orme nel parco, 3 Gardaland, 4 Hydromania, 5 Hydromania, 6 Orme nel parco.

Clicca e guarda

Attività pagina 125

Il video proposto è tratto da un servizio televisivo, girato alla stazione Termini di Roma, che affronta il tema delle partenze in treno durante il periodo estivo. Il giornalista intervista alcuni passeggeri, chiedendo loro dei giudizi sui servizi offerti dalle ferrovie e attirando l'attenzione sulla nuova tipologia di biglietto che indica la quantità di anidride carbonica risparmiata con il viaggio in treno. Per le attività didattiche su questo video si rimanda a pagina 78.

Unità 7-9 Tiriamo le somme

Questa sezione propone una serie di attività, da svolgere individualmente, per verificare se le conoscenze apprese nelle unità 7-9 sono state acquisite. A ogni esercizio è attribuito un punteggio oggettivo, tranne il 9 che verrà invece valutato dall'insegnante secondo i criteri che ritiene più opportuni; dopo la correzione con tutta la classe ogni studente può calcolare i suoi punteggi e autovalutarsi facendo la somma totale. Durante la correzione è bene ritornare alle pagine delle unità 7-9 per rivedere il lessico e le strutture oggetto degli esercizi. Lo svolgimento dei nove esercizi richiede circa un'ora di tempo.

Soluzioni

Esercizio 1 pagina 126
1 le medicine, 2 veterinario, 3 spegne, 4 i clienti, 5 parrucchiere, 6 ripara, 7 uno strumento musicale, 8 chirurgo.

Esercizio 2 pagina 126
1 Silvia: 15 maglione blu e 25 pantaloni/jeans, 2 Rafael: 29 maglietta azzurra e 40 pantaloni verdi, 3 Alice: 20 camicia lilla e 10 gonna rossa a fiori.

Esercizio 3 pagina 126
1 traghetto, 2 aereo, 3 macchina, 4 treno, 5 bicicletta, 6 metropolitana.

Esercizio 4 pagina 126
1 scegli, 2 rimane, 3 spengo, 4 potete, 5 dice, 6 vuole, 7 so, 8 contiene.

Esercizio 5 pagina 126
il: al, dal, del, nel, sul;
lo: allo, dallo, dello, nello, sullo;
l': all', dall', dell', nell', sull';
la: alla, dalla, della, nella, sulla;
i: ai, dai, dei, nei, sui;
gli: agli, dagli, degli, negli, sugli;
le: alle, dalle, delle, nelle, sulle.

Esercizio 6 pagina 127
1 mi piace, 2 ti piacciono, 3 mi piacciono, 4 ti piace, 5 mi piacciono, 6 ti piacciono.

Esercizio 7 pagina 127
1 mangia, 2 andate, 3 vada, 4 fa', 5 finisci, 6 chiudi.

Esercizio 8 pagina 127
Soluzione: 1 potrebbe, 2 potresti, 3 potrebbe, 4 potremmo, 5 potreste, 6 potrei.

(2-64)

1 *Per piacere, potrebbe preparare due caffè e un cappuccino?*
2 *Mamma, potresti venire qui un minuto?*
3 *Scusi professore, potrebbe ripetere, per favore?*
4 *Salve, potremmo vedere quelle scarpe rosse?*
5 *Ragazzi, per favore, potreste fare meno rumore?*
6 *Scusi, potrei fare una domanda?*

Esercizio 9 pagina 127
Lo studente sceglie una delle tipologie di vacanze fra le sei proposte e scrive una email a un amico in cui gli spiega quale gli piacerebbe fare e quale no e perché.

Clicca e guarda
Attività video

Libro dello studente

Unità 1

Video: scena del film *Mimì metallurgico ferito nell'onore* di Lina Wertmüller (1972).

1. Guarda il video e fa' delle ipotesi: 1 Chi sono queste persone? 2 Dove sono? 3 Che tipo di relazione c'è fra loro? 4 Perché si parlano a gesti?
2. Trova i gesti che sono nella scheda del libro nelle pagine 24 e 25. Trova altri gesti oltre a quelli riconosciuti. Secondo te che cosa possono significare?
3. Prova a scrivere il dialogo fra i due personaggi del film basandoti su quello che dicono con i gesti.
4. In coppia. Provate a recitare il dialogo del film usando i gesti. Poi, inventate un altro dialogo usando i gesti del video e del libro.

Significato gesti:

gesto 1, lei: Cosa vuoi? Cosa fai qui?
gesto 2, lui: **(batte la mano sul cuore)**
Ti amo, il mio cuore batte per te.
gesto 3, lei: **(scuote la mano con pollice e indice teso)** Non c'è niente da fare.
gesto 4, lei: Vattene!
gesto 5, lui: Mi sparo, mi uccido.
gesto 6, lei: Non mi importa, non mi interessa.
gesto 7, lei: **(mano che rotea vicino alla tempia)**
Sei matto!
gesto 8, lei: Cosa vuoi? Cosa dici?
gesto 9, lei: Va' all'inferno!

Unità 2

Video: interviste ad alcuni studenti sulle attività extra-scolastiche.

COMPRENSIONE

1. Scrivi quanto tempo dedicano allo studio i ragazzi intervistati.

   ragazza 1 _____   ragazza 6 _____
   ragazza 2 _____   ragazza 7 _____
   ragazza 3 _____   ragazza 8 _____
   ragazza 4 _____   ragazza 9 _____
   ragazza 5 _____   ragazza 10 _____

2. Segna quali ragazzi studiano di più se hanno una verifica.

   ☐ 1 ☐ 2 ☐ 3 ☐ 4 ☐ 5
   ☐ 6 ☐ 7 ☐ 8 ☐ 9 ☐ 10

3. Scrivi quali attività fanno i ragazzi intervistati. Usa le parole nel box.

   > box ▪ calcio ▪ danza ▪ niente ▪ palestra ▪ pallavolo ▪ volontariato

   ragazza 1 _____   ragazza 6 _____
   ragazzo 2 _____   ragazzo 7 _____
   ragazzo 3 _____   ragazza 8 _____
   ragazza 4 _____   ragazza 9 _____
   ragazza 5 _____   ragazza 10 _____

4. Rispondi alle domande.
   1. Segna chi svolge un'attività due volte a settimana.
      1 2 3 4 5 6 7 8 9 10
   2. Segna chi inizia una nuova attività giovedì.
      1 2 3 4 5 6 7 8 9 10
   3. Segna chi svolge un'attività di lunedì.
      1 2 3 4 5 6 7 8 9 10

5. Chi fa cosa? Collega con una freccia ogni persona all'attività giusta.

	andare al cinema.
Ragazza 1	andare in palestra.
Ragazza 2	chattare.
Professoressa	giocare a calcio.
Ragazza 3	giocare con i videogiochi.
Ragazzo 4	guardare la tv.
Ragazzo 5	stare al computer.
	stare con la famiglia.
	uscire con gli amici.

6. La professoressa dice che i ragazzi vanno con gli amici...
   ☐ in spiaggetta.
   ☐ in villetta.
   ☐ ai giardinetti.
   ☐ in piazzetta.
   ☐ nei boschetti.
   ☐ nei parchetti.

Amici d'Italia © ELI — Fotocopiabile

Clicca e guarda
Attività video

DESCRIZIONE DELLA SITUAZIONE

7 Rispondi alle domande.
1. Che cosa ha in mano la prima ragazza intervistata?
   _____
2. Quante persone nel video salutano?
   _____
3. Nel video ci sono lavagne?
   _____
4. Quante delle persone intervistate sono in classe?
   _____

Unità 3

Siti web di scuole e accademie.

INTERAZIONE MULTIMEDIALE

1 Entra nel sito della scuola Leonardo da Vinci di Milano e clicca sulla porta degli 'alunni'. Ci sono 15 caselle con diverse attività della scuola. Apri ogni casella, guarda il contenuto e scrivi gli argomenti trattati.

1 _____	2 _____	3 _____
4 _____	5 _____	6 _____
7 _____	8 _____	9 _____
10 _____	11 _____	12 _____
13 _____	14 _____	15 _____

DESCRIZIONE

2 L'Istituto comprensivo Dante Alighieri di Roma comprende sia la scuola elementare sia la scuola media. Nel sito non c'è scritto 'scuola elementare' e 'scuola media' ma altri nomi: quali?
a _____
b _____

3 Guarda la homepage del sito e descrivi cosa c'è.

COMPRENSIONE

4 Apri il sito dell'Accademia lirica Santa Croce a Trieste. Quale materia si studia in questa accademia?
_____

5 Apri il sito del Liceo Italiano di Istanbul: in quante lingue è scritto? Quali sono?
a _____
b _____

6 Nello stesso sito vai su 'La scuola', poi clicca su 'Quadri orari'. Confronta le materie dell'indirizzo scientifico degli studenti italiani e di quelli turchi e scrivi le differenze.
a I turchi hanno: _____
b I turchi non hanno: _____

Unità 4

Video: trasmissione televisiva *GrandTour Torino* presentata da Carlo Massarini.

COMPRENSIONE

1 Ascolta e completa le frasi dette da Carlo Massarini, sottolineando l'opzione esatta.

Siamo all'interno della Mole Antonelliana, fino al '53 l'edificio in muratura più **basso/alto/antico** d'Europa. Siamo nell'aula del Tempio, perché questa in origine era la **chiesa/moschea/sinagoga** di Torino. Adesso è la sede del Museo nazionale **dell'Egitto/del Lingotto/del cinema**, unico in Italia e uno dei più **prestigiosi/famosi/importanti** del mondo.

2 Ascolta e rispondi alle domande scegliendo tra le tre opzioni date.
1. La statua del dio Moloch è una copia tratta dalle scenografie di quale film?
   ☐ *La dolce vita.*
   ☐ *Suspiria.*
   ☐ *Cabiria.*
2. Che cosa è nata a Torino circa cento anni fa?
   ☐ L'industria delle automobili.
   ☐ L'industria del cinema.
   ☐ L'industria dei musei.

3 Ascolta e segna gli aggettivi esatti.
1. Carlo Massarini usa due aggettivi per definire il museo. Quali?

Clicca e guarda
Attività video

☐ straordinario.
☐ stupefacente.
☐ spettacolare.
☐ eccezionale.

2 Quali aggettivi Carlo Massarini usa per descrivere l'esperienza cinematografica?
☐ spaziale.
☐ indimenticabile.
☐ incredibile.
☐ completa.
☐ totale.

4 Ascolta e completa le frasi.
1 I fratelli Lumière fanno la loro prima proiezione cinematografica nel
☐ 1996 ☐ 1887
☐ 1896 ☐ 1789
2 Il portone è al numero
☐ 43 ☐ 33
☐ 63 ☐ 13

DESCRIZIONE CROMATICA (ORALE O SCRITTA)
5 Guarda il video e rispondi alle domande.
1 Di che colore sono gli abiti di Carlo Massarini?
2 Di che colore sono le poltrone dell'aula del Tempio?
3 Di che colore è il Moloch?
4 Di che colore sono le luci proiettate sul soffitto della Mole?

Unità 5

Video: *La riscoperta della merenda*, servizio del telegiornale.

COMPRENSIONE
1 Completa le frasi dette dal giornalista del Tg1.
1 E tra i ragazzi la tradizionale merenda è _____.
2 Eppure è una buona abitudine _____.

2 Ascolta che cosa dicono i due espositori intervistati e rispondi.
1 Le crescentine, o tigelle, si mangiano con che cosa? _____
2 La polenta si mangia con che cosa? _____

3 Ascolta che cosa dice la voce che parla nel servizio e rispondi.
1 In quale città si svolge la prima rassegna delle merende tradizionali? _____
2 Qual è la percentuale di bambini che non fa merenda? _____ %

4 Che cosa mangiano a merenda i tre bambini intervistati?
1 _____ 2 _____ 3 _____

5 Ascolta che cosa dice il nutrizionista e scegli l'opzione esatta.
1 La merenda fa
☐ bene.
☐ male.
2 La merenda fa
☐ ingrassare.
☐ dimagrire.

DESCRIZIONE FISICA (ORALE O SCRITTA)
6 Descrivi fisicamente le persone che appaiono nel video.

espositore 1   bambino 1
espositore 2   bambino 2
rappresentante   bambino 3
Coldiretti   nutrizionista

Unità 6

Video: scena del film *Parenti serpenti* di Mario Monicelli (1992).

COMPRENSIONE
1 Ascolta cosa dice Mauro, il protagonista del film, e rispondi alle domande, scegliendo tra le opzioni proposte.
1 Che periodo dell'anno è?
☐ Pasqua.   ☐ Natale.

Amici d'Italia © ELI

Clicca e guarda
Attività video

2 Chi è Trieste?
- ☐ la nonna.
- ☐ la zia.

3 Che lavoro fa il padre di Mauro?
- ☐ il geometra.
- ☐ il carabiniere.

4 Dove lavora la madre di Mauro?
- ☐ a scuola.
- ☐ in biblioteca.

5 Di dov'è il nonno?
- ☐ Roma.
- ☐ Cisterna.

6 Di cosa soffre il nonno?
- ☐ memoria.
- ☐ mal di pancia.

7 Cosa fa il nonno durante la giornata?
- ☐ guarda la televisione.
- ☐ cucina.

DESCRIZIONE

2 **Guarda il filmato e rispondi alle domande.**
1 Chi si affaccia alla finestra?
_____
2 Dove sono Mauro e i genitori?
_____
3 Dove si trova la nonna mentre parla?
_____
4 Cosa sposta il nonno?
_____

PRODUZIONE

3 **Scegli uno dei due argomenti e dialoga con un compagno.**
- *Il paese dei genitori e dei nonni*. Di dove sono i tuoi genitori? Vai mai al paese dei tuoi genitori o dei tuoi nonni? Quando?
- *Cambio città*. Devi cambiare città. Scegli dove vuoi andare ad abitare e spiega perché.

Unità 7

Video: pubblicità della Nutella, da una vecchia trasmissione pubblicitaria chiamata *Carosello*.

COMPRENSIONE

1 **Che cosa si inaugura nel paese felice?**
_____

2 **Completa le canzoncine cantate dai bambini.**
1 In tutto il _____, in tutto il _____, nessuno è _____, come Jo Condor!
2 Gigante, pensaci _____!

3 **Completa le frasi.**
1 Saliva Martino che spegne il
- ☐ fuochino.
- ☐ camino.
- ☐ cerino.

2 Saliva Giobatta che salva la
- ☐ matta.
- ☐ sarta.
- ☐ gatta.

3 Saliva Battista che fa il
- ☐ barista.
- ☐ dentista.
- ☐ regista.

4 Saliva Mattia che ama
- ☐ Maria.
- ☐ Lucia.
- ☐ zia Pia.

5 Saliva Manolo per prendere il
- ☐ volo.
- ☐ molo.
- ☐ ruolo.

6 Saliva Lulù coi suoi occhi
- ☐ in su.
- ☐ blu.
- ☐ in giù.

DESCRIZIONE

4 **Scegli la risposta corretta.**
1 Quanti uccelli ci sono nella squadra di Jo Condor?
- ☐ tre.
- ☐ quattro.
- ☐ cinque.

2 Cosa c'è davanti la finestra di Lucia?
- ☐ un gatto.
- ☐ un vaso.
- ☐ un uccello.

Clicca e guarda
Attività video

3 Manolo con che cosa prende l'aereo?
- [ ] con il taxi.
- [ ] con la bicicletta.
- [ ] con l'ombrello.

4 Cosa mette il gigante al posto della scala?
- [ ] una matita.
- [ ] un pettine.
- [ ] una penna.

Unità 8

Video: servizio giornalistico sull'industria tessile.

COMPRENSIONE

1 Ascolta e completa la frasi.

1 Il tessile cerca di resistere alla concorrenza _____.

2 Il 2013 sarà l'anno del bordeaux, del _____ e del _____.

3 Tra i tessuti domineranno i _____.

4 La stampa digitale rispetto alla tradizionale consente una gamma infinita di _____ e riproduzioni nitide effetto _____.

2 Rispondi alle domande.

1 Sulle tendenze, di quanto è in anticipo l'industria tessile?
_____

2 Nella stampa digitale ink-jet si usano i cilindri?
_____

3 Dopo il reparto stile, i bozzetti in quale reparto vanno?
_____

DESCRIZIONE

3 Descrivi l'abbigliamento del giornalista del Tg2.
_____
_____

Unità 9

Video: servizio giornalistico *Vacanze, gli italiani scelgono il treno per muoversi*.

COMPRENSIONE

1 Completa le frasi.

1 Siamo alla _____.
2 Saranno più di _____ le persone che sceglieranno i treni italiani per le vacanze.

2 Rispondi alle domande.

1 Che cosa scoraggia le persone?
_____

2 Che cos'è il biglietto ecologico?
_____

3 Ascolta le interviste e rispondi.

1 Chi viene da Catania?
- [ ] passeggero 1.
- [ ] passeggero 2.
- [ ] passeggero 3.

2 Chi ha viaggiato bene?
- [ ] passeggero 1.
- [ ] passeggero 2.
- [ ] passeggero 3.

3 Chi ha viaggiato male?
- [ ] passeggero 1.
- [ ] passeggero 2.
- [ ] passeggero 3.

4 Chi ha risparmiato 64 kg di CO_2?
- [ ] passeggero 1.
- [ ] passeggero 2.
- [ ] passeggero 3.

5 Chi ha viaggiato nel vagone letto?
- [ ] passeggero 1.
- [ ] passeggero 2.
- [ ] passeggero 3.

6 Chi è contento di aver fatto bene all'ambiente?
- [ ] passeggero 1.
- [ ] passeggero 2.
- [ ] passeggero 3.

PRODUZIONE

4 Viaggi mai in treno? Spiega se ti piace o non ti piace viaggiare in treno e perché.

Clicca e guarda
Soluzioni

Unità 1
1 1 si tratta di un operaio e di una donna del popolo molto povera, 2 sono in una grande città, più precisamente a Torino, 3 lui è innamorato e cerca di conquistarla ma lei non ricambia e non vuole essere disturbata, 4 si parlano a gesti perché sono lontani.
2 Gesto che indica 'me ne vado, vattene' e gesto che indica 'che vuoi? che dici?'.
3 Produzione libera.
4 Produzione libera.

Unità 2
1 1 ragazza: massimo tre ore, 2 ragazzo: un'ora, 3 ragazzo: un'ora/un'ora e mezza, 4 ragazzo: un'ora, 5 ragazzo: due ore, 6 ragazza: tanto, 7 ragazza: tanto, troppo, 8 ragazzo: due ore, 9 ragazza: due ore, 10 ragazza: massimo tre ore.
2 3, 4.
3 1 ragazza: pallavolo, 2 ragazzo: box, calcio, 3 ragazzo: calcio, palestra, 4 ragazza: danza, 5 ragazza: niente, 6 ragazza: palestra, 7 ragazzo: calcio, 8 ragazza: pallavolo, 9 ragazza: volontariato, 10 ragazza: calcio.
4 1 chi svolge un'attività due volte a settimana? 3; 2 chi inizia una nuova attività giovedì? 6; 3 chi svolge un'attività di lunedì? 9.
5 ragazza 1: uscire con gli amici, stare al computer; ragazza 2: stare al computer, chattare, uscire con gli amici; professoressa: chattare, giocare con videogiochi, andare in palestra, giocare a calcio, uscire con gli amici; ragazza 3: guardare la televisione; ragazzo 4: stare con la famiglia, uscire con gli amici; ragazzo 5: uscire con gli amici, andare al cinema.
6 in piazzetta, nei parchetti.
7 1 una penna, 2 una, 3 sì, una, 4 sette.

Unità 3
1 1 storie/scrittura/lettura, 2 informatica, 3 accoglienza e tutoraggio, 4 educazione fisica/sport, 5 arte, 6 giochi, 7 scienze, 8 manipolazione/costruzioni, 9 uscite/visite, 10 cucina/mensa, 11 lingue straniere, 12 matematica, 13 teatro, 14 conversazioni/dibattiti, 15 musica.
2 a scuola primaria, b scuola secondaria di primo grado.
3 produzione libera.
4 musica/canto.
5 a tre; b turco, italiano, inglese.
6 a lingua ed espressione, letteratura turca, storia della rivoluzione, geometria, educazione musicale, geometria, sanità, storia mondiale; b tecniche di comunicazione in inglese.

Unità 4
1 Siamo all'interno della Mole Antonelliana, fino al '53 l'edificio in muratura più **alto** d'Europa. Siamo nell'aula del Tempio, perché questa in origine era la **sinagoga** di Torino. Adesso è la sede del Museo nazionale **del cinema**, unico in Italia e uno dei più **prestigiosi** del mondo.
2 1 *Cabiria*, 2 l'industria del cinema.
3 1 straordinario, spettacolare, 2 completa, totale.
4 1 1896, 2 33.
5 1 nero, rosso, grigio, 2 rosse, 3 oro/dorato, 4 rosse, gialle, arancioni.

Unità 5
1 1 passata di moda, 2 salutare.
2 1 con la marmellata, 2 con lo zucchero.
3 1 Torino, 2 40%.
4 1 niente, 2 la torta della mamma, 3 brioche e tè.
5 1 bene, 2 dimagrire.
6 espositore 1: bionda con capelli lunghi, espositore 2: castano con capelli corti, rappresentante Coldiretti: castana con capelli lunghi e lisci, bambino 1: castano con capelli corti, bambino 2: castana con capelli lunghi e lisci, bambino 3: castano con capelli corti, nutrizionista: capelli bianchi corti e lisci, baffi.

Unità 6
1 1 Natale, 2 la nonna, 3 il geometra, 4 in biblioteca, 5 Cisterna, 6 memoria, 7 guarda la televisione.

Clicca e guarda
Soluzioni

2 1 la nonna, 2 in macchina, 3 in cucina, 4 il televisore.
3 produzione libera.

Unità 7
1 la scala dei pompieri.
2 1 in tutto il mondo, in tutto il mondo, nessuno è cattivo come Jo Condor! 2 Gigante, pensaci tu!
3 1 camino, 2 gatta, 3 barista, 4 Lucia, 5 volo, 6 blu.
4 1 cinque, 2 un vaso, 3 con l'ombrello, 4 un pettine.

Unità 8
1 1 orientale, 2 giallo - viola, 3 velluti, 4 colori - fotografia.
2 1 un anno, 2 no, 3 disegno.
3 1 giacca grigia, camicia bianca e cravatta rossa.

Unità 9
1 1 stazione Termini, 2 venti milioni.
2 1 bollino rosso sulle strade, 2 un biglietto sul quale i viaggiatori potranno visualizzare le quantità di CO_2 risparmiate grazie al viaggio in treno / un biglietto con scritta la quantità di CO_2 risparmiata con il viaggio in treno.
3 1 passeggero 1, 2 passeggero 2, 3 passeggero 1, 4 passeggero 3, 5 passeggero 2, 6 passeggero 3.
4 produzione libera.

Trascrizioni e soluzioni

Unità 0 Benvenuti!

Pagine 3-4

1. 1 **A**-B-**C**, 2 **G**-H-**I**, 3 **P**-Q-**R**, 4 **D**-E-**F**, 5 **L**-M-**N**, 6 **T**-U-**V**.
2. 1 banco, 2 hotel, 3 Bologna, 4 yogurt, 5 kiwi, 6 foglio.
3. Una gondola nel canale di Venezia.
4. 1 libro, 2 temperino, 3 quaderno, 4 dizionario, 5 pagina, 6 banco.
5a. (2) 1 **chi**tarra, 2 **cia**o, 3 **ca**sa, 4 die**ci**, 5 aran**cia**, 6 **chi**ave, 7 arrivder**ci**, 8 **ca**ramella.
5b. (3) 1 Bolo**gn**a, 2 casta**gn**a, 3 begonia, 4 vergo**gn**a, 5 insonnia, 6 lasa**gn**e, 7 geranio, 8 campana.
5c. (4) 1 A palla - B pa**gli**a, 2 A fi**gli**a - B fila, 3 A pila - B pi**gli**a, 4 A vo**gli**a - B vola, 5 A te**gli**a - B tela, 6 A folla - B fo**gli**a, 7 A mo**gli**e - B molle, 8 A brilla - B bri**gli**a.
6. a 4, b 1, c 2, d 3.

Unità 1 Primo giorno di scuola

1. (5) c – a – b – d.
2. (5)

Matilde: **Ciao**, Silvia!
Silvia: Ciao, Matilde, tutto **bene**?
Matilde: Sì, tutto bene! Lei è Alice, una **studentessa** nuova.
Silvia: **Piacere**, Alice! Io mi chiamo Silvia. Di dove sei?
Alice: **Sono** di Genova, ma adesso abito a Torino. E loro come si chiamano?
Matilde: Lui **si chiama** Rafael, è uno studente brasiliano ma parla l'italiano perfettamente! **Lui** invece è Damiano.
Alice: **Salve**, ragazzi, piacere!
Rafael: Piacere, Alice!
Damiano: Ciao Alice, benvenuta.
Prof: Buongiorno ragazzi, in classe, la **lezione** comincia.
Alice: Lei è la **professoressa** di italiano?
Matilde: No, non è la professoressa di italiano, insegna **geografia**.
Alice: Che bello! Io amo la geografia! E **come** si chiama?
Matilde: Si chiama Giulia Ragini.

Lessico pagina 6

1. 1 spagnola, 2 italiana, 3 americano, 4 giapponese, 5 tedesco, 6 francese, 7 indiana, 8 inglese.
2. 1 Italia, 2 America, 3 Egitto, 4 Australia, 5 Inghilterra, 6 Giappone.
3. 1 dottore, 2 studente, 3 attore, 4 siete, 5 chiama, 6 donna, 7 Egitto, 8 arrivederLa, 9 dove, 10 nigeriano, 11 come, 12 professoressa.

Comunicazione pagina 7

1. 1 ArrivederLa, 2 Ciao - Ciao, 3 Buonanotte, 4 Arrivederci, 5 Buonasera - Buonasera, 6 Buongiorno - Salve.
2. 1 A: Mi chiamo Arianna, e **tu**? B: **Mi chiamo** Luisa, piacere! 2 A: Buongiorno, **come si chiama**? B: **Mi chiamo** Liliana e Lei? A: **Mi chiamo** Gianni Barusi. Piacere! 3 A: **Di dove sei**, Dalina? B: Sono albanese, **di** Tirana, e tu? A: **Sono** francese, di Nizza. 4 A: **Di dov'è**, professoressa Fazio? B: Sono di Bologna ma **abito** a Torino e Lei? A: Io **sono** di Palermo. 5 A: **Come si chiama** lo studente nuovo? B: Si chiama Pedro. A: **Di dov'è**? B: È spagnolo, di Madrid. 6 A: Ragazzi, **di dove siete**? B: Siamo **greci**, di Atene.

Grammatica pagine 8-9

1. Helene è una <u>ragazza</u> greca. Abita a Matera e parla bene l'<u>italiano</u>. Adesso è in <u>classe</u> e ascolta il <u>professore</u> che spiega la <u>lezione</u> di <u>geografia</u>. Lei ama la <u>geografia</u> e sogna di viaggiare molto. Il suo <u>compagno</u> di <u>banco</u> è uno <u>studente</u> italiano. Anche lui ama la <u>geografia</u>. Loro guardano la <u>cartina</u> e cercano insieme dov'è Atene.
2. **Maschile:** italiano, professore, compagno, banco, studente; **Femminile:** ragazza, classe, lezione, geografia (x3), cartina.
3. (6) 1 quaderno, 2 direttrice, 3 professoressa, 4 studente, 5 lavagna, 6 libro, 7 lezione, 8 cartina. **maschile:** 1, 4, 6; **femminile:** 2, 3, 5, 7, 8.
4. 1 tedesco, 2 brava, 3 australiano, 4 gialla, 5 interessante, 6 bianca.
5. Angela è una donna italiana simpatica e gentile. È una pittrice intelligente e brava. È sempre allegra e sorridente. Ha una gatta bianca e nera.
6. *Risposte possibili*: 1 La penna è nera, 2 Il direttore è gentile, 3 La sedia è nuova, 4 Il quaderno è giallo, 5 La ragazza è simpatica, 6 La mela è verde.
7. **Lei** si chiama Cinzia. **Lui** si chiama Murat. **Loro** sono molto amici. **Noi** siamo nella stessa classe. **Voi** siete compagni di banco.
8. 1 compri, 2 guardo, 3 mangiate, 4 ascoltiamo, 5 studiano, 6 insegna.
9. 1 telefona, 2 abitiamo, 3 copiano, 4 frequento, 5 preparate, 6 parli.

Come si pronuncia? pagina 9

1. (7) 1 Sei di Napoli? 2 Maria studia in questa scuola. 3 I ragazzi ascoltano la lezione? 4 La professoressa parla con il direttore. 5 Voi abitate in centro? 6 Studiamo insieme?

Verso la certificazione pagine 10-11

1. (8)
   1 - Ciao Miriam, tutto bene?
   - Ciao Carlo. Sì, tutto bene.
   - Studi per il test di matematica?
   - Sì, è molto difficile!
   - Studiamo insieme?
   - Volentieri!
   2 - Guarda! Arriva la prof di matematica.
   - Bene! È molto simpatica!
   - Salve, ragazzi!
   - Buongiorno, Prof.
   3 - Ciao, Caterina.
   - Ciao, Rita. Tutto bene?
   - Sì tutto bene grazie, cerco un libro per il test di geografia di domani.

Trascrizioni e soluzioni

4 – Buongiorno, signora Bertolini, cerco un libro sui dinosauri.
– Ciao, Stefania. Un libro sui dinosauri? Bene, aspetta che controllo.

C 1, B 2, A 3, D 4.

2 (9) 1 Mi chiamo Luca e frequento la III A del liceo Galileo Galilei a Roma. 2 Ciao, mi chiamo Liliana e sono di Firenze. La mia scuola si chiama Dante Alighieri e sono in II B. 3 Sono Alberto, abito a Parma e frequento l'Istituto tecnico Alessandro Volta. 4 Salve, mi chiamo Gianni, sono di Venezia ma abito a Verona dove frequento la scuola media Leonardo da Vinci. 5 Sono Anna Maria, di Bologna. Frequento la I C del Liceo classico Montessori.

1 d, 2 c, 3 e, 4 a, 5 b.

3 2 - 6 - 1 - 8 - 5 - 7 - 3 - 4.

4 1 Abita a Palermo, in via Borsellino, 28. 2 Frequenta la II A. 3 È di Napoli. 4 Si chiama Cesare Ravera.

5 Produzione libera.

Sono capace di ... pagina 12

6 1 quaderno, 2 gomma, 3 lavagna, 4 dizionario/libro.

Unità 2
Tanti auguri!

1 (10) **pagina 13**

Matilde: Tanti auguri a te!
Silvia: Alice, soffia sulle candeline!
Damiano: Buon **compleanno**! Ma quante sono le candeline? Una, due, tre, quattro, cinque, sei, sette, otto, nove, dieci, **undici**... Undici anni!
Alice: Tu, invece, quanti anni **hai**?
Damiano: Dodici. E tu Matilde, quando **festeggi** il compleanno?
Matilde: Il **30** maggio, un giorno dopo Rafael, se non sbaglio...
Rafael: No, il mio compleanno è il 29 **giugno**.
Silvia: Il mio compleanno invece è il 23 **dicembre**.
Damiano: Mmmmh, Alice, quante cose **buone** da mangiare... tramezzini, panini, cornetti, **cioccolatini**...
Alice: La mia mamma **prepara** sempre cose buone! Silvia, ma tu non **mangi** niente?
Silvia: Ho mal di stomaco: assaggio solo una **piccola** fetta di torta per festeggiare.
Rafael: Anche io oggi non **sto** tanto bene: forse è l'influenza, ho mal di testa.
Alice: Ma non è una festa... è un ospedale! State tutti male...
Rafael: **Tranquilla**! Non è niente...
Matilde: Alice, perché non ascoltiamo un po' di musica e **cantiamo** con il karaoke?
Alice: Sì, bella idea! Scarto i **regali** e poi cantiamo. Prima il regalo delle **ragazze**... Mitico! Un videogioco, grazie, meritate un bacio! Ora i ragazzi... L'ultimo CD di Fabri Fibra! **Meraviglioso**, grazie a tutti! E adesso... cantiamo!

2 1 undici, 2 anni, 3 il 30 maggio, 4 il 29 giugno.

3 1 anni, 2 compleanno, 3 il 23 dicembre, 4 mal di testa.

Lessico pagina 14

1 1 ventinove, 2 cinquantacinque, 3 sessantuno, 4 novantotto.

2 1 trenta, 2 trentuno, 3 sessanta, 4 quarantanove, 5 cinquantasei, 6 cinquantasette.

3 1 settembre, 2 febbraio, 3 maggio, 4 giugno, 5 gennaio, 6 marzo, 7 ottobre, 8 luglio, 9 aprile, 10 agosto, 11 novembre, 12 dicembre.

4 (11) 1 testa, 2 denti, 3 gola, 4 stomaco, 5 pancia, 6 piedi.

Comunicazione pagina 15

1 *Risposte possibili:* 1 chiama Fabri Fibra, 2 italiano - di Senigallia, 3 compleanno - il 17 ottobre, 4 37.

2 1 c, 2 f, 3 a, 4 d, 5 e, 6 b.

3 1 c, 2 a, 3 d, 4 b, 5 f, 6 e.

4 Luisa ha tredici anni e festeggia il suo compleanno il 16 febbraio. Io... Produzione libera.

Grammatica pagine 16-17

1 io ho, tu hai, lui/lei ha, noi abbiamo, voi avete, loro hanno; io sto, tu stai, lui/lei sta, noi stiamo, voi state, loro stanno.

2 1 Claudio **ha** una bella macchina sportiva. 2 Rafael non **sta** bene, ha mal di testa. 3 Simona, quanti anni **hai**? 4 La mia mamma **ha** l'influenza. 5 Ciao Ludovica, come **stai**? 6 Carla **sta** male, ha mal di stomaco. 7 Noi **abbiamo** una bella automobile sportiva. 8 Io **sto** abbastanza bene.

3 1 stai, 2 ha, 3 sono, 4 è, 5 sto - ho, 6 siete, 7 stiamo - abbiamo, 8 è.

4 **il**: regalo, professore, banco, dizionario, mese; **lo**: zaino, studente; **la**: candelina, festa, lezione, classe, cartina; **l'**: amico, università, esercizio, ora.

5 (12) 1 **il** fiore, 2 **lo** stomaco, 3 **l'**uomo, 4 **la** torta, 5 **il** cornetto, 6 **l'**invito, 7 **la** città, 8 **l'**aquila.

6 Oggi è il compleanno di Riccardo. Festeggia 13 anni. La mamma prepara molte cose buone da mangiare per la festa: le pizze, i panini, e naturalmente la torta con le candeline. Riccardo invita tutti i compagni di scuola e insieme cantano con il karaoke, ascoltano la musica e giocano. Lui scarta i regali ed è molto felice perché riceve gli scarponi e lo zaino da montagna: il trekking è lo sport preferito di Riccardo.

maschile singolare: il complean-

Trascrizioni e soluzioni

no, il karaoke, lo zaino, il trekking, lo sport; **maschile plurale:** i panini, i compagni, i regali, gli scarponi; **femminile singolare:** la mamma, la festa, la torta, la musica; **femminile plurale:** le pizze, le candeline.

7 **(esercizio 4)** le candeline, i regali, le feste, gli amici, gli zaini, le università, gli studenti, gli esercizi, i professori, le lezioni, i banchi, le classi, i dizionari, i mesi, le cartine, le ore; **(esercizio 5)** i fiori, gli stomaci, gli uomini, le torte, i cornetti, gli inviti, le città, le aquile.

8 1 rumorosa, 2 buona, 3 simpatici, 4 belli, 5 italiane, 6 grande, 7 americani, 8 piccolo.

9 la festa bella, il libro interessante, i tramezzini buoni, i turisti turchi, le candeline piccole, gli alberi verdi, la porta aperta, l'attrice famosa.

Come si pronuncia? pagina 17

1 (13) IL MIO GATTO

Il mio gatto è molto carino
ed è di colore nero cenerino,
i suoi occhi gialli e furbetti
fanno la guardia sopra i tetti.
Quando vede un altro gatto,
si mette a giocare come un matto.
Quando è nervoso e si arrabbia,
muove la coda con rabbia.
Quando caccia un topolino,
si nasconde e con
il musetto fa capolino.
Quando dorme ed è contento
fa le fusa ma...
è sempre attento.
Alice

Verso la certificazione pagine 18-19

1 (14) Ciao, mi chiamo Tiziana. Ho sei amici di chat: Marinella, Enzo, Giovanni, Marzia, Fabian e Grazia. Marinella ha 11 anni e il suo compleanno è il 7 marzo. Lei abita a Pescara. Enzo ha 14 anni e il suo compleanno è l'11 giugno. Lui abita a Lodi. Giovanni ha 12 anni e il suo compleanno è il 13 dicembre. Lui abita a Salerno. Marzia ha 13 anni e il suo compleanno è il 15 gennaio. Lei abita a Catania. Fabian ha 14 anni e festeggia il suo compleanno l'8 febbraio. Lui abita a Vicenza. Grazia ha 13 anni e il suo compleanno è il 19 aprile. Lei abita a Iglesias.

1 d, 2 a, 3 g, 4 e, 5 c, 6 f, 7 b.

2 Marinella – Pescara, Enzo – Lodi, Giovanni – Salerno, Marzia – Catania, Fabian – Vicenza, Grazia – Iglesias.

3 1 b, 2 e, 3 f, 4 c, 5 a, 6 d.

4 Produzione libera.

5 Produzione libera.

Unità 3
Foto di classe

1 (15) **pagina 21**
Alice: Simona, vedi questa foto? Ci sono i miei compagni di classe!
Simona: Che simpatici! Ma cosa fanno?
Alice: Rafael sorride e indica Irene, una nostra compagna molto timida. Il ragazzo con gli occhiali seduto in prima fila è Riccardo, lui segue sempre le lezioni con molta attenzione, infatti è già pronto per scrivere e prendere appunti! Questa invece è Matilde, cerca la penna nella borsa: è molto distratta, dimentica sempre qualcosa a casa! Questa ragazza invece è Silvia, ripete a mente la lezione di storia, o forse dorme ancora, anche se ha gli occhi aperti! Questi sono Damiano e Matteo, discutono sempre di sport, soprattutto Damiano perché gioca a pallacanestro e legge tutte le mattine le notizie sportive. Matteo ha sul banco delle caramelle che come sempre offre a Damiano. Infine, qui a destra il professore Quarini.
Simona: Cosa insegna?
Alice: Insegna storia.
Simona: È proprio bella la tua classe!
Alice: Sì, è grande e comoda! Ci sono venti banchi e venti sedie per gli studenti, una lavagna LIM, una cartina del mondo e una dell'Italia. C'è una grande finestra che guarda sul parco.

1 c-f, 2 a-n, 3 b-h, 4 g-m, 5 e-l, 6 d-i.

2 (15) banco, sedie, lavagna LIM, cartina del mondo, cartina dell'Italia, finestra.

Lessico pagina 22

1 1 lavagna, 2 cattedra, 3 diario, 4 registro, 5 astuccio, 6 zaino, 7 finestra, 8 sedia, 9 cestino, 10 banco.

2 1 settantatré, 2 novantacinque, 3 sessantatré, 4 cinquantacinque, 5 cinquecento, 6 mille, 7 undicimila, 8 diecimiladuecento.

3 1 f, 2 e, 3 d, 4 c, 5 b, 6 a.

Comunicazione pagina 23

1 **È un:** panino, regalo; **È uno:** zaino; **È una:** mela, torta; **Sono dei:** CD; **Sono degli:** amici, alberi, scarponi, orologi; **Sono delle:** caramelle, candeline.

2 (16) **A** 1 Nel mio zaino ci sono sempre delle penne colorate, delle caramelle da offrire al mio amico Damiano, un righello, dei libri e naturalmente una rivista sportiva.
B 2 Nel mio zaino ci sono sempre delle caramelle da offrire agli amici, un astuccio, dei libri, delle penne colorate e naturalmente una rivista sportiva.

3 1 inglese, 2 matematica, 3 storia, 4 geografia, 5 scienze, 6 educazione musicale.

Trascrizioni e soluzioni

Grammatica pagine 24-25

1. 1 seguo, 2 ripeti, 3 scrive, 4 discutiamo, 5 partite, 6 aprono.
2. 1 offre, 2 correte, 3 correggono, 4 rispondi, 5 spendiamo, 6 dormo.
3. 1 Vendi televisori? 2 Ugo prende l'astuccio? 3 Accendete il televisore? 4 Correggono l'esercizio? 5 Prendi la metropolitana? 6 Sul banco avete i libri?
4. 1 L'insegnante apre la porta. 2 Leggiamo molti libri. 3 Vedi il tuo amico oggi? 4 La finestra guarda sul parco. 5 Matilde cerca la matita nella borsa. 6 Seguite la lezione con attenzione.
5. mostro, siamo, è, ripete, sono, leggono, è, scrive, accendono, amiamo, è, seguono, ascoltiamo, cantiamo, vediamo.
6. 1 c'è, 2 c'è, 3 ci sono, 4 c'è, 5 ci sono, 6 ci sono.
7. 1 dei quaderni, 2 degli occhiali, 3 dei cellulari, 4 delle finestre.
8. **c'è:** un foglio, una caramella, un astuccio, un libro; **ci sono:** delle gomme, dei righelli, dei temperini, degli orologi.
9a. Sei: quelle, queste, questi, questo, quella, quei.
9b. 1 questo - quella, 2 questi - quei, 3 queste/quelle - quelle/queste.
10. (aggettivo=A; pronome=P) 1 quei (A) - questi (P), 2 questa (A) - quella (P), 3 quegli (A) - quelli (P), 4 queste (A) - quelle (P) - queste (P).

Come si pronuncia? pagina 25

1. (17)
"C'è il questore in questura a quest'ora?"
"No, non c'è il questore in questura a quest'ora, perché se il questore fosse in questura a quest'ora che questura sarebbe questa?"

Verso la certificazione pagine 26-27

1. (18) Ciao, mi chiamo Stefania e frequento la II B della scuola media Leonardo da Vinci di Palermo. La mia scuola è piccola ma molto bella. Nella mia classe ci sono due finestre grandi che guardano sul giardino della scuola. Ci sono i banchi, le sedie, una lavagna e naturalmente la cattedra. Sulla cattedra ci sono sempre molti gessi, il cancellino e il registro. Sui banchi ci sono i quaderni e i libri degli studenti. Vicino alla lavagna c'è una libreria con molti dizionari e atlanti geografici.
Classe a.

2a. (19) Ciao, sono Giulio. Nella mia classe ci sono 15 studenti ma solo quattro sono i miei migliori amici. Vi parlo un po' di loro: Elisa è la mia compagna di banco, parla molto, ride e scherza ma è una brava studentessa e quando il professore comincia la lezione lei sta molto attenta. Emma invece è il contrario di Elisa. È una ragazza tranquilla, parla poco e non ama scherzare forse perché è un po' timida.
José è seduto dietro di me ed Elisa, in terza fila. José porta sempre in classe le riviste sportive perché ama lo sport e gioca molto a calcio. Anche se qualche volta arriva in classe un po' stanco segue sempre le lezioni con entusiasmo. E infine Roberto: non ama molto studiare, è distratto e guarda sempre fuori dalla finestra ma di tutti e quattro è il mio amico preferito perché ride sempre ed è simpatico.

Elisa: brava, attenta, **José:** sportivo, stanco, **Roberto:** distratto, simpatico, **Emma:** tranquilla, timida.

2b. 1 A Elisa, 2 C Emma, 3 D José, 4 B Roberto.

3a. Elisa ama studiare, ama la musica; Emma ama studiare, ama gli animali, ama la musica; José ama lo sport e ama la musica; Roberto ama le automobili.

3b. Elisa 4, Emma 1, José 5, Roberto 3.

4. Produzione libera.

Unità 4
Un nuovo compagno

1. (20) **pagina 29**

Professore: Ragazzi, di chi è il numero tre?
Alice: È il mio, professore.
Damiano: Ciao, tu sei il nostro nuovo compagno?
Adrian: Sì, mi chiamo Adrian e sono polacco. Non parlo ancora bene l'italiano ma capisco abbastanza, sono a Torino da poco tempo... Chi sono questi ragazzi?
Damiano: La ragazza con i capelli lunghi e biondi è Alice: è molto sportiva e finisce sempre il percorso di atletica per prima. Il professore con la barba e i baffi si chiama Ghirardi, è molto giovane e simpatico. Il ragazzo con i capelli ricci e castani si chiama Rafael, i suoi genitori sono brasiliani; è allegro ed è anche molto curioso: fa sempre domande su tutto! Parla con la professoressa Maggi, lei è seria ma è anche gentile e disponibile.
Adrian: E chi sono quelle due ragazze alte e magre che parlano sul prato?
Damiano: La ragazza mora è Sonia, la ragazza bionda è la sua amica Daniela; sono chiacchierone e anche un po' pigre! Di solito non fanno molto sport... Matilde, invece, la ragazza con i capelli rossi e gli occhi azzurri, gioca benissimo a pallavolo; è molto studiosa anche se è un po' distratta e disordinata!
Adrian: E tu come ti chiami?
Damiano: Damiano, e sono molto intelligente, generoso, divertente... Scherzo! Dai, adesso giochiamo un po' a calcio! Dopo abbiamo

Trascrizioni e soluzioni

due ore di laboratorio di scienze.

1 b, 2 b, 3 b, 4 a.

2 (20) 1 c, 2 b, 3 b, 4 c, 5 b, 6 a.

3 (20)

Damiano: La ragazza con i **capelli** lunghi e biondi è Alice: è molto **sportiva** e finisce sempre il percorso di atletica per prima. Il professore con la barba e i **baffi** si chiama Ghirardi, è molto **giovane** e simpatico. Il ragazzo con i capelli **ricci** e castani si chiama Rafael, i suoi genitori sono brasiliani; è allegro ed è anche molto **curioso**: fa sempre domande su tutto! Parla con la professoressa Maggi: lei è seria ma è anche **gentile** e disponibile.

Lessico pagina 30

1 descrizione personalità: disinvolto, serio, intelligente, curioso, pigro, divertente, attento; **descrizione fisica:** alto, riccio, magro, castano, moro.

2 1 alto, 2 moro, 3 antipatico, 4 biondo, 5 castano, 6 robusto, 7 grasso, 8 basso, 9 magro, 10 rosso.

3 baffi, barba, occhi, capelli, alto, magro, pallacanestro, parco.

4 1 cortile, 2 presidenza, 3 segreteria, 4 aula magna, 5 distributore, 6 laboratorio di scienze, 7 palestra, 8 corridoio.

Comunicazione pagina 31

1 1 b, 2 d, 3 e, 4 f, 5 a, 6 c.

2 1 Di chi sono le caramelle? Sono di Luciana. 2 Di chi è la chitarra? È di Matteo. 3 Di chi è il pallone da basket? È di Luciana. 4 Di chi è il computer? È di Matteo. 5 Di chi è il libro? È di Matteo. 6 Di chi è la rivista? È di Matteo. 7 Di chi è la bicicletta? È di Luciana. 8 Di chi è lo zaino? È di Luciana.

Grammatica pagine 32-33

1 giocare: io gioco, tu giochi, lui/lei gioca, noi giochiamo, voi giocate, loro giocano; **spiegare:** io spiego, tu spieghi, lui/lei spiega, noi spieghiamo, voi spiegate, loro spiegano.

2 capire: io capisco, tu capisci, lui/lei capisce, noi capiamo, voi capite, loro capiscono; **fare:** io faccio, tu fai, lui/lei fa, noi facciamo, voi fate, loro fanno.

3 1 fai, 2 faccio, 3 fanno, 4 fa, 5 facciamo, 6 fate.

4 1 f fate, 2 a arrossisce, 3 h dimentichiamo, 4 e giochi, 5 b spedisco, 6 g spiega, 7 d puliscono, 8 c finiscono.

5 Si chiama Pauline, è francese e ha 12 anni. È di Parigi ma abita a Torino. Non parla ancora bene l'italiano ma capisce abbastanza. Frequenta la prima media ed è una studentessa brava ma un po' distratta, perché a volte dimentica lo zaino a scuola o i libri a casa. Quando non ha compiti per casa, fa ginnastica, gioca a pallavolo nella squadra della scuola e spedisce email e sms agli amici.

6 Cara Paola,
ti descrivo <u>la mia scuola</u>: è molto bella e anche <u>i miei professori</u> e <u>i miei compagni</u> sono simpatici. <u>La nostra classe</u> non è molto grande ma è bella perché ci sono poster e disegni. C'è anche una piccola libreria. Abbiamo una grande palestra e un'aula magna dove vediamo film o ascoltiamo conferenze. Ora ti descrivo <u>le mie professoresse</u>: la professoressa Coni è molto simpatica, la professoressa Pini è molto brava, ma dà molti compiti. Tra i professori, invece, <u>il mio professore</u> preferito è quello di francese. Oh! Che bella <u>la sua materia</u>! E <u>la tua scuola</u> com'è? Come sono <u>i tuoi compagni</u>? Aspetto <u>tue notizie</u>!
Francesca

maschile singolare: il mio professore; **maschile plurale:** i miei professori, i miei compagni, i tuoi compagni; **femminile singolare:** la mia scuola, la nostra classe, la sua materia, la tua scuola; **femminile plurale:** le mie professoresse, tue notizie.

7 1 la tua - la mia, 2 le nostre, 3 i miei, 4 il loro, 5 il tuo, 6 i suoi.

8 1 Claudia e Stefania sono le mie migliori amiche. 2 Le vostre professoresse sono gentili e disponibili. 3 Di chi sono questi astucci? Sono i suoi. 4 I loro professori di inglese sono di Londra. 5 Dove sono i tuoi dizionari? 6 Le nostre aule sono spaziose.

Come si pronuncia? pagina 33

1 (21) regalo, Giamaica, Giovanni, segreteria, geometria, Germania, funghi, gesso, agenda, righello.

1 duro, 2 dolce, 3 dolce, 4 duro, 5 dolce, 6 dolce, 7 duro, 8 dolce, 9 dolce, 10 duro.

2 (22) re**gio**ne, do**ga**na, fra**go**la, **gia**cca, Norve**gia**, archeo**lo**go, buon**gio**rno, ara**go**sta, **gio**stra, **ga**mbero, pi**gia**ma, **gio**co.

Verso la certificazione pagine 34-35

1 (23) - Vittoria è di Firenze ma vive a Siena. Ha gli occhi verdi e i capelli biondi e lunghi. Studia recitazione e ama dipingere.

- Antonello è di Udine. È biondo e ha i capelli un po' lunghi, gli occhi verdi e porta gli occhiali. Frequenta il liceo artistico e nel tempo libero fa sport.

- Alba è di Catanzaro. Ha i capelli castani e ricci e gli occhi neri. Dopo la scuola media sogna di frequentare un corso da estetista. La sua passione è preparare torte.

- Riccardo abita a Viterbo ma è di Roma. Ha i capelli neri e corti e gli occhi castani. Frequenta il conservatorio e sogna di diventare tenore.

Amici d'Italia © ELI

Trascrizioni e soluzioni

Nel tempo libero gioca a ping pong.
1 Antonello, 2 Vittoria, 3 Riccardo, 4 Alba.
Antonello: è di Udine – ha i capelli biondi e un po' lunghi – ha gli occhi verdi – la sua scuola è il liceo artistico – nel tempo libero fa sport.
Vittoria: è di Firenze – ha i capelli biondi e lunghi – ha gli occhi verdi – frequenta una scuola di recitazione – nel tempo libero ama dipingere.
Riccardo: è di Roma, ma abita a Viterbo – ha i capelli neri e corti – ha gli occhi castani – frequenta il conservatorio – nel tempo libero gioca a ping pong.
Alba: è di Catanzaro – ha i capelli castani e ricci – ha gli occhi neri – ora frequenta la scuola media, ma sogna di frequentare un corso di estetista – nel tempo libero prepara torte.

2 1 F, 2 F, 3 V, 4 F, 5 F, 6 V, 7 F, 8 V.
3 Produzione libera.

Unità 5
Ma che bella giornata!

1 (24) **pagina 37**
Rafael: Sono due ore che parliamo al telefono… È tardi, andiamo a letto.
Ling: Ma che ore sono?
Rafael: Sono già le nove e mezza e domani mattina mi alzo presto perché ho ancora qualche esercizio da fare!
Ling: Di solito, invece, a che ora ti alzi?
Rafael: Alle sette. Poi mi faccio la doccia, mi vesto e vado a scuola in bici. E tu?
Ling: Io mi sveglio alle sette e mezza, mi preparo velocemente e faccio colazione: bevo un bicchiere di latte e mangio pane e marmellata. Poi esco e vado a prendere l'autobus. Arrivo a scuola alle otto e venti.
Rafael: E dopo le lezioni?
Ling: All'una e mezza pranzo con i miei compagni. Poi prendo l'autobus e torno a casa. Dalle tre alle sei studio.
Rafael: E dove vai il sabato e la domenica?
Ling: Il sabato pomeriggio esco con le mie amiche: andiamo in centro, oppure in piscina o a pattinare. La domenica sto a casa, ma a volte vado con la mia famiglia in campagna. E tu cosa fai il sabato e la domenica?
Rafael: Il sabato pomeriggio gioco al computer o vado al cinema con gli amici. La domenica mattina mi sveglio tardi, pranzo con la mia famiglia e poi gioco a pallone. La sera guardo la tv ma vado a letto presto. Adesso invece è davvero tardi! Buonanotte Ling!
Ling: Buonanotte!

1 e, 2 c, 3 b, 4 f, 5 d, 6 a.

2 (24) c 1 mi vesto, e 2 mi preparo velocemente, h 3 vado a prendere l'autobus, a 4 dalle tre alle sei studio, g 5 esco con le mie amiche, f 6 vado al cinema, b 7 mi sveglio tardi, d 8 gioco a pallone.

Lessico pagina 38
1 7.30 mattina, 23.40 notte, 20.00 sera, 15.20 pomeriggio, 9.00 mattina, 14.00 pomeriggio.
2 1 presto, 2 in ritardo, 3 tardi, 4 presto, 5 in anticipo, 6 tardi.
3 1 V, 2 F, 3 F, 4 V, 5 F, 6 F, 7 V, 8 F.

Comunicazione pagina 39
1 1 sono le otto e un quarto, 2 sono le tre e trentacinque, 3 sono le sei e venti, 4 sono le undici e dieci, 5 è l'una e quaranta/sono le due meno venti, 6 sono le cinque meno dieci, 7 sono le dieci e tre quarti/sono le undici meno un quarto, 8 sono le dodici e venticinque/è mezzogiorno e venticinque.
2 1 f, 2 d, 3 e, 4 c, 5 g, 6 h, 7 b, 8 a.
3 1 **Angelo:** Ciao Piero, che cosa fai questo pomeriggio?
2 **Piero:** Ciao Angelo, non lo so ancora, forse faccio un giro in bicicletta.
3 **Angelo:** In bicicletta!? Perché non andiamo al cinema?
4 **Piero:** Con questa bella giornata!? Perché invece non andiamo al parco?
5 **Angelo:** Buona idea! A che ora ci vediamo?
6 **Piero:** Ci vediamo alle tre al parco. Tra mezz'ora. Va bene?
7 **Angelo:** Va bene! Telefono a Mimmo e andiamo tutti insieme.
8 **Piero:** Perfetto, a dopo!

Grammatica pagine 40-41
1 1 ci divertiamo, 2 vi sedete, 3 si trucca, 4 mi metto, 5 ci addormentiamo, 6 ti senti, 7 si annoiano, 8 si prepara.
2 1 si sveglia, 2 si fa la doccia, 3 si veste, 4 si pettinano, 5 si lava i denti, 6 si alzano.
3 **Andare:** vado, vai, va, vanno.
Bere: bevi, beviamo, bevete.
Uscire: esce, uscite, escono.
Io vado, tu vai/bevi, lui/lei va/esce, noi beviamo, voi bevete/uscite, loro vanno/escono.
4 1 risponde, 2 si alza, 3 esce, 4 va, 5 fa, 6 va, 7 pranza, 8 si riposa, 9 si allena, 10 ama.
5 1 in – nel, 2 a – in, 3 dal – al – dalle – alle – dalle – alle, 4 di.
6 1 di, 2 in, 3 in, 4 a, 5 di, 6 a, 7 in, 8 in.
7 1 alle (a+le), 2 allo (a+lo), 3 dall' (da+l'), 4 alla (a+la), 5 al (a+il), 6 all' (a+l').

Come si pronuncia? pagina 41
1 (25) Sulla coscia di una scimmia una biscia a scuola sta.
Una mosca mascherata per i boschi se ne va.
Lo sciatore nell'ascensore ha la sciarpa sulla scarpa.
Lo sceriffo al pescatore uno scherzo vuole far:
i suoi pesci vuol schedare e sullo scivolo far asciugare.
E tu, non voltar la schiena ma compila questo schema!

suono dolce: coscia, scimmia, biscia, sciatore, ascensore, sciarpa, sceriffo, pesci, scivolo, asciugare;
suono duro: scuola, mosca, mascherata, boschi, scarpa, pescatore, scherzo, schedare, schiena, schema.

Verso la certificazione pagine 42-43

1 (26) 1 La mattina io mi alzo alle otto e mezzo.
2 Il sabato faccio un corso di danza classica.
3 La sera noi navighiamo in internet.
4 Il sabato sera noi andiamo a cena al ristorante.
5 Dopo pranzo io mi riposo.
6 Il pomeriggio faccio i compiti in biblioteca.

1 falso: il ragazzo si alza alle 9.30, 2 vero, 3 falso: la sera noi guardiamo la tv, 4 vero, 5 falso: dopo pranzo io lavoro, 6 vero.

2 (27)
Matteo: Pronto?
Filippo: Pronto Matteo, sono Filippo!
Matteo: Ciao Filippo, come va?
Filippo: Bene! Domani con i miei genitori andiamo ad Aquafan, vieni con noi?
Matteo: Sì, che bello!
Filippo: Allora senti il programma: partiamo alle sette in auto, arriviamo verso le nove ed entriamo subito in acqua!
Matteo: E restiamo tutto il giorno lì?
Filippo: Certo, a mezzogiorno e mezzo facciamo un picnic sull'erba e poi alle due torniamo a giocare in piscina.
Matteo: Io adoro i picnic! Che bel programma! E a che ora torniamo a casa?... per dirlo a mamma e papà.
Filippo: Partiamo da Aquafan alle sei e siamo a casa verso le otto di sera.
Matteo: Perfetto, allora ci vediamo domani.
Filippo: A domani!

ore 7.00 partenza - ore 9.00 arrivo - ore 12.30 picnic; pomeriggio: ore 2.00 giochi in piscina - ore 6.00 ritorno - ore 8.00 arrivo a casa.
3 1 b, 2 b, 3 c, 4 a, 5 b, 6 a.
4 Produzione libera.

Unità 6
Ti presento i miei

1 (28) **pagina 45**
Silvia: Ciao Alberto!
Federico: No, io non sono Alberto, sono suo fratello gemello! Mi chiamo Federico. Alberto è qui dietro!
Alberto: Ciao Silvia! Vieni, entra!
Silvia: Ma tu hai un fratello gemello!? Siete identici!
Alberto: Sì, anche mio nonno e suo fratello sono gemelli. Sono questi due signori nella foto. E questa signora, invece, è mia nonna. Lei non è di Torino, viene dall'Umbria, da Perugia.
Silvia: Sono i tuoi nonni materni?
Alberto: No, paterni. I miei nonni materni sono qui in soggiorno, stanno guardando la tv. Dai, non stiamo qui nell'ingresso, andiamo in soggiorno anche noi, così ti presento i miei genitori!
Silvia: Ciao Macchia! Ma cosa sta facendo?
Alberto: Come sempre sta giocando con le pantofole di mio padre!
Silvia: Buongiorno, io sono Silvia.
Madre e padre: Ciao Silvia! Piacere!
Silvia: Piacere! Alberto, dov'è tua sorella?
Alberto: È nella sua camera, sta studiando per la verifica di domani. E tu Silvia, hai fratelli o sorelle?
Silvia: No, io sono figlia unica.
Alberto: Senti, vieni con me in cucina? Ho un po' fame e sul tavolo ci aspetta una bella torta di mele!
Silvia: Ottimo! Dopo usciamo con Macchia?
Alberto: Ma certo! Proprio qui vicino c'è un bel parco!
Silvia: Un parco qui vicino? Ma dov'è?
Alberto: Dietro il nuovo centro commerciale.

1 Silvia arriva a casa di Alberto. 2 Alberto e Silvia guardano una foto. 3 Macchia gioca con le pantofole. 4 Silvia saluta i genitori di Alberto. 5 Alberto e Silvia vanno in cucina. 6 Alberto e Silvia portano il cane al parco.

2 (28) 1 b, 2 b, 3 c, 4 c, 5 a, 6 b.
3 (28)
Alberto: Sì, anche mio nonno e suo **fratello** sono gemelli. Sono questi due signori nella **foto**. E questa signora, invece, è mia **nonna**. Lei non è di Torino, viene dall'Umbria, da Perugia.
Silvia: Sono i tuoi **nonni** materni?
Alberto: No, **paterni**. I miei nonni **materni** sono qui in soggiorno, stanno guardando la tv.

Lessico pagina 46

1 In alto: Vito + Mara (nonni).
A sinistra: Nicola + Carolina (zii di Nadia) + Giulia (figlia di Nicola e Carolina e cugina di Nadia).
A destra: Enrico + Concita (genitori di Nadia) + Nadia + Loredana (sorella di Nadia) + Lorenzo (fratello di Nadia).
2 1 casa, 2 ingresso, 3 soggiorno, 4 divano, 5 cucina, 6 finestre, 7 sedie, 8 camere, 9 bagno, 10 camera, 11 doccia, 12 garage.

Comunicazione pagina 47

1 1 sto disegnando, 2 sta dormendo, 3 stanno facendo, 4 stai scrivendo, 5 state uscendo, 6 stiamo correndo.
2 1 e, 2 a, 3 c, 4 f, 5 b, 6 d.
3 (29)
1 **Valentina:** Mamma, tra mezz'ora viene Rita.
2 **Mamma:** Bene, viene a studiare?
3 **Valentina:** No, usciamo.
4 **Mamma:** Uscite? E dove andate?

5 **Valentina:** Andiamo a pattinare.
6 **Mamma:** E come ci andate?
7 **Valentina:** Con la bicicletta. A proposito, dov'è il casco?
8 **Mamma:** Il casco è in garage, sulla bicicletta.
9 **Valentina:** Non trovo la tessera della pista di pattinaggio.
10 **Mamma:** La tessera è nella borsa con i pattini.
11 **Valentina:** E la borsa dov'è?
12 **Mamma:** Valentina, devi essere un po' più ordinata!

Grammatica pagine 48-49

1 1 stanno parlando, 2 sta giocando a calcio, 3 stanno mangiando, 4 si stanno salutando, 5 sta bevendo, 6 stanno guardando la tv, 7 si sta facendo la doccia, 8 stanno leggendo.

2 (30) 1 Gli studenti stanno facendo lezione.
2 Faccio colazione.
3 Caterina sta andando al centro commerciale.
4 Chi viene stasera al compleanno di Lucia?
5 Dopo l'ora di matematica gli studenti vanno in cortile.
6 Luca sta finendo i compiti.
7 Ti stai preparando per l'esame?
8 Prima di andare a letto ci laviamo i denti.

1 PP, 2 PI, 3 PP, 4 PI, 5 PI, 6 PP, 7 PP, 8 PI.

3 1 vengo dalla, 2 vengono dalla, 3 viene - dalla - da, 4 viene dallo, 5 venite dal - veniamo dal, 6 vengono - dal - da, 7 vieni - da - vengono dall', 8 venite - dal.

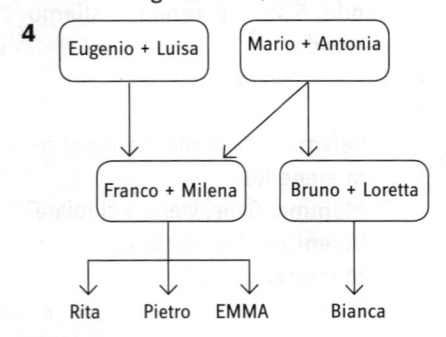

4
```
Eugenio + Luisa        Mario + Antonia
       |                      |
   Franco + Milena      Bruno + Loretta
    |        |           |          |
   Rita   Pietro       EMMA      Bianca
```

1 sua sorella, 2 i suoi genitori, 3 sua cugina, 4 i suoi nonni materni, 5 suo fratello, 6 sua madre, 7 i suoi zii, 8 i suoi nonni paterni.

Come si pronuncia? pagina 49

1 (31)
1 Mio **nonno** ascolta la musica di **notte**.
2 Tra le **case** ci sono le **rose rosse**.
3 La **micia** mangia la **pappa**.
4 Le **note** musicali sono **sette**.
5 Marco **copia** le parole con la **penna**.
6 Gioco a **palla** e **corro** nel parco.
7 Sotto le **torri** ci sono due **tori**.
8 **Leggo** un libro e **lego** un pacco.

Verso la certificazione pagine 50-51

1 (32) Salve, mi chiamo Lorenzo, ho 14 anni e ho una sorella, Lia, che ha 12 anni. Mia madre si chiama Eleonora e mio padre si chiama Edoardo. Mio padre ha un fratello gemello, Filippo. Sua moglie, mia zia, si chiama Loredana. Loro hanno un figlio unico, Simone. Ho solo un nonno paterno, Luigi, e ho una nonna materna, la madre di mia madre che si chiama Giovanna.

1 F: Lorenzo ha una sorella, 2 V, 3 F: Lorenzo ha un cugino, 4 V, 5 V, 6 V.

2 (33) Ciao, sono Annalisa Bertolini, abito con la mia famiglia in un piccolo paese vicino a Parma. Ho un fratello più grande e una sorella più piccola. Abitiamo in una casa grande e molto bella. C'è una cucina bella e luminosa con un lungo tavolo dove ci ritroviamo tutti insieme la sera per cenare. C'è un soggiorno grande e comodo dove noi guardiamo la televisione. Poi c'è la camera dei miei genitori con un grande letto e un armadio. Mia sorella ha una camera tutta sua mentre io dormo con mio fratello. La nostra camera è così spaziosa che ci stanno due letti, due scrivanie e due computer. C'è anche un bagno e un bel terrazzo per il nostro cane Bibù.

Casa n. 2.

3 Mara casa 1, Ciro casa 2.

4 1 la, 2 antica, 3 ingresso, 4 c'è, 5 fratello, 6 ci sono, 7 letto, 8 uno, 9 preferita, 10 finestra.

5 1 mi, 2 appartamento, 3 mia, 4 il, 5 la, 6 cucina, 7 ci sono, 8 camera, 9 miei.

Unità 7
Da grande voglio fare...

1 (34) pagina 53
Matilde: Vieni alla festa di Irene **sabato**?
Adrian: Non posso, nessuno mi può accompagnare: i miei genitori lavorano.
Matilde: Ma come? Anche il sabato?
Adrian: Sì, mia madre è in negozio e mio padre questo sabato è **di turno**.
Matilde: **Di turno**? Ma che lavoro fa tuo padre?
Adrian: Vediamo se indovini! È un lavoro utile e deve fare i turni anche **di notte**. **Il posto** dove lavora è bianco e pulito.
Matilde: È chiaro: lavora **in ospedale**! È un medico?
Adrian: Non proprio...
Matilde: Allora è un infermiere!
Adrian: Brava! Mio padre fa l'infermiere. Se mi dai un piccolo aiuto indovino anche io **che lavoro** fa tuo padre...
Matilde: Ok! Viaggia spesso, parla con tanta gente e scrive molto.
Adrian: Ci sono tanti lavori di questo tipo. Perché non mi dici qualcosa in più?
Matilde: Scopre **informazioni** che pochi sanno.
Adrian: È un agente segreto?
Matilde: No, no, lavora per **la stampa**!
Adrian: Allora è un giornalista!

Trascrizioni e soluzioni

Matilde: Sì, scrive articoli sportivi! Anche io da grande voglio fare la giornalista! E tu, che lavoro vuoi **fare**?
Adrian: Non lo so ancora... forse **il pilota**!
Matilde: Senti, sabato passo a prenderti con mia madre in macchina e **vieni** alla festa con noi, d'accordo?
Adrian: Che bello! Grazie mille!

2 (34) 1 F: sabato c'è la festa di Irene; 2 V; 3 F: il padre di Adrian lavora in ospedale; 4 F: la madre di Adrian lavora in negozio; 5 F: il padre di Matilde viaggia spesso e scrive molto; 6 V.

Lessico pagina 54

1 1 infermiere, 2 parrucchiera, 3 giornalista, 4 pittrice, 5 operaio, 6 cameriera, 7 attrice, 8 vigile urbano.

2 1 impiegato, 2 veterinario, 3 musicista, 4 architetto, 5 meccanico, 6 insegnante, 7 commessa, 8 fornaio.

3 **Orizzontali:** 1 ambulatorio, 6 ospedale, 7 redazione, 9 fabbrica, 10 teatro; **Verticali:** 2 bar, 3 ristorante, 4 farmacia, 5 negozio, 8 ufficio.

Comunicazione pagina 55

1 1 d, 2 f, 3 b, 4 e, 5 a, 6 c.

2 **fumettista:** disegno fumetti, invento storie, scrivo dialoghi; **autista di autobus:** viaggio in città, guido un mezzo di trasporto, sto nel traffico.

3 1 **Robert Pattinson (attore):** Io amo molto il cinema e da grande voglio fare l'attore. 2 **Valentino Rossi (campione di motociclismo):** Io amo molto le moto e da grande voglio fare il pilota. 3 **Carolina Kostner (campionessa di pattinaggio su ghiaccio):** Amo pattinare e da grande voglio diventare campionessa/pattinatrice. 4 **Eros Ramazzotti (cantante):** Io amo molto cantare/la musica e da grande voglio diventare cantante.

Grammatica pagine 56-57

1 Dovere: io devo, tu devi, lui/lei deve, noi dobbiamo, voi dovete, loro devono. **Potere:** io posso, tu puoi, lui/lei può, noi possiamo, voi potete, loro possono. **Volere:** io voglio, tu vuoi, lui/lei vuole, noi vogliamo, voi volete, loro vogliono.

2 1 volete-dovete, 2 posso, 3 può, 4 vogliamo, 5 vogliono/devono, 6 vuoi.

3 1 dice, 2 sanno, 3 dà, 4 sa, 5 diciamo-dite, 6 danno.

4 Quando finisco di studiare **raccolgo** penne, quaderni e libri e preparo lo zaino. Il mio zaino non è grande come quello di mio fratello Ivan: il suo **contiene** addirittura anche il pallone e le scarpe da calcio! Quando **esce/usciamo** da scuola Ivan spesso **rimane** a giocare con gli amici. Anch'io qualche volta **rimango** ma lui non mi **vuole** nella squadra perché **sostiene** che sono troppo piccolo. Che rabbia! Io non **ritengo** per niente giusto tutto questo...

5 (35) Zaffir studia architettura all'università. La mattina alle otto (1) **esce** di casa e (2) **va** in facoltà dove (3) **si ferma** fino all'una. Allora (4) **fa** una pausa, mangia un panino e alle due e mezzo (5) **ritorna** a lezione. A volte (6) **rimane** all'università l'intero pomeriggio e (7) **torna** a casa la sera. La settimana prossima ha gli esami, quindi (8) **deve** studiare molto per riuscire a prendere un buon voto. Dopo gli esami, (9) **c'è** un periodo di pausa dal 25 febbraio al 4 marzo quindi (10) **può** riposare.

6 Serpentina (dall'alto in basso): quanti, quali, qual, che, chi, quanta. 1 quali, 2 chi, 3 quanti, 4 qual, 5 che, 6 quanta.

7 1 Chi fa il turno di notte? 2 Quante sono le note musicali? 3 Quali lingue straniere conosci? 4 Che lavoro fa tua madre? 5 Chi è il papà di Pinocchio? 6 Qual è la città con il Colosseo?

8 1 a, 2 dal, 3 al, 4 nello, 5 sul, 6 in, 7 alla, 8 di.

9 1 al, 2 in, 3 alle, 4 a, 5 di, 6 dalle-alle, 7 dall', 8 nella.

Come si pronuncia? pagina 57

1 (36) 1 sgarbo [s], 2 zaino [z], 3 diviso [s], 4 bizantino [z], 5 bazar [z], 6 sgambetto [s], 7 preciso [s], 8 zerbino [z], 9 bisogno [s], 10 zanzariera [z].

2 (37) 1 caso, 2 vaso, 3 azione, 4 sezione, 5 asilo, 6 stanza, 7 silenzio, 8 sposo.

Verso la certificazione pagine 58-59

1 (38) Mi chiamo Valeria, amo molto la musica in generale ma soprattutto la musica classica e adoro cantare. Da grande vorrei fare la musicista o la ballerina. (2)
Mi chiamo Bruno, sono sempre stato affascinato dagli animali. Li osservo, li studio e da grande vorrei diventare un veterinario. (3)
Sono Paolo, adoro la matematica, amo risolvere i problemi e da grande mi vedo professore di matematica. (4)
Sono Mario, vorrei diventare un traduttore perché amo le lingue straniere. (1)

2 (39) Mi chiamo Massimo e faccio il cameriere in un ristorante. Tutto il giorno prendo le ordinazioni e servo i clienti. Il mercoledì il ristorante è chiuso e mi riposo.
Mi chiamo Debora e lavoro come estetista in un grande istituto di bellezza. Trucco e faccio manicure. Tutti i giorni sono al lavoro dalle 09.00 alle 19.00. La domenica l'istituto è chiuso.
Sono Maddalena e sono un'impiegata di banca. Appena arrivo in ufficio, verso le otto e mezzo, leggo le notizie economiche e parlo con i clienti. Il sabato pomeriggio e la domenica la banca è chiusa.

Amici d'Italia © ELI

Trascrizioni e soluzioni

Mi chiamo Cristiano, sono farmacista. Vendo le medicine e ascolto i problemi delle persone. La mia farmacia è sempre chiusa il martedì mattina.

Sono Alessandro, faccio il panettiere e lavoro di notte nel panificio di mio padre. Faccio il pane, i biscotti e i cornetti. Sono sempre libero il giovedì pomeriggio e tutta la domenica.

Massimo: cameriere-ristorante-prendere le ordinazioni e servire i clienti-mercoledì.
Debora: estetista-istituto di bellezza-truccare e fare manicure-domenica.
Maddalena: impiegata-banca-leggere le notizie economiche e parlare con i clienti-sabato pomeriggio e domenica.
Cristiano: farmacista-farmacia-vendere le medicine e ascoltare i problemi delle persone-martedì mattina.
Alessandro: panettiere-panificio-fare il pane, i biscotti e i cornetti-giovedì pomeriggio e domenica.

3 1 F, 2 V, 3 V, 4 F.
4 Mi chiamo Rossana e faccio **la veterinaria**. Nel mio lavoro **curo gli animali**. Tutte le mattine vado in ambulatorio **alle 9.00**. Faccio una pausa **dalle 13.00/tredici/dall'una alle 15.00/quindici/tre**. Finisco di lavorare alle **18.00/diciotto/sei**. Il martedì pomeriggio e la domenica **non lavoro**.

Unità 8
Facciamo spese!

1 (40) **pagina 61**
Alice: Questo vestito mi piace da morire! Adoro il lino! Silvia, come sto?
Silvia: Sei stupenda! Ma guarda questi pantaloni che simpatici, ti piacciono? Non costano molto: solo 15 euro, sono in saldo!
Alice: Quei pois mi sembrano un po' esagerati! Sono grandissimi! Perché invece non dai un'occhiata a quel vestito giallo di cotone? È elegante e il colore ti sta benissimo!
Silvia: Mmm... non c'è il prezzo! Aspetta, chiedo alla commessa. Scusi, quanto costa questo vestito?
Commessa: Questo giallo? 50 euro.
Silvia: Non c'è lo sconto?
Commessa: No, non è in saldo, mi dispiace!
Silvia: Peccato, è un po' caro... Alice, ti piace questa maglietta a fiori?
Alice: Sì, niente male! Quanto viene?
Silvia: È scontatissima! Solo 5 euro!
Alice: La provo anche io! È perfetta sotto il mio maglione preferito!
Silvia: Io vorrei anche un paio di scarpe... quelle ballerine rosa sono carine!
Commessa: Che numero porti?
Silvia: Il 37. E vorrei provare anche questa maglietta, ma è troppo piccola: mi potrebbe dare una taglia più grande?
Commessa: Certo! Che taglia porti?
Silvia: La 42.
Commessa: Ecco qui. Puoi provare tutto nel camerino.
Silvia: Avete anche una gonna a tinta unita da abbinare alla maglietta?

1 Perché sono in saldo.
2 Un vestito giallo di cotone.
3 Cinquanta euro. 4 Perché è perfetta sotto il suo maglione preferito. 5 Il 37. 6 La 42.

2 1 e, 2 f, 3 b, 4 d, 5 a, 6 c.

Lessico pagina 62
1 (41) Ciao a tutti! Sono Laura. Oggi non vado a scuola perché è domenica. Tra mezz'ora esco per andare al cinema con le mie amiche. Indosso un paio di jeans viola, un maglione a fantasia, un giubbotto rosa e un paio di stivali marroni. Metto anche i miei guanti a righe e la sciarpa di lana perché fa abbastanza freddo.

Laura indossa: 2 jeans, 4 stivali, 6 sciarpa, 7 giubbotto, 8 guanti, 9 maglione a fantasia.

2 1 maglietta a righe, 2 jeans, 3 scarpe, 4 giubbotto, 5 vestito, 6 stivali, 7 maglione, 8 gonna, 9 scarpe, 10 camicia a fiori, 11 camicia a tinta unita, 12 guanti.

3 1 gonna di lino, 2 occhiali da sole, 3 maglietta di cotone, 4 cappello.

Comunicazione pagina 63
1 1 Sì, grazie. Vorrei un vestito a tinta unita. 2 Arancione. 3 La 44. 4 Sì, quanto costa? 5 Non c'è lo sconto? 6 Peccato! Costa troppo. 7 E quanto viene la gonna? 8 Ah! Allora prendo la gonna.

2 1 vorrei sapere, 2 vorrei, 3 vorrei provare, 4 potrebbe dare, 5 potrebbe dire, 6 vorrei sapere se.

3 1 Che taglia porti? 2 Quanto vengono/costano questi stivali? 3 Questa camicia è in saldo? 4 Che numero di scarpe porti? 5 Vuoi provare/ti piacciono questi pantaloni? 6 Il cappello è scontato?

Grammatica pagine 64-65
1 1 ti piacciono-mi piacciono, 2 ti piace-mi piacciono, 3 vi piacciono-ci piacciono, 4 ti piace-mi piace.

2 1 Ti piace questa gonna a fiori? 2 Non mi piacciono i pantaloni a righe. 3 Mi piace il colore rosso. 4 Ti piacciono i vestiti a fantasia? 5 Che cosa ti piace portare in estate? 6 La camicia a quadri non mi piace.

3 1 Carlo, ti piacciono i vestiti sportivi o eleganti? 2 Mi piacciono i dolci, specialmente quelli alla vaniglia. 3 Maria, in estate ti piace indossare le gonne lunghe o corte? 4 Non mi piacciono i cappotti, mi piacciono i giubbotti e le giacche. 5 Mi piace questo vestito a fiori! È il mio preferito! 6 Cristina, ti piace la seta o il cotone?

4 1 vorrei, 2 vorresti, 3 vorrebbe, 4 vorremmo, 5 vorreste, 6 vorrebbero.

5 potrei, potrebbe, potremmo, potreste.

6 1 vorrei, 2 vorresti, 3 potreste, 4 potrebbe, 5 vorremmo, 6 potreste.

7 *Risposta possibile:*
- Buongiorno, vorrei comprare un paio di pantaloni di lana.
- Che taglia porti?
- La ... (*risposta libera*).
- Di che colore vuoi i pantaloni?/ Quale colore ti piace?
- (*risposta libera*).
- Ti piacciono questi?
- Sì, mi piacciono. Quanto costano?
- Questi costano/vengono 40 euro.
- C'è lo sconto?

8 1 Queste gonne sono cortissime. 2 Queste gonne sono lunghissime. 3 Queste scarpe sono grandissime. 4 Queste scarpe sono piccolissime.

Come si pronuncia? pagina 65

1 (42) La scuola dei ragni
è su un vecchio castagno.
Lo gnomo maestro fa spesso l'appello:
"Agnese" "Presente!"
"Ignazio" "Non c'è!"
Su, ragni e ragnette,
in fila per tre.

2 (43) 1 Vo**gli**o volare come una farfa**lla**. 2 Mangio un po' d'a**gli**o e cipo**lla**. 3 Mia fi**gli**a gioca a pa**lla**. 4 Compro i bi**gli**etti per il balletto. 5 In autunno le fo**gli**e sono gia**ll**e. 6 Mia sorella si sve**gli**a presto.

Verso la certificazione pagine 66-67

1 (44)
Dialogo 1
- Valentina, vorrei comprare delle scarpe. Mi dai un consiglio?
- Certo, volentieri. Mi piacciono molto queste con il fiocco.
- Sì, hai ragione, sono bellissime!

Dialogo 2
- Stefano, guarda questa maglietta, ti piace?
- È per te?
- No, è un regalo per il compleanno di Nicola.
- Uhmm, non va bene, a Nicola

piace un abbigliamento più elegante.

Dialogo 3
- Elisa, come mi sta questo colore?
- Il blu ti sta benissimo ma questi pantaloni sono troppo larghi. Prova una taglia più piccola.

Dialogo 4
- Marcello, ti piace questo giubbotto?
- Non molto.
- Perché?
- Il colore non mi piace e poi è troppo grande.

1 B scarpe, 2 D maglietta, 3 A pantaloni, 4 C giubbotto.

2 1 V, 2 F, 3 V, 4 F, 5 F, 6 V.

3 Produzione scritta libera.

Unità 9
Buone vacanze!

1 (45) **pagina 69**
Matilde: Ragazzi, che bello! Domani finalmente cominciano le vacanze!
Rafael: Sì, davvero! Non vedo l'ora di partire!
Alice: Rafael, dove vai?
Rafael: Come ogni anno andiamo in campagna in Toscana, in un agriturismo, e poi una settimana al mare in Marocco.
Alice: Che bello! Andate in aereo?
Rafael: Sì, certo! Partiamo da Torino il 20 agosto. E voi invece?
Silvia: Anche noi prima in campagna, in Umbria, a casa dei nonni, e poi dieci giorni al mare a Rimini. Andiamo tutti gli anni in una piccola pensione sul mare, davvero molto carina.
Damiano: Noi andiamo al lago di Garda, abbiamo una casa estiva lì. Viene anche un mio amico così andiamo tutti i giorni a Gardaland.
Matilde: Il parco divertimenti?

Damiano: Sì, è davvero super. È vicino a casa nostra, ci possiamo andare anche in bicicletta! Dai, venite anche voi!
Alice: Uaooo! Sarebbe fantastico!
Matilde: Noi andiamo in un villaggio turistico in Sicilia. I miei genitori non vogliono fare un viaggio così lungo in macchina, allora prendiamo il treno e poi anche il traghetto! E tu Alice, dove vai?
Alice: Mamma e papà vogliono andare in montagna. Partiamo in autobus il primo agosto e facciamo prima una settimana in campeggio a Pila e dopo altre due settimane in albergo a Cervinia.
Rafael: Val d'Aosta? Che bello! Allora va' a visitare il castello di Fenis, è spettacolare! Fa' tante foto!

1 Matilde, 2 Damiano, 3 Silvia, 4 Rafael, 5 Alice, 6 Rafael, 7 Matilde, 8 Alice.

2 1 c, 2 d, 3 a, 4 e, 5 b.

3 1 Che bello! 2 Dai, venite anche voi! 3 Sarebbe fantastico! 4 Fa' tante foto!

Lessico pagina 70

1 1 macchina, 2 bicicletta, 3 autobus, 4 metro, 5 piedi, 6 treno, 7 aereo, 8 traghetto.

2 1 fare il bagno-prendere il sole, 2 raccogliere la frutta fresca-andare a cavallo, 3 sciare-fare arrampicata, 4 guardare dei DVD-navigare in internet, 5 inventare ricette-preparare piatti squisiti, 6 fare molte foto-visitare i musei.

3 1 anno, 2 scuola, 3 maggio, 4 museo, 5 garage, 6 farmacia, 7 lunedì, 8 lavatrice.

Comunicazione pagina 71

1 (46)
- Vieni al museo? C'è una mostra di quadri molto interessante!

Trascrizioni e soluzioni

– Mi dispiace, non posso, devo studiare per il compito di matematica.

2
– Che cosa fate per la festa della scuola?
– Balliamo, ascoltiamo la musica e mangiamo pasticcini e tartine.

3
– Che cosa fai domani pomeriggio?
– Vado a fare shopping in centro. Dai, vieni con me!

4
– Vuoi venire al cinema stasera?
– Grazie, ma non posso. C'è un concerto di musica classica.

1 a (biblioteca), 2 b (festa con musica, pasticcini e tartine), 3 a (shopping), 4 a (concerto di musica classica).

2 *Risposte possibili*: 1 Volentieri, Johnny Depp mi piace molto. 2 Ci dispiace, magari un'altra volta. 3 Certo, perché no? 4 Vengo volentieri. 5 Non posso, devo studiare. 6 Ci dispiace, magari un'altra volta.

3 Mamma: Pietro, che disordine! Per favore, **metti in ordine** la tua stanza!
Pietro: Va bene, mamma.
Mamma: E **apri la finestra**, fa caldo in camera tua. Poi, **fa' i compiti**.
Pietro: Oh, no, voglio giocare ancora un po' con la playstation!
Mamma: Mi dispiace, ma adesso devi studiare.
Pietro: Va bene... Dopo posso andare al campo sportivo con Fabio e Giovanna?
Mamma: Certo, va' pure e **fa' un po' di sport**. Però mi raccomando, bevi molta acqua e dopo **mangia della frutta** perché oggi fa molto caldo.
Pietro: Va bene mamma.
Mamma: Per favore, prima di uscire **chiudi la porta** a chiave.
Pietro: Certo!

Grammatica pagine 72-73

1 Vacanze in montagna
Vuole passare le vacanze in montagna? Allora <u>legga</u> questi consigli! <u>Faccia</u> la valigia qualche giorno prima della partenza. <u>Ricordi</u> che i bagagli per la montagna devono essere leggeri e funzionali. <u>Prenda</u> innanzitutto una valigia morbida o uno zaino comodo. <u>Prenda</u> le cose essenziali ed <u>elimini</u> le cose superflue. In valigia <u>metta</u> abiti e oggetti utili per attività all'aperto, per la pioggia, il vento o il caldo. <u>Porti</u> la crema protettiva, gli occhiali da sole e un cappello.

2 Vuoi passare le vacanze in montagna? Allora leggi questi consigli! Fa' la valigia qualche giorno prima della partenza. Ricorda che i bagagli per la montagna devono essere leggeri e funzionali. Prendi innanzitutto una valigia morbida o uno zaino comodo. Prendi le cose essenziali ed elimina le cose superflue. In valigia metti abiti e oggetti utili per attività all'aperto, per la pioggia, il vento o il caldo. Porta la crema protettiva, gli occhiali da sole e un cappello.

3 1 restate, 2 metti, 3 prenda, 4 partite, 5 facciamo, 6 usa, 7 vada.

4 1 fa', 2 va', 3 prenda, 4 mangiate, 5 metti, 6 dorma.

5 allora, ma, invece, prima, dopo.

6 1 al, 2 alla, 3 nel, 4 sugli, 5 con l', 6 nello, 7 della, 8 dalle.

7 (47)

Filastrocca **dell'**inverno	[di + il]
Tutti **al** freddo e tutti **al** gelo:	[a + il]
gelata è la neve che cade **dal** cielo,	[da + il]
gelata è l'acqua **del** rubinetto,	[di + il]
e fredda l'acqua **del** mio bagnetto!	[di + il]
Trema la statua **nella** piazza	[in + la]
Treman le mani **della** ragazza	[di + la]
Ma **dalle** nuvole il sole appare	[da + le]
E tutti noi viene a scaldare.	

8 1 in, 2 dalle-alle, 3 da, 4 tra, 5 a-in/in-a, 6 alle.

Come si pronuncia? pagina 73

1 (48) 1 ca**R**o-ca**L**o, 2 ca**L**ato-ca**R**ato, 3 pe**R**o-pe**L**o, 4 ce**R**a-ce**L**a, 5 mu**L**o-mu**R**o, 6 a**R**te-a**L**te, 7 co**L**to-co**R**to, 8 mo**R**e-mo**L**e.

2 (49) 1 **V**ado a **b**ere una **b**ibita al **b**ar **v**icino a casa mia. 2 Nel **b**osco c'è una pecora che **b**ela. 3 **V**uoi la **b**anana o l'u**v**a? 4 Nella stalla ci sono un **b**ue e un ca**v**allo. 5 La **b**orsa di **B**arbara è sul di**v**ano. 6 In al**b**ergo Al**b**erto s**v**uota la **v**aligia. 7 Dopo le **v**acanze si torna al la**v**oro.

3 (50) 1 ci**e**lo, 2 ma**r**e, 3 ca**r**ota, 4 o**l**iva, 5 ge**l**ato, 6 pe**r**a, 7 nuvo**l**a, 8 fa**r**o, 9 ca**l**za, 10 ca**r**ino.

Verso la certificazione pagine 74-75

1 (51) L'estate si avvicina e il centro estivo 'Marmotta' propone due soggiorni ai ragazzi dagli 8 ai 14 anni. Uno offre una settimana sulle montagne del Trentino, nel mese di giugno. Partenza il 15 in autobus. Programma: attività sportive, corsi di arrampicata e rafting, passeggiate quotidiane in montagna con guide alpine per osservare gli animali, escursione e campeggio di due giorni al parco naturale dello Stelvio. L'altro propone una settimana al mare a Rimini. Partenza il 4 luglio in treno. Programma: giochi sulla spiaggia, giri in barca e attività sportive. Escursione di un giorno al parco acquatico Aquafan e un altro giorno visita al parco tematico 'Italia in miniatura'. Alla fine del soggiorno una sera in spiaggia a dormire sotto le stelle!

1, 2, 4, 5, 6, 8.

2 1 V, 2 (non data), 3 F, 4 F, 6 F, 7 V, 8 (non data), 5 (non data).

3 Produzione scritta libera.

Test, bilanci e materiale integrativo per il rinforzo

Il materiale offerto in questa sezione è a disposizione dell'insegnante per effettuare verifiche, valutazioni e per svolgere attività di revisione e di rinforzo.
Le schede sono tutte fotocopiabili.

- **Test d'ingresso**: è un simpatico test che verifica le eventuali conoscenze pregresse dello studente, sia linguistiche sia culturali.

- **Bilancio**: sono schede contenenti attività di verifica da svolgere alla fine di ogni unità. Le schede sono doppie, A e B, in modo da poter somministrare test differenti a studenti vicini o, se l'insegnante lo ritiene più opportuno, può utilizzare una scheda in classe e l'altra assegnarla per casa o riservarla per una verifica successiva. La tipologia degli esercizi è la stessa di quelli proposti nel libro dello studente e vertono sulla grammatica, sul lessico e sulla comunicazione, oltre a prevedere una produzione scritta. Tutti gli esercizi sono valutati attraverso punteggi oggettivi (uno per item) a eccezione della produzione scritta che sarà valutata secondo i criteri ritenuti più opportuni dall'insegnante. I bilanci sono un valido supporto per invitare all'autovalutazione del progresso personale e sono anche uno stimolo a rivedere le strutture non ancora ben assimilate. Per la correzione l'insegnante potrà valutare se procedere individualmente, a coppie, in piccoli gruppi o collegialmente. Si possono usare le pagine del libro dello studente per effettuare il controllo degli errori facendo nel contempo un proficuo ripasso.

- **Rinforzo**: sono schede singole contenenti attività di rinforzo del lessico e della grammatica, da svolgere nel caso in cui la verifica del bilancio abbia evidenziato particolari lacune. Le schede possono essere utilizzate anche per altre eventuali verifiche (attenzione però, perché agli esercizi non sono attribuiti punteggi) o ripassi.

- **Test *Verso la certificazione***: questa sezione contiene delle schede doppie, A e B, che ripropongono attività di verifica e valutazione delle quattro abilità utili per la preparazione alla certificazione. La tipologia segue quella delle attività presenti nel libro dello studente, permettendo così all'insegnante di fare il punto sul processo d'apprendimento e sulle eventuali esigenze della classe.

- **Competenza linguistica:** in queste pagine si trovano esercizi supplementari per la verifica della competenza linguistica.

- **Soluzioni e trascrizioni**: la sezione contiene le soluzioni di tutti gli esercizi delle sezioni bilancio, rinforzo, test delle certificazioni e competenza linguistica, nonché le trascrizioni degli ascolti.

Test d'ingresso

Nome: _____
Cognome: _____
Classe: _____ Data: _____

1 **Conosci delle parole italiane? Quali?**
_____
_____
_____

2 **Conosci il nome di qualche regione italiana? Quale?**
_____
_____
_____

3 **In quale di queste immagini è raffigurata l'Italia?**

1 ☐   2 ☐   3 ☐   4 ☐

4 **Quale fra queste città è la capitale italiana?**
☐ Madrid   ☐ Buenos Aires   ☐ Roma   ☐ Tokyo

5 **In questa lista, secondo te, quali sono i cibi italiani?**

baklava ☐   paella ☐   pizza ☐
couscous ☐   sushi ☐   tiramisù ☐
spaghetti ☐   gazpacho ☐   crêpes ☐

Amici d'Italia © ELI — Fotocopiabile

Nome: _____

Cognome: _____

Classe: _____ Data: _____

Test d'ingresso

6 Quali fra queste immagini rappresentano l'Italia?

1 ☐   2 ☐   3 ☐

4 ☐   5 ☐   6 ☐

7 Come si salutano gli italiani?

☐ hi
☐ hallo
☐ bonjour
☐ ciao
☐ hola
☐ tschuss

8 Quali fra queste persone sono italiane? Conosci i loro nomi?

1 ☐   2 ☐   3 ☐   4 ☐

_____   _____   _____   _____

Fotocopiabile

Amici d'Italia © ELI

1A Bilancio

Nome: _____
Cognome: _____
Classe: _____ Data: _____

Lessico

1 Scrivi i nomi sotto le immagini.

1 _____
2 _____
3 _____
4 _____
5 _____

Punti ___ / 5

Grammatica

2 Indica se questi nomi sono maschili (M) o femminili (F).

1 attore   M F
2 libro   M F
3 chiave   M F
4 pagina   M F
5 compagno M F

Punti ___ / 5

3 Completa le frasi con il verbo 'essere'.

1 Marina _____ in classe.
2 Noi _____ di Torino.
3 Io _____ italiano.
4 Voi _____ americani?
5 Tu _____ uno studente?

Punti ___ / 5

4 Completa le frasi con i verbi.

1 In classe ragazzi, la lezione (cominciare) _____!
2 Io (comprare) _____ un libro.
3 Voi (abitare) _____ in Svizzera.
4 Gli studenti (ascoltare) _____ l'insegnante.
5 Tu (parlare) _____ italiano molto bene.
6 Sandro (amare) _____ molto gli animali.
7 Il professor Sala (insegnare) _____ geografia.
8 Alice e Matilde (mangiare) _____ la pizza.
9 Io (studiare) _____ molto.
10 Tu (guardare) _____ la televisione.

Punti ___ / 10

5 Completa l'aggettivo.

1 casa bell___
2 studente tedesc___
3 ragazza rumen___
4 pagina bianc___
5 gatto ner___
6 donna cines___
7 attore american___
8 studentessa indian___
9 bambino brav___
10 professoressa giappones___

Punti ___ / 10

6 Scrivi le domande.

1 _____? Mi chiamo Walter, e tu?
2 _____?
   No, lui non è il professore di matematica.
3 _____? Siamo di Roma.
4 _____? Sì, tutto bene!
5 _____?
   Loro si chiamano Giorgio e Carla.

Punti ___ / 5

Produzione scritta

7 Scrivi tre frasi per parlare di te.

Punti ___ / 10

Totale punti ___ / 50

Nome: _____
Cognome: _____
Classe: _____ Data: _____

Bilancio 1B

Lessico

1 Scrivi i nomi sotto le immagini.

[1] _____ [2] _____

[3] _____ [4] _____

[5] _____

Punti ___ / 5

Grammatica

2 Indica se questi nomi sono maschili (M) o femminili (F).

1 attrice   M   F
2 cane   M   F
3 infermiere   M   F
4 libro   M   F
5 penna   M   F

Punti ___ / 5

3 Completa le frasi con il verbo 'essere'.

1 Loro _____ di Milano.
2 Tu _____ spagnolo.
3 Voi _____ in classe.
4 Noi _____ studenti.
5 Io _____ il professor Martini.

Punti ___ / 5

4 Completa le frasi con i verbi.

1 Noi (abitare) _____ in Italia.
2 Io (mangiare) _____ la pasta.
3 Tu (guardare) _____ un film.
4 Voi (ascoltare) _____ la musica pop.
5 Luca (amare) _____ molto lo sport.
6 Monica e Tina (studiare) _____ l'inglese.
7 Noi (comprare) _____ un CD.
8 La professoressa Ragini (insegnare) _____ geografia.
9 Noi in classe (parlare) _____ l'italiano.
10 L'insegnante (cominciare) _____ la lezione.

Punti ___ / 10

5 Completa l'aggettivo.

1 attrice italian__
2 cane brav__
3 studentessa brasilian__
4 libro bell__
5 professore frances__
6 uomo cines__
7 mucca bianc__
8 pittrice spagnol__
9 ragazzo nigerian__
10 gatto ner__

Punti ___ / 10

6 Scrivi le domande.

1 _____?
  La professoressa di geografia si chiama Ragini.
2 _____? Sono di Torino, e tu?
3 _____? Mi chiamo Tommaso.
4 _____?
  Sì, lei è la professoressa di italiano.
5 _____? Sì, tutto bene!

Punti ___ / 5

Produzione scritta

7 Scrivi tre frasi per parlare di te.

Punti ___ / 10

Totale punti ___ / 50

Fotocopiabile

Amici d'Italia © ELI

2A Bilancio

Nome: _____
Cognome: _____
Classe: _____ Data: _____

Lessico

1 Scrivi i numeri in lettere.

17   6   4
a _____   b _____

13   100
c _____   d _____

26   99
e _____   f _____

78   35
g _____   h _____

80   42
i _____   l _____

Punti ___ / 10

2 Completa i nomi dei mesi.
1 m _ _ _ _ o
2 a _ _ _ _ _ o
3 n _ _ _ _ _ _ e
4 g _ _ _ _ _ _ o
5 d _ _ _ _ _ _ e

Punti ___ / 5

Grammatica

3 Riscrivi queste parole alla forma plurale.
1 dizionario _____
2 studente _____
3 piede _____
4 università _____
5 gatto _____
6 banco _____
7 chiave _____
8 professore _____
9 matita _____
10 cartina _____

Punti ___ / 10

4 Completa con gli articoli determinativi.
1 _____ candeline
2 _____ dente
3 _____ anni
4 _____ stomaco
5 _____ amici
6 _____ esercizio
7 _____ ragazza
8 _____ cane
9 _____ professori
10 _____ biglietto

Punti ___ / 10

5 Completa con i verbi 'avere' e 'stare'.
1 Noi _____ una penna rossa.
2 Voi _____ mal di denti.
3 Oggi io non _____ bene.
4 Marta _____ un amico canadese.
5 Ciao Filippo, come _____?

Punti ___ / 5

Produzione scritta

6 Scrivi a un amico un biglietto di invito per la tua festa di compleanno.

Punti ___ / 10

Totale punti ___ / 50

Nome: _____
Cognome: _____
Classe: _____ Data: _____

Bilancio 2B

Lessico

1 Scrivi i numeri in lettere.

a 49 _____ b 12 _____

c 7 _____ d 36 _____

e 94 _____ f 18 _____

g 51 _____ h 25 _____

i 63 _____ l 77 _____

Punti ___ / 10

2 Completa i nomi dei mesi
1 l _ _ _ _ o
2 a _ _ _ _ e
3 f _ _ _ _ _ _ o
4 o _ _ _ _ _ e
5 a _ _ _ _ o

Punti ___ / 5

Grammatica

3 Riscrivi queste parole alla forma plurale.
1 esercizio _____
2 fetta _____
3 bacio _____
4 caffè _____
5 cane _____
6 strega _____
7 stomaco _____
8 penna _____
9 mucca _____
10 regalo _____

Punti ___ / 10

4 Completa con gli articoli determinativi.
1 _____ ospedali
2 _____ mesi
3 _____ studente
4 _____ piedi
5 _____ invito
6 _____ pancia
7 _____ ore
8 _____ uomini
9 _____ compleanno
10 _____ torte

Punti ___ / 10

5 Completa con i verbi 'avere' e 'stare'.
1 Buongiorno signora Mattei, come _____?
2 Io non _____ la penna.
3 Sabina e Teo _____ bene.
4 Tu _____ mal di testa.
5 Noi _____ il dizionario italiano.

Punti ___ / 5

Produzione scritta

6 Scrivi a un amico un biglietto di invito per la tua festa di compleanno.

Punti ___ / 10

Totale punti ___ / 50

3A Bilancio

Nome: _____
Cognome: _____
Classe: _____ Data: _____

Lessico

1 Scrivi i nomi delle materie scolastiche associate a questi oggetti.

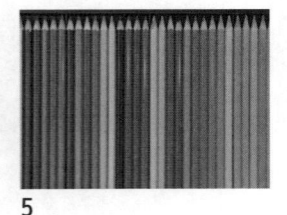

1 _____ 2 _____

3 _____ 4 _____

5 _____

Punti ___ / 5

2 Scrivi i numeri in lettere.
a 764 _____
b 2914 _____
c 20.000 _____
d 650.000 _____
e 1.000.000 _____

Punti ___ / 5

Grammatica

3 Completa le frasi con i verbi al presente.
1 Tu (offrire) _____ le caramelle agli amici.
2 Io (aprire) _____ il libro.
3 Carla e Sonia (prendere) _____ l'autobus.
4 I bambini (dormire) _____ molto.
5 Lo studente (chiedere) _____ il permesso di uscire.

Punti ___ / 5

4 Scrivi gli articoli indeterminativi.
1 _____ ora
2 _____ studenti
3 _____ ragazzo
4 _____ astuccio
5 _____ dizionari
6 _____ cane
7 _____ classi
8 _____ sedie
9 _____ borsa
10 _____ amici

Punti ___ / 10

5 Completa le frasi con 'c'è' e 'ci sono'.
1 In un settimana _____ sette giorni.
2 In classe _____ una lavagna LIM.
3 In questo libro _____ molte immagini.
4 A Milano _____ la metropolitana.
5 Nello zaino _____ una penna.

Punti ___ / 5

6 Completa le frasi con i dimostrativi nel riquadro.

| quegli ▪ quel ▪ quell' ▪ questa ▪ queste |

1 _____ istruttore è molto bravo.
2 Mangio spesso in _____ ristorante.
3 _____ studenti sono svizzeri.
4 Non conosco _____ ragazza.
5 _____ sono le mie penne.

Punti ___ / 5

Produzione scritta

7 Descrivi i tuoi professori e specifica quale materia insegnano.

Punti ___ / 15

Totale punti ___ / 50

Nome: _____
Cognome: _____
Classe: _____ Data: _____

Bilancio 3B

Lessico

1 Scrivi i nomi delle materie scolastiche associate a questi oggetti.

1 _____ 2 _____

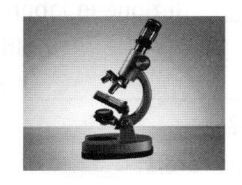

3 _____ 4 _____

5 _____

Punti ___ / 5

2 Scrivi i numeri in lettere.

a 327 _____
b 8312 _____
c 42.000 _____
d 810.000 _____
e 2.000.000.000 _____

Punti ___ / 5

Grammatica

3 Completa le frasi con i verbi al presente.

1 I turisti (chiedere) _____ informazioni.
2 Noi (seguire) _____ la lezione.
3 Voi (discutere) _____ di sport.
4 Tu (scrivere) _____ una frase in italiano.
5 Tiziana (leggere) _____ un libro.

Punti ___ / 5

4 Scrivi gli articoli indeterminativi.

1 _____ cane
2 _____ bambini
3 _____ istruttore
4 _____ ragazze
5 _____ aula
6 _____ studente
7 _____ xilofono
8 _____ esercizio
9 _____ amiche
10 _____ fotografia

Punti ___ / 10

5 Completa le frasi con 'c'è' e 'ci sono'.

1 Nello zaino di Matilde _____ i libri.
2 A Napoli _____ il mare.
3 In un'ora _____ sessanta minuti.
4 Nel parco _____ molti alberi.
5 In classe non _____ il televisore.

Punti ___ / 5

6 Completa le frasi con i dimostrativi nel riquadro.

> quell' ▪ quelle ▪ quello ▪ questa ▪ questi

1 _____ yogurt è molto buono.
2 Compro sempre _____ rivista.
3 _____ studentesse sono simpatiche.
4 _____ fiori sono molto belli.
5 Prendo sempre _____ autobus.

Punti ___ / 5

Produzione scritta

7 Descrivi i tuoi professori e specifica quale materia insegnano.

Punti ___ / 15

Totale punti ___ / 50

4A Bilancio

Nome: _____
Cognome: _____
Classe: _____ Data: _____

Lessico

1 Descrivi queste persone con un aggettivo.

1  _____ 2 _____

3  _____ 4 _____

5 _____

Punti ___ / 5

2 Scrivi il contrario di questi aggettivi.
1 alto _____
2 magro _____
3 ricci _____
4 lunghi _____
5 mora _____

Punti ___ / 5

3 Completa le frasi con gli ambienti della scuola.
1 In _____ c'è la LIM e ci sono i computer.
2 Gli studenti fanno gli esperimenti nel _____.
3 C'è il sole: gli studenti sono in _____ per la ricreazione.
4 La mamma e il papà sono in _____ per chiedere informazioni.
5 Gli studenti fanno ginnastica in _____.

Punti ___ / 5

Grammatica

4 Completa le frasi con i verbi.
1 Quanto (tu, pagare) _____ per il corso di chitarra?
2 Noi (fare) _____ i compiti a casa.
3 Maria (starnutire) _____, ha l'allergia.
4 Io (fare) _____ una gara di atletica.
5 Tu (dimenticare) _____ sempre qualcosa.
6 Gli studenti (capire) _____ l'italiano.
7 Il professore (fare) ____ lezione in laboratorio.
8 Voi (spedire) _____ molti sms.
9 (tu, preferire) _____ il calcio o la pallacanestro?
10 Io e Matilde non (litigare) _____ mai.

Punti ___ / 10

5 Completa le frasi con i possessivi.
1 Milena pranza con _____ amici.
2 Voi siete una famiglia numerosa ma _____ casa è piccola.
3 Mi chiamo Rafael e _____ genitori sono brasiliani.
4 Mario, quando è _____ compleanno?
5 Io mi chiamo Dario e questo è _____ cane Tino.
6 Paolo dove abiti? Dov'è _____ casa?
7 Noi siamo australiani e amiamo molto _____ nazione.
8 Voi siete molto sportivi: qual è _____ sport preferito?
9 Sabrina parla con _____ amiche in chat.
10 Alice fa una gara di atletica, _____ numero è il 3.

Punti ___ / 10

Produzione scritta

6 Scrivi una lettera per presentarti e parlare di te.

Punti ___ / 15

Totale punti ___ / 50

Nome: _____

Cognome: _____

Classe: _____ Data: _____

Bilancio 4B

Lessico

1 Descrivi queste persone con un aggettivo.

1  _____ 2 _____

3  _____ 4 _____

5 _____

Punti ___ / 5

2 Scrivi il contrario di questi aggettivi.
1 lisci _____
2 bionda _____
3 corti _____
4 grasso _____
5 basso _____

Punti ___ / 5

3 Completa le frasi con gli ambienti della scuola.
1 I distributori di merendine sono nel _____.
2 Domani c'è una conferenza interessante in _____.
3 Gli studenti fanno gli esperimenti nel _____.
4 Oggi facciamo una gara di atletica al _____.
5 Noi facciamo ginnastica in _____ .

Punti ___ / 5

Grammatica

4 Completa le frasi con i verbi.
1 Tu sei timido, (arrossire) _____ sempre.
2 I ragazzi (fare) _____ la ricreazione in classe.
3 Il mio cane (ubbidire) _____ sempre.
4 Tu non (litigare) _____ mai con i tuoi amici.
5 Noi non (dimenticare) _____ i libri a casa.
6 Oggi io (fare) _____ una verifica di matematica.
7 Samanta (spedire) _____ molte email.
8 (tu, pagare) _____ molto per il corso di inglese?
9 Voi (fare) _____ ginnastica.
10 Lea (preferire) _____ la geografia o la storia?

Punti ___ / 10

5 Completa le frasi con i possessivi.
1 Noi siamo molto studiosi, _____ voti sono sempre alti.
2 Giorgia e Luisa giocano con _____ gatti.
3 Tim è inglese: ama molto _____ nazione.
4 Laura parla con _____ amico al telefono.
5 Tu sei molto goloso: qual è _____ dolce preferito?
6 Voi siete pochi studenti ma _____ classe è molto grande.
7 Lucio e _____ genitori abitano a Roma.
8 Noi siamo Mara e Gloria e loro sono _____ amici Pino e Luca.
9 Abitiamo a Torino: _____ città è molto bella.
10 Ho molti compiti per casa, _____ professori sono molto esigenti.

Punti ___ / 10

Produzione scritta

6 Scrivi una lettera per presentarti e parlare di te.

Punti ___ / 15

Totale punti ___ / 50

5A Bilancio

Nome: _____
Cognome: _____
Classe: _____ Data: _____

Lessico

1 Completa i giorni della settimana.
1 l _ _ _ _ _
2 m _ _ _ _ _ _ _ _
3 g _ _ _ _ _ _
4 s _ _ _ _ _
5 d _ _ _ _ _ _

Punti ___ / 5

2 Guarda le figure e scrivi che cosa fanno queste persone.

1  _____ 2 _____
3  _____ 4 _____ 
5 _____ 

Punti ___ / 5

3 Scrivi che ore sono.
1 08.15 _____
2 12.20 _____
3 13.05 _____
4 18.50 _____
5 23.45 _____

Punti ___ / 5

Grammatica

4 Completa le frasi con le preposizioni.
1 _____ mattina andiamo a scuola.
2 _____ che ora vai a casa?
3 _____ domenica di solito non faccio i compiti.
4 Marco va a letto _____ mezzanotte.
5 Come sempre Carla arriva _____ ritardo.

Punti ___ / 5

5 Completa le frasi con i verbi.
1 Mio figlio (bere) _____ molto latte.
2 Questa sera io (uscire) _____ con le mie amiche.
3 Io (andare) _____ a scuola in bicicletta.
4 Gli italiani (bere) _____ molto caffè.
5 Gli studenti (uscire) _____ da scuola all'una.
6 (tu, andare) _____ spesso al cinema?
7 A merenda noi (bere) _____ un succo di frutta.
8 Elisa e Caterina (uscire) _____ spesso insieme.
9 Voi (andare) _____ in classe.
10 Di mattina Lea (uscire) _____ di casa alle 08.00.

Punti ___ / 10

6 Completa con le preposizioni.
Noi andiamo:
1 _____ piscina.
2 _____ supermercato.
3 _____ stadio.
4 _____ banca.
5 _____ lezione.

Punti ___ / 5

Produzione scritta

7 Racconta che cosa fai il fine settimana.

Punti ___ / 15

Totale punti ___ / 50

Nome: _____
Cognome: _____
Classe: _____ Data: _____

Bilancio 5B

Lessico

1 Completa i giorni della settimana.
1. m _ _ _ _ _ _ _
2. g _ _ _ _ _ _
3. v _ _ _ _ _ _
4. s _ _ _ _ _
5. d _ _ _ _ _ _ _

Punti ___ / 5

2 Guarda le figure e scrivi che cosa fa questa ragazza.

1  _____ 2 _____
3  _____ 4 _____ 
5 _____ 

Punti ___ / 5

3 Scrivi che ore sono.
1. 11.50 _____
2. 13.15 _____
3. 17.35 _____
4. 21.25 _____
5. 22.55 _____

Punti ___ / 5

Grammatica

4 Completa le frasi con le preposizioni.
1. Il treno arriva _____ ritardo.
2. La segreteria apre _____ 08.00.
3. _____ che ora finisce il film?
4. Ogni giorno _____ mezzogiorno bevo un tè.
5. Arrivo agli appuntamenti sempre _____ anticipo.

Punti ___ / 5

5 Completa le frasi con i verbi.
1. Quando (voi, andare) _____ a teatro?
2. Con la pizza noi (bere) _____ l'aranciata.
3. La mamma (uscire) _____ dal lavoro alle 18.00.
4. Oggi a colazione io (bere) _____ un cappuccino.
5. I ragazzi (andare) _____ a giocare a pallone.
6. Nora (andare) _____ a mangiare al ristorante.
7. Silvia e Vittoria (uscire) _____ spesso insieme.
8. Ragazzi, voi cosa (bere) _____?
9. Questa sera io non (uscire) _____.
10. Io (andare) _____ in vacanza in montagna

Punti ___ / 10

6 Completa con le preposizioni.
Noi andiamo
1. ___ letto.
2. ___ America.
3. ___ mare.
4. ___ dormire.
5. ___ palestra.

Punti ___ / 5

Produzione scritta

7 Racconta cosa fai il fine settimana.

Punti ___ / 15

Totale punti ___ / 50

6A Bilancio

Nome: _____
Cognome: _____
Classe: _____ Data: _____

Lessico

1 Guarda il disegno e completa il testo.

Andrea è il _____ di Roberto e Sonia. Laura è la _____ di Andrea, Rossella è sua _____. Rossella è anche la _____ di Laura. Lucio è il _____ di Andrea.

Punti ___ / 5

2 Scrivi dove si trovano questi oggetti.
1 la doccia _____
2 il comodino _____
3 il frigorifero _____
4 la scrivania _____
5 il divano _____

Punti ___ / 5

Grammatica

3 Completa le frasi con il verbi al presente progressivo.
1 I bambini (bere) _____ il latte.
2 Giorgia (lavarsi) _____ i denti.
3 I miei genitori (alzarsi) _____.
4 Noi (fare) _____ un esercizio.
5 Io (chiudere) _____ la finestra.

Punti ___ / 5

4 Completa con il verbo 'venire' e la preposizione.
1 Rafael _____ _____ Brasile.
2 Tu _____ _____ Milano.
3 Io _____ _____ Argentina.
4 Loro _____ _____ Londra.
5 Noi _____ _____ Portogallo.

Punti ___ / 10

5 Dov'è il cane?

1 Pippo è ____ armadio.  2 Pippo è ____ sedia.

3 Pippo è ____ televisione.  4 Pippo è ___ due zaini.

5 Pippo è ____ cestino.

Punti ___ / 5

6 Completa il testo con gli articoli dove sono necessari.

Ciao, io mi chiamo Giulio e questa è la mia famiglia: _____ mia madre Antonia, _____ mio padre Carlo, _____ mie sorelle Lia e Gloria e poi c'è anche Sissi, _____ nostra amata gatta.
Abitiamo in campagna: _____ nostra casa è grande e abbiamo anche un bel giardino.

Punti ___ / 5

Produzione scritta

7 Descrivi la tua famiglia.

Punti ___ / 15

Totale punti ___ / 50

Nome: _____

Cognome: _____

Classe: _____ Data: _____

Bilancio 6B

Lessico

1 Guarda il disegno e completa il testo.

Roberto — Sonia
Laura   Lucio — Rossella
         Andrea

Lucio e Rossella sono i _____ di Andrea. Laura è la _____ di Lucio e la _____ di Andrea. Sonia è la _____ di Lucio ed è la _____ di Andrea.

Punti ___ / 5

2 Scrivi dove si trovano questi oggetti.

1 la scrivania _____
2 l'armadio _____
3 lo specchio _____
4 la doccia _____
5 la macchina _____

Punti ___ / 5

Grammatica

3 Completa le frasi con il verbi al presente progressivo.

1 Paolo (farsi) _____ la doccia.
2 I miei amici (scrivere) _____ un'email.
3 Io (bere) _____ un bicchiere di acqua.
4 Tu (dormire) _____ sul divano.
5 L'insegnante (spiegare) _____ la lezione.

Punti ___ / 5

4 Completa con il verbo 'venire' e la preposizione.

1 John _____ _____ Nigeria.
2 Io _____ _____ Zurigo.
3 Loro _____ _____ Giappone.
4 Tu _____ _____ Torino.
5 Voi _____ _____ Australia.

Punti ___ / 10

5 Dov'è il cane?

1 Pippo è ____ finestra.    2 Pippo è __ televisione.

3 Pippo è ____ tavolo.    4 Pippo è ____ zaino.

5 Pippo è ____ due tavoli.

Punti ___ / 5

6 Completa il testo con gli articoli dove sono necessari.

Nicoletta ha una bella famiglia: _____ suo padre si chiama Luigi, _____ sua madre Iris, _____ suoi fratelli Ivano e Guido e poi c'è anche Puppy, _____ loro amato cane.
Abitano in centro: _____ loro casa è grande e ha anche una bella terrazza.

Punti ___ / 5

Produzione scritta

7 Descrivi la tua famiglia.

Punti ___ / 15

Totale punti ___ / 50

7A Bilancio

Nome: _____
Cognome: _____
Classe: _____ Data: _____

Lessico

1 Scrivi che lavoro fanno queste persone.

1  _____ 2 _____

3  _____ 4 _____

5 _____

Punti ___ / 5

2 Completa le frasi con i verbi che indicano che cosa fanno queste persone nel loro lavoro.
1 Il vigile urbano _____ le multe.
2 Il meccanico _____ le auto.
3 Il parrucchiere _____ i capelli.
4 La pittrice _____ i quadri.
5 Il postino _____ le lettere.

Punti ___ / 5

Grammatica

3 Completa le frasi con i verbi.
1 Noi (dovere) _____ fare i compiti.
2 (voi, volere) _____ un tè?
3 Il cane (volere) _____ andare al parco.
4 Gli studenti (potere) _____ fare ricreazione.
5 Io (dovere) _____ pulire la mia camera.
6 (tu, potere) _____ aprire la finestra?
7 Noi (volere) _____ vedere questo film.
8 Marco (dovere) _____ studiare molto.
9 Noi (potere) _____ giocare in giardino.
10 Oggi io non (potere) ___ usare il computer.

Punti ___ / 10

4 Completa le frasi con i verbi.
1 Loro (sapere) _____ l'inglese.
2 La mamma (dire) _____ sempre cose interessanti.
3 Tu (dare) _____ la penna a Mario.
4 I pompieri (spegnere) _____ gli incendi.
5 Io (raccogliere) _____ le mele.
6 Io (scegliere) _____ un libro in biblioteca.
7 Loro (togliersi) _____ le scarpe.
8 In classe io (spegnere) _____ il cellulare.
9 Loro (dare) _____ i soldi alla cassiera.
10 Io (sapere) _____ tutti i verbi irregolari.

Punti ___ / 10

5 Completa con gli aggettivi o con i pronomi interrogativi.
1 A _____ fai dopo la lezione?
  B Torno a casa.
2 A _____ è la tua bicicletta?
  B Quella rossa.
3 A _____ lavoro fa tuo padre?
  B Fa l'avvocato.
4 A _____ lavora in redazione?
  B Il giornalista.
5 A _____ ore sono?
  B Sono le 5.00.

Punti ___ / 5

Produzione scritta

6 Descrivi il lavoro dei tuoi genitori.

Punti ___ / 15

Totale punti ___ / 50

Fotocopiabile

Nome: _____
Cognome: _____
Classe: _____ Data: _____

Bilancio 7B

Lessico

1 Scrivi che lavoro fanno queste persone.

1  _____ 2 _____

3  _____ 4 _____

5 _____

Punti ___ / 5

2 Completa le frasi con i verbi che indicano che cosa fanno queste persone nel loro lavoro.

1 Il pompiere _____ gli incendi.
2 La cameriera _____ i clienti.
3 Il veterinario _____ gli animali.
4 Il barista _____ i caffè.
5 Il poliziotto _____ i criminali.

Punti ___ / 5

Grammatica

3 Completa le frasi con i verbi.

1 Tu non (potere) _____ uscire dalla classe.
2 I bambini (volere) _____ giocare a pallone.
3 Loro (dovere) _____ studiare la matematica.
4 Tu (volere) _____ un succo di frutta?
5 Io (potere) _____ accendere la tv?
6 Giada (volere) _____ leggere questo libro.
7 Noi (dovere) _____ studiare molto.
8 Voi (potere) _____ giocare a ping pong.
9 Io (dovere) _____ andare a letto.
10 Il gatto (volere) _____ dormire.

Punti ___ / 10

4 Completa le frasi con i verbi.

1 Oggi io (rimanere) _____ a letto.
2 Loro (scegliere) _____ un regalo per Ida.
3 Noi (sapere) _____ il tedesco.
4 Voi (dire) _____ una frase in italiano.
5 Loro (dare) _____ il latte al gatto.
6 Io (togliersi) _____ il cappello.
7 Queste bottiglie (contenere) _____ latte.
8 Io (spegnere) _____ la tv.
9 Tu (dire) _____ sempre la verità.
10 Loro (dare) _____ i fiori alla mamma.

Punti ___ / 10

5 Completa con gli aggettivi o con i pronomi interrogativi.

1 A _____ quaderni ci sono nella borsa?
  B Due.
2 A _____ stai facendo?
  B Sto studiando.
3 A _____ ore sono?
  B È mezzogiorno.
4 A _____ è alto Piergiorgio?
  B È alto un metro e quaranta.
5 A Con _____ giochi a tennis?
  B Con mio fratello.

Punti ___ / 5

Produzione scritta

6 Descrivi il lavoro dei tuoi genitori.

Punti ___ / 15

Totale punti ___ / 50

8A Bilancio

Nome: _____
Cognome: _____
Classe: _____ Data: _____

Lessico

1 Scrivi il nome di questi capi di abbigliamento e il motivo.

1 _____   2 _____
3 _____   4 _____
5 _____

Punti ___ / 10

Grammatica

2 Completa i dialoghi con il verbo 'piacere'.

1 Germana, ti _____ quel berretto giallo?
  No, non mi _____!
2 Maria, ti _____ andare a fare spese?
  Sì, mi _____ molto.
3 Gianna, ti _____ i miei jeans nuovi?
  Sì, mi _____, sono molto belli!
4 Valentina, ti _____ questi stivali neri?
  Sì, mi _____ abbastanza.
5 Amalia, ti _____ quel maglione blu?
  Sì, mi _____ da morire!

Punti ___ / 10

3 Completa le frasi con i verbi al condizionale.

1 Signorina, (Lei, potere) _____ darmi una taglia più grande?
2 Ragazzi, per favore, (voi, potere) _____ darmi la taglia 44?
3 Salve, (io, volere) _____ una cintura marrone.
4 Scusi, (noi, potere) _____ vedere quel vestito di lino?
5 (io, volere) _____ provare quella gonna a fiori, per favore.
6 Scusi, (io, potere) _____ provare un numero più grande?
7 Silvia, (tu, potere) _____ dirmi come sto con questa gonna?
8 Buongiorno, (io, volere) _____ provare questi pantaloni.
9 Alice, (tu, potere) _____ chiedere alla commessa un numero più piccolo?
10 (noi, volere) _____ sapere quando cominciano i saldi, per favore.

Punti ___ / 10

4 Completa le frasi con gli aggettivi al superlativo assoluto.

bello ■ grande ■ piccolo ■ scontato ■ simpatico

1 Questo cappotto è _____! Costa solo 25 euro!
2 Mi piace molto questo vestito, è davvero _____.
3 Queste scarpe sono il 36, per me sono _____, porto il 39!
4 Io porto la 42, non la 46! Questa maglietta per me è _____!
5 Che belli questi calzini rossi a pois, sono _____.

Punti ___ / 5

Produzione scritta

5 Descrivi come sei vestito.

Punti ___ / 15

Totale punti ___ / 50

Nome: _____
Cognome: _____
Classe: _____ Data: _____

Bilancio 8B

Lessico

1 Scrivi il nome di questi capi di abbigliamento e il motivo.

1 _____ 2 _____
3 _____ 4 _____
5 _____

Punti ___ / 10

Grammatica

2 Completa i dialoghi con il verbo 'piacere'.

1 Bruna, ti _____ andare in giro per negozi?
  Sì, certo, mi _____ molto!
2 Carla, ti _____ il mio vestito nuovo?
  Sì, mi _____ davvero tanto.
3 Patrizia, ti _____ quelle scarpe rosse?
  No, non mi _____ per niente.
4 Francesca, ti _____ questi calzini rosa?
  Sì, mi _____, sono proprio simpatici!
5 Teresa, ti _____ guardare le vetrine?
  Sì, mi _____ da morire!

Punti ___ / 10

3 Completa le frasi con i verbi al condizionale.

1 Buongiorno, (noi, volere) _____ una felpa rossa.
2 Matilde, (tu, potere) _____ chiedere alla commessa il numero 38?
3 (io, potere) _____ sapere quanto costa questa camicia, per favore?
4 Buonasera, (io, volere) _____ una sciarpa di cotone.
5 Salve, (noi, volere) _____ vedere quei jeans in saldo, per piacere.
6 Scusi, (io, potere) _____ provare un numero più grande?
7 Alice, (tu, potere) _____ dirmi come sto con questo vestito?
8 Signorina, (Lei, potere) _____ darmi una taglia più grande?
9 Per piacere, (Lei, potere) _____ dirmi il prezzo di questa borsa?
10 (io, volere) _____ provare quella gonna a fiori, per favore.

Punti ___ / 10

4 Completa le frasi con gli aggettivi al superlativo assoluto.

brutto ■ caro ■ grande ■ piccolo ■ simpatico

1 Tu hai la taglia 44, non la 40! Questa maglietta per te è _____!
2 Che bella questa borsa gialla a fiori arancioni, è davvero _____.
3 Questi stivali per me sono _____, io porto il 37 non il 39!
4 Queste scarpe sono _____! Costano 395 euro!
5 Non mi piace questa gonna, è davvero _____.

Punti ___ / 5

Produzione scritta

5 Descrivi come sei vestito.

Punti ___ / 15

Totale punti ___ / 50

9A Bilancio

Nome: _____
Cognome: _____
Classe: _____ Data: _____

Lessico

1 Completa le frasi con i mezzi di trasporto.

1 Loro vanno a Roma in _____
2 Tu vai a scuola in _____ 
3 Marco va in Sicilia in _____ 
4 Laura parte per Milano in _____ 
5 Irma prende l'_____ 

Punti ___ / 5

2 Descrivi le azioni nelle immagini.

1 _____
2 _____ 
3 _____ 
4 _____ 
5 _____ 

Punti ___ / 5

3 Completa le frasi con gli avverbi e le congiunzioni nel riquadro.

ma • prima • allora • invece • dopo

1 Dario non vuole guidare, ____ prende il taxi.
2 Quest'estate io vado _____ in campagna e _____ in montagna.
3 Questo ristorante è molto buono _____ anche molto caro.
4 Tu vai al mare, voi _____ al lago.

Punti ___ / 5

Grammatica

4 Abbina i verbi ai pronomi.

dorma   studi
ascolta   tu parla
legga lui/lei/Lei entri
vada   prepara
mangia   guardi

Punti ___ / 10

5 Completa le frasi con i verbi all'imperativo.

1 Sei stanco, (andare) _____ a dormire.
2 Hai fame? (mangiare) _____ una mela!
3 Se vuoi dimagrire (fare) _____ sport.
4 Ragazzi, (dormire) _____ più ore!
5 Se Marcella ha sete, (bere) _____!

Punti ___ / 5

6 Completa le frasi con le preposizioni di tempo o gli articoli.

1 L'autunno comincia _____ 21 settembre.
2 _____ estate molti italiani vanno al mare.
3 Le vacanze cominciano ____ una settimana.
4 _____ giugno finiscono le scuole.
5 L'autobus passa _____ due minuti.

Punti ___ / 5

Produzione scritta

7 Racconta come passi di solito le vacanze.

Punti ___ / 15

Totale punti ___ / 50

Nome: _____
Cognome: _____
Classe: _____ Data: _____

Bilancio 9B

Lessico

1 Completa le frasi con i mezzi di trasporto.

1 Io torno a casa in _____

2 Noi andiamo in vacanza in _____

3 Debora va in America in _____

4 Mauro parte per la Sardegna in _____

5 Tina prende l'_____

Punti ___ / 5

2 Descrivi le azioni nelle immagini.

1 _____
2 _____ 
3 _____ 
4 _____ 
5 _____ 

Punti ___ / 5

3 Completa le frasi con gli avverbi e le congiunzioni nel riquadro.

> ma ▪ prima ▪ allora ▪ invece ▪ dopo

1 Visitiamo _____ Firenze e _____ Roma.
2 Questo campeggio è molto bello _____ anche molto costoso.
3 Io non voglio andare a scuola in bici, _____ prendo la metro.
4 Isabella va in Francia, Simona _____ va in Spagna.

Punti ___ / 5

Grammatica

4 Abbina i verbi ai pronomi.

cucini		impara
mangia	tu	chiacchieri
apri	lui/lei/Lei	va'
fa'		lavi
torni		pulisci

Punti ___ / 10

5 Completa le frasi con i verbi all'imperativo.

1 Adriano, (pulire) _____ la tua camera!
2 Avete fame? (mangiare) _____ un toast!
3 Mamma, (ascoltare) _____ questo CD!
4 Bambini, (bere) _____ il succo di frutta!
5 Domani hai un esame, (studiare) _____!

Punti ___ / 5

6 Completa le frasi con le preposizioni di tempo o gli articoli.

1 _____ agosto non sono mai in città.
2 _____ inverno andiamo sempre a sciare.
3 La lezione finisce _____ due minuti.
4 Il mio compleanno è _____ 4 gennaio.
5 _____ pochi giorni parto per l'Australia.

Punti ___ / 5

Produzione scritta

7 Racconta come passi di solito le vacanze.

Punti ___ / 15

Totale punti ___ / 50

1 Rinforzo

Nome: _____
Cognome: _____
Classe: _____ Data: _____

Lessico

1 Ricomponi le nazionalità.
1 scodete _____
2 lognospa _____
3 necise _____
4 genoriani _____
5 riamenoca _____
6 cefranse _____
7 liataino _____
8 rozesviz _____

2 Scrivi i nomi sotto le immagini.

1 _____ 2 _____
3 _____ 4 _____
5 _____ 6 _____

Grammatica

3 Abbina i pronomi alle forme verbali.
1 tu   siamo
2 loro   sei
3 lui/lei   siete
4 voi   sono
5 io   è
6 noi   sono

4 Completa le frasi con i verbi.
1 Voi (amare) _____ il tennis.
2 Mario (mangiare) _____ gli spaghetti.
3 Tu (essere) _____ di Venezia.
4 La scuola (cominciare) _____ oggi.
5 Noi (guardare) _____ la TV.
6 Io (studiare) _____ la geografia.
7 Gaia e Isabella (abitare) _____ in Italia.
8 Io (parlare) _____ il tedesco.
9 Noi (essere) _____ a scuola.
10 Emanuele (comprare) _____ una penna.

5 Completa gli aggettivi
1 chiave bianc_____
2 bambino bell_____
3 studente tedesc_____
4 professoressa frances_____
5 cane ner_____
6 dottore giappones_____

6 Rispondi alle domande
1 Come ti chiami?
   _____
2 Di dove sei?
   _____
3 Sei italiano?
   _____
4 Come si chiama l'insegnante di italiano?
   _____
5 Eros Ramazzotti è italiano?
   _____

Nome: _____
Cognome: _____
Classe: _____ Data: _____

Rinforzo 2

Lessico

1 Scrivi i numeri in lettere.

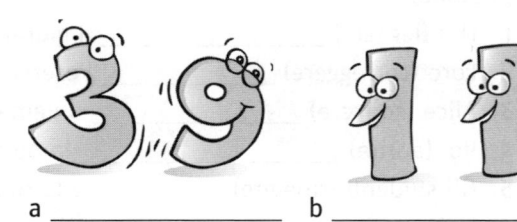

a _____ b _____

c _____ d _____

e  _____ f _____

g  _____ h _____

2 Completa la lista dei mesi.

1 gennaio
2 _____
3 marzo
4 aprile
5 _____
6 _____
7 luglio
8 _____
9 _____
10 ottobre
11 _____
12 dicembre

Grammatica

3 Riscrivi queste parole alla forma plurale.

1 festa _____
2 biglietto _____
3 amica _____
4 attività _____
5 ristorante _____
6 esercizio _____
7 musica _____
8 gioco _____

4 Scrivi gli articoli determinativi.

1 _____ sportivo
2 _____ penne
3 _____ amica
4 _____ piede
5 _____ chiave
6 _____ ospedale
7 _____ studenti
8 _____ ore

5 Completa le frasi con il verbo 'avere'.

1 Sara e Luciana non _____ il libro di italiano.
2 Io _____ 15 anni.
3 Noi _____ molti CD di Fabri Fibra.
4 Mario, quanti anni _____?
5 Voi _____ mal di pancia.
6 Giorgio _____ molte penne rosse.

6 Abbina i pronomi alle forme verbali.

noi   sto
io   state
loro   stai
lui/lei   stiamo
tu   sta
voi   stanno

3 Rinforzo

Nome: _____
Cognome: _____
Classe: _____ Data: _____

Lessico

1 Scrivi i nomi degli oggetti.

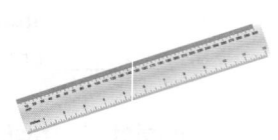

1 _____ 2 _____

3 _____ 4 _____

5 _____ 6 _____

2 Scrivi i numeri in lettere.
- a 571 _____
- b 1417 _____
- c 69.000 _____
- d 240.000 _____
- e 2.000.000 _____
- f 3.000.000.000 _____

3 Abbina le due parti delle frasi.

1 Mario prende   a il permesso.
2 Lo studente chiede   b un problema.
3 Noi seguiamo   c una parola.
4 Tu sottolinei   d appunti.
5 Marta risolve   e di sport.
6 Loro discutono   f la lezione.

Grammatica

4 Completa le frasi con i verbi alla forma presente.
1 Noi (leggere) _____ il giornale.
2 Loro (correggere) _____ l'esercizio.
3 Alice (scrivere) _____ un'email.
4 Voi (aprire) _____ la porta.
5 Gli studenti (ripetere) _____ la lezione.
6 Io (prendere) _____ il treno.
7 Tu (partire) _____ per le vacanze.
8 Voi (perdere) _____ l'autobus.

5 Scrivi gli articoli indeterminativi.
1 _____ amico
2 _____ psicologi
3 _____ gatti
4 _____ esercizio
5 _____ scuola
6 _____ dialogo
7 _____ uomini
8 _____ parole

6 Completa le frasi con 'c'è' e 'ci sono'.
1 A Milano non _____ il mare.
2 In classe _____ venti studenti.
3 Nel mio astuccio _____ una caramella.
4 In questa foto _____ i miei compagni.
5 In Italia _____ molte città antiche.
6 Nella mia classe _____ una studentessa cinese.

7 Completa le frasi con i dimostrativi nel riquadro.

> quegli ▪ quel ▪ quell' ▪ quelle ▪ quello ▪ questa

1 _____ attore è inglese.
2 _____ riviste sono di Damiano.
3 _____ zaino sul banco è di Irene.
4 Incontriamo sempre _____ studenti in metropolitana.
5 Perché _____ bambino piange?
6 _____ caramella è molto dolce.

Rinforzo 4

Nome: _____
Cognome: _____
Classe: _____ Data: _____

Lessico

1 Scrivi gli aggettivi contrari.
1. simpatico _____
2. pigro _____
3. generoso _____
4. coraggioso _____
5. disordinato _____
6. distratto _____

2 Completa le frasi per descrivere questa persona.

Vincenzo è alto e _____.
Ha i capelli _____
e _____.
Ha gli _____.

3 Ricomponi le parole che indicano gli ambienti della scuola.
1. stralepa _____
2. greseriate _____
3. raboriolato _____
4. ticorle _____
5. iocordori _____
6. laua _____

Grammatica

4 Completa le frasi con i verbi.
1. Tu non (litigare) _____ mai con i tuoi fratelli.
2. Giorgio sta male, (tossire) _____ continuamente.
3. Leonardo (capire) _____ il tedesco?
4. Non gioco a tennis, (preferire) _____ il ping pong.
5. Noi (dimenticare) _____ sempre il dizionario a casa.
6. Per il corso di computer noi (pagare) _____ 50 euro.
7. Questi bambini sono timidi, (arrossire) _____ facilmente.
8. Io (spedire) _____ una cartolina a Sergio.

5 Completa le frasi con il verbo 'fare'.
1. Olga _____ ginnastica in palestra.
2. Io _____ sempre i compiti a casa.
3. Oggi noi _____ lezione in laboratorio.
4. Gli studenti _____ ricreazione in cortile.
5. Voi _____ una verifica di italiano.
6. Tu quando _____ la gara di atletica?

6 Completa la tabella con i possessivi.

io	_____ amica	_____ matite
	_____ gatto	_____ professori
tu	_____ borsa	_____ penne
	_____ cane	_____ libri
lui/lei	_____ casa	_____ caramelle
	_____ banco	_____ occhi
noi	_____ classe	_____ biciclette
	_____ dizionario	_____ capelli
voi	_____ scuola	_____ mamme
	_____ direttore	_____ occhiali
loro	_____ palla	_____ torte
	_____ regalo	_____ voti

Fotocopiabile

5 Rinforzo

Nome: _____
Cognome: _____
Classe: _____ Data: _____

Lessico

1 Completa il testo con le parti della giornata.

Mi chiamo Mauro e sono uno studente. _____ vado a scuola e _____ faccio sempre i compiti a casa. _____ a volte guardo la tv, a volte gioco al computer e, ovviamente, _____ dormo e sogno di… mangiare tanti gelati!

2 Completa con gli avverbi di frequenza secondo le indicazioni.

1 Il lunedì mi alzo _____ alle 7.00 per andare a lavorare. ★★★★★
2 Durante la settimana _____ torno a casa per pranzo. ★★
3 La sera a cena _____ mangio solo un'insalata. ★★★
4 Il sabato mattina non mi sveglio _____ presto. ✗
5 Il sabato pomeriggio _____ esco con gli amici. ★★★★
6 Non amo molto lo sport, vado in piscina _____ . ★

Grammatica

3 Guarda le immagini e completa le frasi con il verbo 'andare' e la preposizione.

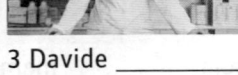

1 io _____
2 tu _____  
3 Davide _____ 
4 noi _____ 
5 voi _____ 
6 loro _____ 

4 Completa le frasi con i verbi.

1 Gloria (bere) _____ una spremuta.
2 L'architetto (uscire) _____ dall'ufficio alle 18.30.
3 Mario, tu cosa (bere) _____?
4 Giuliano e Marzia domani (uscire) _____ insieme.
5 In estate noi (bere) _____ molta acqua.
6 Questo pomeriggio io (uscire) _____ con il mio cane.

5 Completa le frasi con le preposizioni.

1 La lezione comincia _____ 08.00.
2 Ilenia arriva sempre agli appuntamenti _____ ritardo.
3 Scusi, _____ che ora apre la banca?
4 La biblioteca è aperta tutti i giorni _____ 08.30 _____ 21.00 .
5 Andrea arriva sempre a scuola ___ anticipo.
6 Di solito andiamo in palestra _____ sera.
7 Tutti i giorni _____ mattina vado a scuola.
8 _____ mezzanotte di solito sono a letto.

6 Abbina i pronomi ai verbi.

tu	mi	sveglia
noi	si	alzi
voi	ci	lavano
io	ti	pettiniamo
loro	si	chiamo
lui/lei	vi	vestite

Nome: _____

Cognome: _____

Classe: _____ Data: _____

Rinforzo 6

Lessico

1 Scrivi i nomi sotto le figure.

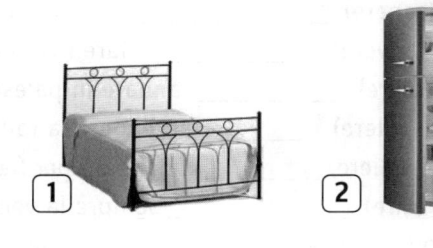

1 _____
2 _____
3 _____ 
4 _____
5 _____ 
6 _____ 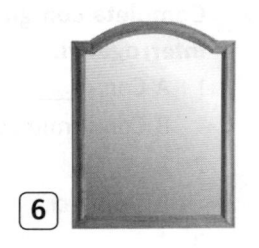

Grammatica

2 Completa le frasi con i verbi al presente progressivo.
1 Io sono nello studio: _____ (ripetere) la lezione.
2 Teo è in cucina, _____ (fare) merenda.
3 In camera i bambini (alzarsi) _____.
4 La mamma è nel soggiorno, (leggere) _____.
5 Tu sei in giardino, (chiacchierare) _____ con gli amici.
6 Noi siamo in garage, (pulire) _____ la macchina.
7 Voi siete in cucina, (bere) _____ un succo di frutta.
8 Le mie sorelle sono in bagno, (lavarsi) _____ le mani.

3 Completa con il verbo 'venire' e la preposizione.
1 Sabine _____ _____ Basilea.
2 Loro _____ _____ Yemen.
3 Noi _____ _____ Stati Uniti.
4 Voi _____ _____ Roma.
5 Io _____ _____ Tokyo.
6 Tu _____ _____ Inghilterra.

4 Scrivi dove si trovano gli oggetti.

1 Il computer
2 Lo zaino 
3 La sedia 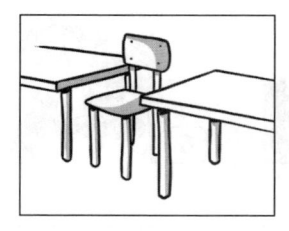
4 I libri 

5 Completa il testo con gli articoli dove sono necessari.

Io e _____ mia sorella Patrizia abbiamo una bella famiglia, composta da sei persone: _____ nostra madre Elena, _____ nostro padre Michelangelo, _____ nostri fratelli Michele e Luca. Poi ci sono anche Bea, _____ nostra gatta, e Tim, _____ nostro cane. Spesso il fine settimana vengono da noi _____ nostri nonni con _____ nostro zio: io sono molto contento perché con loro giochiamo e ci divertiamo.

Fotocopiabile

Amici d'Italia © ELI

7 Rinforzo

Nome: _____
Cognome: _____
Classe: _____ Data: _____

Lessico

1 Scrivi che lavoro fanno queste persone.

1 _____
2 _____
3 _____
4 _____
5 _____
6 _____
7 _____
8 _____

2 Che cosa fanno queste persone nel loro lavoro?

1 L'attore _____
2 L'avvocato _____
3 Il fornaio _____
4 L'architetto _____
5 La commessa _____
6 Il musicista _____

Grammatica

3 Completa le frasi con i verbi.

1 Tu (sapere) _____ il francese.
2 Noi (dovere) _____ fare i compiti.
3 Io (volere) _____ andare in palestra.
4 (noi, potere) _____ accendere la radio?
5 Io (scegliere) _____ un regalo per Sara.
6 Noi (dire) _____ sempre la verità.
7 Loro (spegnere) _____ la luce.
8 Io (rimanere) _____ in biblioteca fino all'una.
9 I genitori (dare) _____ un biscotto al bambino.
10 Questa bottiglia (contenere) _____ acqua minerale.
11 Io non (potere) _____ andare al cinema.
12 (tu, volere) _____ una fetta di torta?

4 Completa con gli aggettivi o con i pronomi interrogativi.

1 A Con _____ fai i compiti?
  B Con il mio compagno.
2 A _____ studenti ci sono in classe?
  B Quindici.
3 A _____ lavora all'ospedale?
  B Il chirurgo.
4 A _____ ore sono?
  B Sono le 9.00.
5 A _____ state facendo?
  B Stiamo navigando in internet.
6 A _____ è alto tuo padre?
  B È alto un metro e ottanta.
7 A _____ è il tuo cane?
  B Quello tutto nero.
8 A _____ giorno è oggi?
  B È venerdì.

Nome: _____
Cognome: _____
Classe: _____ Data: _____

Rinforzo 8

Lessico

1 **Trova l'intruso.**
1 scarpe – stivali – guanti – ballerine
2 occhiali da sole – camicia – cintura – borsa
3 pantaloni – camicia – maglione – felpa
4 pois – righe – quadri – taglia
5 lino – fantasia – cotone – velluto
6 sciarpa – cappotto – maglione – maglietta

2 **Scrivi il nome dei vestiti e degli accessori sotto ogni immagine.**

3 **Abbina le domande alle risposte.**
1 Quanto viene quella maglietta? _____
2 Ha una taglia più grande? _____
3 C'è lo sconto su questa borsa? _____
4 Che numero porti di scarpe? _____
5 Ti piace questo cappello? _____
6 Come sto con questi occhiali? _____

a Mi dispiace, la 44 non c'è!
b Il 39.
c Da morire!
d Solo 6 euro, è in saldo.
e Sei stupenda!
f No, è a prezzo intero.

Grammatica

4 **Completa le frasi con il verbo 'piacere' e i pronomi.**
1 Amo questi negozi, _____ molto.
2 Nicola, _____ il mio berretto?
3 Tea _____ fare shopping?
4 Non metto le gonne, non _____.
5 _____ cercare vestiti ai saldi, trovo buone occasioni.
6 Marzia, _____ le mie ballerine nuove?

5 **Completa le frasi con i verbi al condizionale.**
1 (io, volere) _____ provare quel maglione di lana.
2 (Lei, potere) _____ darmi una taglia più grande?
3 (noi, volere) _____ provare queste scarpe.
4 (tu, potere) _____ portarmi il numero 39?
5 (io, volere) _____ vedere un vestito di lino.
6 (noi, potere) _____ provare questi jeans?

6 **Scrivi l'opposto di questi superlativi.**
1 ordinatissimo _____
2 piccolissima _____
3 cortissima _____
4 bellissime _____
5 antipaticissimo _____

9 Rinforzo

Nome: _____
Cognome: _____
Classe: _____ Data: _____

Lessico

1 Descrivi le azioni nelle foto.

1 _____ 2 _____

3 _____ 4 _____

5 _____ 6 _____

2 Completa le frasi con gli avverbi e le congiunzioni nel riquadro.

| ma ■ prima ■ allora ■ invece ■ dopo |

1 Io vado al mare, voi _____ andate in montagna.
2 Roberta _____ va al lago e _____ in campagna.
3 Tu non vuoi guidare _____ prendi l'autobus.
4 Questa pensione è molto economica _____ anche molto brutta.

3 Scrivi i nomi sotto le immagini.

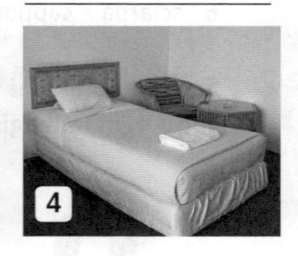

1 _____ 2 _____

3 _____ 4 _____

Grammatica

4 Completa il testo con i verbi all'imperativo.
Vai in vacanza? Allora ascolta questi brevi consigli.
Per prima cosa, (partire) _____ quando non ci sono troppi turisti. (assaggiare) _____ i piatti tipici locali e (mangiare) _____ sempre in piccoli ristoranti con cucina casalinga. Se fa caldo (bere) _____ molta acqua naturale, non fredda. (Ricordare) _____ che il relax è importante quindi non esagerare! (fare) _____ sport e la sera (andare) _____ a divertirti, ma (dormire) _____ sempre almeno otto ore!

5 Completa lo schema con le preposizioni articolate.

	a	da	di	in	su
il					
lo					
l'					
la					
i					
gli					
le					

Note

1A Test
Verso la certificazione

Nome: _____
Cognome: _____
Classe: _____ Data: _____

Ascoltare

1 🔊(2) **Ascolta le presentazioni e completa le schede di queste persone.**

	Nazionalità	Città
1 Angela		
2 Paul		
3 Miguel		
4 Lorena		
5 Maria		

Punti ___ / 10

Parlare

2 **Che cosa dicono queste persone? Immagina e recita la scena con un compagno.**

1
2
3
4
5

Punti ___ / 15

Leggere

3 **Leggi il testo e controlla se le frasi sono vere o false.**

Susanna e Patrizia sono due studentesse. Susanna è di Roma e Patrizia di Siena. Abitano a Torino. È il primo giorno di scuola, gli studenti sono in classe. Lyng è una studentessa nuova, è cinese e parla poco l'italiano. Anche la professoressa è in classe: lei si chiama Paola Laurino e insegna geografia.

		V	F
1	Susanna è una studentessa.	☐	☐
2	Patrizia è di Roma.	☐	☐
3	Lyng parla poco l'italiano.	☐	☐
4	La professoressa Laurino è in classe.	☐	☐
5	La professoressa Laurino insegna italiano.	☐	☐

Punti ___ / 10

Scrivere

4 **Completa i dialoghi.**
1 _____?
  Lei si chiama Elena.
2 Ciao, _____?
  Adele, piacere!
3 _____!
  Buonanotte mamma!
4 _____?
  Siamo di New York, e Lei?
5 Di dov'è Maria?
  _____

Punti ___ / 15

Totale punti ___ / 50

Nome: _____
Cognome: _____
Classe: _____ Data: _____

Test
Verso la certificazione 1B

Ascoltare

1 🔊(2) **Ascolta le presentazioni e completa le schede di queste persone.**

	Nazionalità	Città
1 Maria		
2 Miguel		
3 Paul		
4 Angela		
5 Lorena		

Punti ___ / 10

Parlare

2 **Che cosa dicono queste persone? Immagina e recita la scena con un compagno.**

1
2
3
4
5

Punti ___ / 15

Leggere

3 **Leggi il testo e controlla se le frasi sono vere o false.**

Hafiz è uno studente nigeriano, di Lagos. Abita in Italia, a Roma, e parla bene l'italiano. È in classe perché è il primo giorno di scuola. Anche Laura, Lea e il professor Marinelli sono in classe. Laura è di Milano e Lea di Roma. Il professor Marinelli insegna italiano.

                                    V F

1 Hafiz è di Lagos. ☐ ☐
2 Hafiz abita in Nigeria. ☐ ☐
3 È il primo giorno di scuola. ☐ ☐
4 Laura è di Roma. ☐ ☐
5 Il professor Marinelli insegna italiano. ☐ ☐

Punti ___ / 10

Scrivere

4 **Completa i dialoghi.**
1 Ciao, _____?
   Mauro, piacere!
2 _____?
   Lui si chiama Giorgio.
3 _____!
   Buonanotte mamma!
4 Di dove siete?
   _____
5 _____?
   Sono di Madrid, e Lei?

Punti ___ / 15

Totale punti ___ / 50

Fotocopiabile

Test 2A
Verso la certificazione

Nome: _____

Cognome: _____

Classe: _____ Data: _____

Ascoltare

1 🔊 **Ascolta e scrivi i numeri di telefono di queste persone.**
1 Luisa _____
2 Teresa _____
3 Lorenzo _____
4 Ugo _____
5 Vania _____

Punti ___ / 10

Leggere

2 Leggi il testo e completa le frasi.

Domani è il 25 maggio e Rossella festeggia il compleanno: 13 anni! La mamma prepara cose buone da mangiare per la festa: la torta al cioccolato con tredici candeline, tramezzini e cornetti. Le amiche di Rossella oggi comprano un regalo per lei: un libro sui gatti. Anche gli amici comprano un regalo: un CD di Jovanotti. La mamma, infine, regala a Rossella una bella bicicletta rossa e un dizionario di inglese.

1 Domani è
  ☐ il 13 maggio.
  ☐ il 25 maggio.
2 La mamma prepara
  ☐ la torta.
  ☐ la pizza.
3 Le amiche di Rossella comprano
  ☐ un regalo.
  ☐ un dizionario di inglese.
4 Gli amici comprano
  ☐ un libro.
  ☐ un CD.
5 La mamma di Rossella regala
  ☐ una bicicletta.
  ☐ un dizionario di francese.

Punti ___ / 10

Parlare

3 Scegli un compagno di classe. Di' come si chiama, quanti anni ha, quando è il suo compleanno e dove abita.

Punti ___ / 15

Scrivere

4 Scrivi un biglietto di auguri per il compleanno di un amico o di un'amica. Scrivi anche l'indirizzo sulla busta!

Punti ___ / 15

Totale punti ___ / 50

Amici d'Italia © ELI

Fotocopiabile

Nome: _____
Cognome: _____
Classe: _____ Data: _____

Test
Verso la certificazione 2B

Ascoltare

1 (3) **Ascolta e scrivi i numeri di telefono di queste persone.**
 1 Luisa _____
 2 Teresa _____
 3 Lorenzo _____
 4 Ugo _____
 5 Vania _____

Punti ___ / 10

Leggere

2 **Leggi il testo e completa le frasi.**
Oggi, 16 aprile, Daniele festeggia il compleanno: 14 anni! La mamma di Daniele prepara cose buone da mangiare per la festa: la torta con quattordici candeline, panini e pizze. Gli amici di Daniele comprano un regalo per lui: un film in DVD. Anche le amiche comprano un regalo: un videogioco. La mamma, infine, regala a Daniele un CD di Tiziano Ferro e un libro d'avventura.

 1 Oggi è
  ☐ il 16 aprile.
  ☐ il 14 aprile.
 2 La mamma prepara
  ☐ i cornetti.
  ☐ le pizze.
 3 Gli amici di Daniele regalano
  ☐ un DVD.
  ☐ un videogioco.
 4 Le amiche comprano
  ☐ un videogioco.
  ☐ un CD.
 5 La mamma di Daniele regala
  ☐ un libro.
  ☐ un CD d'avventura.

Punti ___ / 10

Parlare

3 **Scegli un compagno di classe. Di' come si chiama, quanti anni ha, quando è il suo compleanno e dove abita.**

Punti ___ / 15

Scrivere

4 **Scrivi un biglietto di auguri per il compleanno di un amico o di un'amica. Scrivi anche l'indirizzo sulla busta!**

Punti ___ / 15

Totale punti ___ / 50

Fotocopiabile

Amici d'Italia © ELI

3A Test
Verso la certificazione

Nome: _____
Cognome: _____
Classe: _____ Data: _____

Ascoltare

1 🔊(4) **Ascolta e collega le azioni ai nomi.**

Scrive alla lavagna
Legge il libro   Pietro
Mangia le caramelle
Chiude la porta   Benedetta
Segue la lezione
Prende appunti   Tullia
Sorride
Ripete la lezione   Lucilla
Entra in classe
Cerca la penna   Alex

Punti ___ / 10

Leggere

2 **Leggi il dialogo e rispondi alle domande.**

Gloria: Ciao Emanuele, come stai?
Emanuele: Bene, ma sono stanco. Ho sempre molti compiti da fare.
Gloria: Anche io ho sempre molti compiti, ma oggi no, per fortuna!
Emanuele: Io invece ho cinque pagine di storia da studiare, un riassunto da fare, le frasi di inglese per il professor Benni e, infine, il compito per la professoressa Sannini. È una ricerca di scienze un po' difficile: lei è un'insegnante molto esigente!
Gloria: Tutti questi compiti per domani?
Emanuele: Eh sì!
Gloria: Io invece domani ho due ore di educazione artistica, una di educazione tecnica con il professor Vecchioni e una di geografia con la professoressa Lucarelli. All'ultima ora, invece, c'è musica: impariamo a suonare il flauto. È una giornata leggera, infatti, ho solo due compiti: studiare la cartina della Puglia e fare il disegno di un parallelepipedo. Questa sera, quindi, ho tempo per guardare un film in TV!
Emanuele: Che fortuna!

1 Come sta Emanuele?
_____
2 Che cosa insegna il professor Benni?
_____
3 Chi è molto esigente?
_____
4 Che cosa insegna la professoressa Lucarelli?
_____
5 Che cosa guarda questa sera Gloria?
_____

Punti ___ / 10

Parlare

3 **Guarda questa classe e descrivila.**

Punti ___ / 15

Scrivere

4 **Scrivi la descrizione della classe dell'esercizio 3.**

Punti ___ / 15

Totale punti ___ / 50

Nome: _____
Cognome: _____
Classe: _____ Data: _____

Test
Verso la certificazione 3B

Ascoltare

1. (4) **Ascolta e collega le azioni ai nomi.**

   Legge il libro
   Risolve un problema   Pietro
   Chiude la porta
   Sottolinea un libro   Benedetta
   Prende appunti
   Dimentica sempre qualcosa   Tullia
   Ripete la lezione
   Scrive alla lavagna   Lucilla
   Entra in classe
   Cerca la penna   Alex

   Punti ___ / 10

Leggere

2. **Leggi il dialogo e rispondi alle domande.**

   Bruno: Giovanna, come stai?
   Giovanna: Uff... sono stanca. Ho sempre molti compiti da fare.
   Bruno: Davvero? Quanti compiti hai?
   Giovanna: Ci sono da studiare sei pagine di scienze e cinque di storia. Poi una composizione in tedesco per la professoressa Volpi e infine fare venti esercizi di matematica per la professoressa Marsili: lei è sempre molto esigente!
   Bruno: Tutti questi compiti per domani?
   Giovanna: Eh sì!
   Bruno: Io invece domani ho due ore di educazione tecnica, una di educazione artistica con il professor Bertini e una di francese con la professoressa Pellegrini. All'ultima ora, invece, c'è musica: impariamo a suonare la chitarra. È una giornata leggera, infatti, ho solo due compiti: studiare un verbo irregolare francese e fare il disegno di un cubo. Questa sera, quindi, ho tempo per giocare alla Playstation!
   Giovanna: Che fortuna!

   1 Come sta Giovanna?
   _____
   2 Che cosa insegna la professoressa Volpi?
   _____
   3 Chi è molto esigente?
   _____
   4 Che cosa insegna il professor Bertini?
   _____
   5 Che cosa fa questa sera Bruno?
   _____

   Punti ___ / 10

Parlare

3. **Guarda questa classe e descrivila.**

   Punti ___ / 15

Scrivere

4. **Scrivi la descrizione della classe dell'esercizio 3.**

   Punti ___ / 15

   Totale punti ___ / 50

Fotocopiabile   Amici d'Italia © ELI

4A Test Verso la certificazione

Nome: _____
Cognome: _____
Classe: _____ Data: _____

Ascoltare

1 (5) **Ascolta e rispondi alle domande.**

1 Quale fra queste due ragazze è Isabella?

A ☐   B ☐

2 Quale sport fa?
_____

3 Indica quali aggettivi usa per descriversi.

> timida ▪ golosa ▪ bassa ▪ dinamica ▪ robusta ▪ simpatica ▪ seria ▪ attenta ▪ sportiva

4 Quali lingue parla?
_____

5 Come si chiama la sua amica?
_____

Punti ___ / 10

1 Beatrice
   a ☐ è alta e ha i capelli castani.
   b ☐ è magra e ha i capelli lunghi.

2 Porta gli occhiali per studiare.   V ☐   F ☐

3 Fa
   a ☐ danza moderna.
   b ☐ danza classica.

4 Parla bene
   a ☐ inglese.
   b ☐ francese.

5 Perché cerca un corrispondente francese?
_____

Punti ___ / 10

Leggere

2 **Leggi e svolgi l'attività.**

> Salve!
> Mi chiamo Beatrice e sono una studentessa di Milano. Ho dodici anni e frequento il secondo anno della scuola media. Ho i capelli lunghi e biondi, e gli occhi azzurri. Quando studio o uso il computer porto gli occhiali. Sono alta e magra; faccio danza classica ma guardo anche la danza moderna in TV. Parlo bene l'inglese e adesso comincio a studiare anche il francese. Cerco un corrispondente francese che studi l'italiano per chattare in due lingue e per parlare di danza ;-)
> A presto in rete!
> Beatrice

Parlare

3 **Descrivi questa cantante.**

Elisa

Punti ___ / 15

Scrivere

4 **Descrivi un personaggio famoso a tua scelta.**

Punti ___ / 15

Totale punti ___ / 50

Amici d'Italia © ELI   Fotocopiabile

Nome: _____
Cognome: _____
Classe: _____ Data: _____

Test
Verso la certificazione 4B

Ascoltare

1 (5) **Ascolta e rispondi alle domande.**

1 Chi fra queste due ragazze è Isabella?

A ☐   B ☐

2 Quanti anni ha?
_____

3 Indica quali aggettivi usa per descriversi.

> seria ■ ordinata ■ magra ■ golosa ■ studiosa
> ■ timida ■ intelligente ■ attenta ■ alta

4 Quale lingua parla bene?
_____

5 Quale lingua studia on line?
_____

Punti ___ / 10

Leggere

2 Leggi e svolgi l'attività.

Ciao!
Mi chiamo Pietro e sono uno studente di Firenze. Ho tredici anni e frequento l'ultimo anno della scuola media. Ho i capelli corti e neri e gli occhi castani. Quando studio o uso il computer porto gli occhiali. Sono molto alto e robusto; gioco a rugby e guardo spesso il calcio in TV. Parlo bene l'inglese e adesso comincio a studiare anche il tedesco. Cerco un corrispondente tedesco che studi l'italiano per fare pratica e per parlare di sport ;-)
A presto in rete!
Pietro

1 Pietro
   a ☐ è alto e ha i capelli castani.
   b ☐ è robusto e ha i capelli corti.

2 Porta gli occhiali per studiare.   V ☐   F ☐

3 Gioca a
   a ☐ calcio.
   b ☐ rugby.

4 Parla bene
   a ☐ tedesco.
   b ☐ inglese.

5 Perché cerca un corrispondente tedesco?
_____

Punti ___ / 10

Parlare

3 Descrivi questa attrice.

Giovanna Mezzogiorno

Punti ___ / 15

Scrivere

4 Descrivi un personaggio famoso a tua scelta.

Punti ___ / 15

Totale punti ___ / 50

Fotocopiabile

Amici d'Italia © ELI

5A Test
Verso la certificazione

Nome: _____
Cognome: _____
Classe: _____ Data: _____

Ascoltare

1 🔊⁶ **Ascolta e svolgi le attività.**

1 Associa le due registrazioni al disegno giusto.

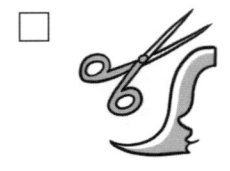

☐ ☐

2 Giorni di apertura e orari del parrucchiere.

Giorni	Orari

3 Quali giorni è chiuso il parrucchiere?
_____

4 Giorni di apertura e orari dello studio dentistico.

Giorni	Orari

Punti ___ / 10

Parlare

2 **Racconta che cosa fai la mattina, il pomeriggio e la sera durante il fine settimana.**

Punti ___ / 15

Leggere

3 **Leggi il testo e rispondi alle domande.**

Campus L'Infinito — Recanati

Hai fra i 10 e i 14 anni, ami la natura e lo sport e desideri imparare l'italiano in un ambiente simpatico e dinamico? Allora questi sono i corsi per te: a Recanati, nella splendida campagna delle Marche, al Campus L'Infinito dal 2 al 30 luglio e dal 2 al 30 agosto, per imparare l'italiano e divertirsi. Un'esperienza culturale e naturalistica, per scoprire la storia, l'arte, la natura e la gustosa cucina di questa affascinante regione. Ecco le attività alternative offerte dalla nostra scuola.

Attività programma 1	Attività programma 2
8.15 sveglia	8.15 sveglia
8.40-9.15 colazione	8.40-9.15 colazione
9.20-9.30 incontro con i tutor	9.20-9.30 incontro con i tutor
9.30-11.00 lezione di italiano	9.30-11.00 lezione di italiano
11.00-11.15 pausa	11.00-11.15 pausa
11.15-12.15 lezione di italiano con la musica	11.15-12.15 lezione di italiano con lo sport
12.30-14.00 pranzo	12.30-14.00 pranzo
14.00-15.00 riposo, giochi di società	14.00-15.00 riposo, giochi di società
15.00-17.00 passeggiata in campagna alla scoperta di paesini	15.00-17.00 scoperta della campagna in bicicletta
17.00-18.00 visite musei, mostre, palazzi, monumenti	17.00-18.00 attività sportiva: piscina, pallavolo, equitazione nei boschi, tennis, tiro con l'arco
18.30-19.30 riposo	18.30-19.30 riposo
19.30-20.30 cena	19.30-20.30 cena
20.30-23.00 giochi, serate a tema, uscite per visitare mercatini e vedere spettacoli	20.30-23.00 giochi, serate a tema, uscite per visitare mercatini e vedere spettacoli
23.15 riposo	23.15 riposo
sabato giornata al mare domenica giornata di giochi e sport di squadra; pranzo in agriturismo	sabato giornata al mare domenica giornata di giochi e sport individuali; pranzo in agriturismo

1 Il testo è
  ☐ un articolo.   ☐ una pubblicità.

2 Dove si trova la scuola di lingue Campus L'Infinito?
_____

3 In quali periodi ci sono i corsi di italiano per ragazzi?
_____

4 Quante ore di lezione di italiano ci sono ogni giorno?
_____

5 In quale programma ci sono molte attività culturali?
_____

Punti ___ / 10

Scrivere

4 **Immagina di frequentare il Campus l'Infinito 3. Decidi quale programma seguire e poi scrivi un'email a un amico per raccontare come passi la giornata.**

Punti ___ / 15

Totale punti ___ / 50

Amici d'Italia © ELI — Fotocopiabile

Nome: _____
Cognome: _____
Classe: _____ Data: _____

Test
Verso la certificazione 5B

Ascoltare

1 (6) **Ascolta e svolgi le attività.**

1 Associa le due registrazioni al disegno giusto.

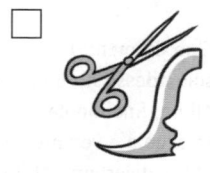

☐ ☐

2 Giorni di apertura e orari dello studio dentistico.

Giorni	Orari

3 Quali giorni è chiuso lo studio dentistico?
_____

4 Giorni di apertura e orari del parrucchiere.

Giorni	Orari

Punti ___ / 10

Parlare

2 **Racconta che cosa fai la mattina, il pomeriggio e la sera durante il fine settimana.**

Punti ___ / 15

Leggere

3 **Leggi il testo e rispondi alle domande.**

Campus L'Infinito
Recanati

Hai fra i 10 e i 14 anni, ami la natura e lo sport e desideri imparare l'italiano in un ambiente simpatico e dinamico? Allora questi sono i corsi per te: a Recanati, nella splendida campagna delle Marche, al Campus L'Infinito dal 2 al 30 luglio e dal 2 al 30 agosto, per imparare l'italiano e divertirsi. Un'esperienza culturale e naturalistica, per scoprire la storia, l'arte, la natura e la gustosa cucina di questa affascinante regione. Ecco le attività alternative offerte dalla nostra scuola.

Attività programma 1	Attività programma 2
8.15 sveglia	8.15 sveglia
8.40-9.15 colazione	8.40-9.15 colazione
9.20-9.30 incontro con i tutor	9.20-9.30 incontro con i tutor
9.30-11.00 lezione di italiano	9.30-11.00 lezione di italiano
11.00-11.15 pausa	11.00-11.15 pausa
11.15-12.15 lezione di italiano con lo sport	11.15-12.15 lezione di italiano con la musica
12.30-14.00 pranzo	12.30-14.00 pranzo
14.00-15.00 riposo, giochi di società	14.00-15.00 riposo, giochi di società
15.00-17.00 scoperta della campagna in bicicletta	15.00-17.00 passeggiata in campagna alla scoperta di paesini
17.00-18.00 attività sportiva: piscina, pallavolo, equitazione nei boschi, tennis, tiro con l'arco	17.00-18.00 visite musei, mostre, palazzi, monumenti
18.30-19.30 riposo	18.30-19.30 riposo
19.30-20.30 cena	19.30-20.30 cena
20.30-23.00 giochi, serate a tema, uscite per visitare mercatini e vedere spettacoli	20.30-23.00 giochi, serate a tema, uscite per visitare mercatini e vedere spettacoli
23.15 riposo	23.15 riposo
sabato giornata al mare domenica giornata di giochi e sport individuali; pranzo in agriturismo	sabato giornata al mare domenica giornata di giochi e sport di squadra; pranzo in agriturismo

1 Il testo è
  ☐ un articolo.   ☐ una pubblicità.
2 Dove si trova la scuola di lingue Infinito?
_____
3 In quali periodi ci sono i corsi di italiano per ragazzi?
_____
4 Quante ore di lezione di italiano ci sono ogni giorno?
_____
5 In quale programma ci sono molte attività sportive?
_____

Punti ___ / 10

Scrivere

4 **Immagina di frequentare il Campus l'Infinito 3. Decidi quale programma seguire e poi scrivi un'email a un amico per raccontare come passi la giornata.**

Punti ___ / 15

Totale punti ___ / 50

6A Test
Verso la certificazione

Nome: _____
Cognome: _____
Classe: _____ Data: _____

Ascoltare

1 (7) **Ascolta il dialogo e indica se le frasi sono vere (V) o false (F).**

		V	F
1	Mariella abita in centro.	☐	☐
2	Per andare a scuola prende l'autobus.	☐	☐
3	La nuova casa di Mariella è bella.	☐	☐
4	Mariella gioca in giardino tutto il giorno.	☐	☐
5	I genitori di Mariella hanno il problema del parcheggio.	☐	☐
6	La casa ha due piani.	☐	☐
7	Al piano terra ci sono le tre camere da letto.	☐	☐
8	Mariella e sua sorella dormono nella stessa camera.	☐	☐
9	Nella camera di Mariella c'è un terrazzo.	☐	☐
10	Umberto aspetta l'invito per prendere il tè.	☐	☐

Punti ___ / 10

Parlare

2 Descrivi a una famiglia con due bambini e un cane questo appartamento in vendita.

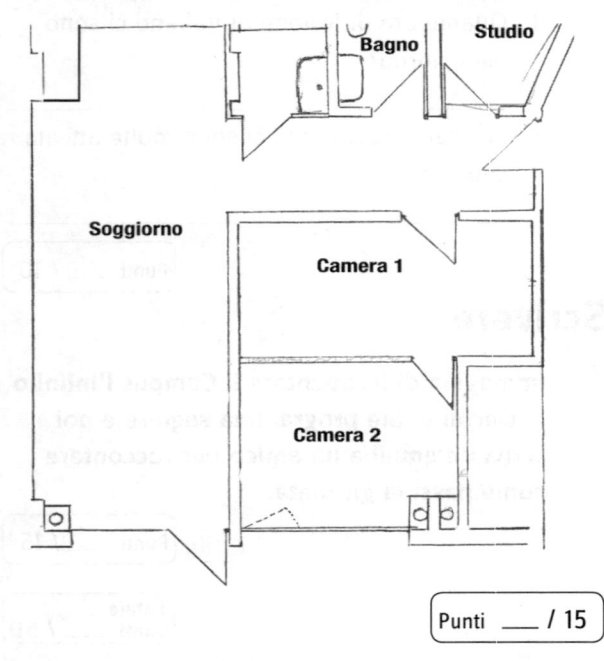

(piantina dell'appartamento con: Bagno, Studio, Soggiorno, Camera 1, Camera 2)

Punti ___ / 15

Leggere

3 Leggi l'email e rispondi alle domande.

Ciao Carmen :-)
solo adesso ho un po' di tempo per scriverti...
Allora, finalmente sono a Londra per il corso di inglese! La scuola è veramente molto bella e le lezioni davvero utili e divertenti. Abito con una famiglia inglese molto simpatica. La nostra casa è un po' lontana dal centro, ma con la metropolitana arrivo a scuola in venti minuti. La famiglia è composta da sei persone. C'è David, il mio amico di penna: studia l'italiano, ama giocare a tennis e ha quindici anni, come me. Poi ci sono le sue sorelle Jane, dodici anni e Mary, dieci anni: preparano sempre torte e dolci con la loro mamma. Insieme a loro abita anche la nonna paterna, Susan, che ha settantadue anni e cura tutto il giorno il giardino di casa. Il papà di David si chiama George, ha quarantasei anni ed è professore all'università. La mamma si chiama Mildred e ha la passione per gli animali: in casa ci sono, infatti, il cane Bill, la gatta Silvie, il canarino Pilù, la tartaruga Audrey e il coniglio Fanny. Insomma è un piccolo zoo :-)
Sono molto contenta di essere qui ;-)
A presto
Lea

1 Dov'è Lea? _____
2 Com'è il corso di inglese? _____
3 Chi è David? _____
4 Che cosa fa la nonna di David tutto il giorno? _____
5 Quanti animali ci sono in famiglia? _____

Punti ___ / 10

Scrivere

3 Scrivi un'email a uno studente straniero che la prossima estate viene a fare uno scambio linguistico per quattro settimane a casa tua; descrivi la tua famiglia e la tua casa.

Punti ___ / 15

Totale punti ___ / 50

Nome: _____
Cognome: _____
Classe: _____ Data: _____

Test
Verso la certificazione 6B

Ascoltare

1 **(7) Ascolta il dialogo e indica se le frasi sono vere (V) o false (F).**

		V	F
1	Mariella abita in periferia.	☐	☐
2	Per andare a scuola prende il treno.	☐	☐
3	La nuova casa di Mariella è brutta.	☐	☐
4	In giardino ci sono molti alberi.	☐	☐
5	Il garage è molto piccolo.	☐	☐
6	La casa ha due piani.	☐	☐
7	Al piano terra c'è una camera per gli ospiti.	☐	☐
8	Mariella e sua sorella hanno due camere separate.	☐	☐
9	Nella camera di Mariella c'è un terrazzo.	☐	☐
10	Umberto invita Mariella a prendere il tè.	☐	☐

Punti ___ / 10

Parlare

2 **Descrivi questa casa da vendere a una famiglia con due bambini e un cane.**

Punti ___ / 15

Leggere

3 **Leggi l'email e rispondi alle domande.**

Ciao Cristiano :-)
solo adesso ho un po' di tempo per scriverti...
Allora, finalmente sono a Parigi per il corso di francese!
La scuola è veramente molto bella e le lezioni davvero utili e divertenti. Abito con una famiglia molto simpatica.
La nostra casa è un po' lontana dal centro, ma con l'autobus arrivo a scuola in venticinque minuti. La famiglia è composta da sei persone. C'è Richard, il mio amico di penna, che studia l'italiano, ama giocare a calcio e ha quindici anni, come me. Poi ci sono le sue sorelle Julie, dieci anni e Louise, nove anni: con la loro mamma curano sempre il giardino di casa che è pieno di fiori colorati. Insieme a loro abita anche la nonna materna, Amélie, che ha sessantotto anni e prepara dolci e torte buonissimi. Il papà di Richard si chiama Etienne, ha quarantasette anni ed è insegnante di musica. La mamma si chiama Marie e ha la passione per gli animali: in famiglia ci sono infatti il cane Gugo, la gatta Miel, i canarini Juju e Lola, le tartarughe Vitesse e Rapide e il coniglio Fabien. Insomma, è un piccolo zoo :-)
Sono molto contento di essere qui ;-)
A presto
Luca

1 Con chi abita Luca?
   _____
2 Com'è il corso di francese?
   _____
3 Chi è Louise?
   _____
4 Che cosa fa il papà di Richard?
   _____
5 Quanti animali ci sono in famiglia?
   _____

Punti ___ / 10

Scrivere

4 **Scrivi un'email a uno studente straniero che la prossima estate viene a fare uno scambio linguistico per quattro settimane a casa tua; descrivi la tua famiglia e la tua casa.**

Punti ___ / 15

Totale punti ___ / 50

7A Test Verso la certificazione

Nome: _____
Cognome: _____
Classe: _____ Data: _____

Ascoltare

1 🔊 **Ascolta la registrazione e associa le frasi alle immagini.**

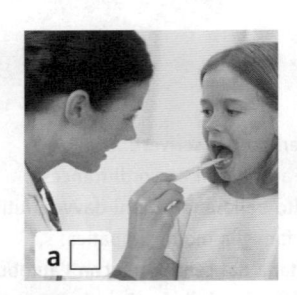

a ☐
b ☐
c ☐
d ☐
e ☐

Punti ___ / 10

Parlare

2 Guarda la foto e immagina la professione di queste persone, dove lavorano e cosa fanno nel loro lavoro.

Punti ___ / 15

Leggere

3 Leggi questo articolo e rispondi alle domande.

Alla domanda "Cosa vuoi fare dopo gli studi?" molti ragazzi italiani delle scuole secondarie superiori rispondono "voglio fare il manager"; gli studenti delle scuole secondarie inferiori invece scelgono spesso un'altra professione: "il professore". Molti amano i lavori legati alla tecnologia, ma non vogliono diventare ingegneri o dottori. Perché? Forse perché non vogliono passare troppo tempo sui libri. A sorpresa, molti studenti rispondono che amano la natura e vogliono fare gli agricoltori per vivere in campagna, lontano dal traffico e dallo stress. Le ragazze invece preferiscono lavorare nel turismo, per esempio nei ristoranti e negli alberghi, per stare a contatto con la gente. Infine, una buona parte di giovani vuole lavorare nei settori del divertimento e della moda, perché offrono professioni molto dinamiche.

1 Questo articolo parla
   a ☐ dei lavori più comuni in Italia.
   b ☐ dei lavori che vogliono fare i giovani dopo la scuola.
   c ☐ dei lavori part-time degli studenti.

2 Quali studenti rispondono che vogliono fare gli insegnanti?
   _____

3 Perché non vogliono diventare dottori?
   _____

4 Quali lavori preferiscono le ragazze?
   _____

5 Quali settori offrono lavori dinamici?
   _____

Punti ___ / 10

Scrivere

4 Cerchi un piccolo lavoro part-time. Scrivi un'email a un'agenzia per presentarti. Indica quando puoi lavorare, che cosa vuoi e che cosa sai fare.

Punti ___ / 15

Totale punti ___ / 50

Nome: _____
Cognome: _____
Classe: _____ Data: _____

Test
Verso la certificazione 7B

Ascoltare

1. **Ascolta la registrazione e associa le frasi alle immagini.**

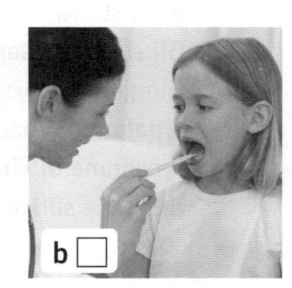

   a ☐   b ☐   c ☐   d ☐   e ☐

   Punti ___ / 10

Parlare

2. **Guarda la foto e immagina la professione di queste persone, dove lavorano e che cosa fanno nel loro lavoro.**

   Punti ___ / 15

Leggere

3. **Leggi questo articolo e rispondi alle domande.**

   Alla domanda "Cosa vuoi fare dopo gli studi?" molti ragazzi italiani delle scuole secondarie superiori rispondono "voglio fare il manager"; gli studenti delle scuole secondarie inferiori invece scelgono spesso un'altra professione: "il professore". Molti amano i lavori legati alla tecnologia, ma non vogliono diventare ingegneri o dottori. Perché? Forse perché non vogliono passare troppo tempo sui libri. A sorpresa, molti studenti rispondono che amano la natura e vogliono fare gli agricoltori per vivere in campagna, lontano dal traffico e dallo stress. Le ragazze invece preferiscono lavorare nel turismo, per esempio nei ristoranti e negli alberghi, per stare a contatto con la gente. Infine, una buona parte di giovani vuole lavorare nei settori del divertimento e della moda, perché offrono professioni molto dinamiche.

   1. Questo articolo parla
      a ☐ dei lavori più comuni in Italia.
      b ☐ dei lavori part-time degli studenti.
      c ☐ dei lavori che vogliono fare i giovani dopo la scuola.
   2. Quali studenti rispondono che vogliono fare i manager?
      _____
   3. Perché non vogliono diventare ingegneri?
      _____
   4. Perché molti vogliono diventare agricoltori?
      _____
   5. Quali settori offrono lavori dinamici?
      _____

   Punti ___ / 10

Scrivere

4. **Cerchi un piccolo lavoro part-time. Scrivi un'email a un'agenzia per presentarti. Indica quando puoi lavorare, che cosa vuoi e che cosa sai fare.**

   Punti ___ / 15

   Totale punti ___ / 50

Test 8A
Verso la certificazione

Nome: _____
Cognome: _____
Classe: _____ Data: _____

Ascoltare

1 🎧⁹ **Ascolta il dialogo e completa le frasi.**

1. Alice chiede
   - a ☐ una felpa rossa.
   - b ☐ una felpa verde.
   - c ☐ una felpa stretta.
2. La felpa che vuole Alice c'è solo nelle taglie
   - a ☐ 42.
   - b ☐ 44 e 46.
   - c ☐ 46 e 48.
3. La felpa che vuole Alice
   - a ☐ non è in saldo.
   - b ☐ è in saldo.
   - c ☐ costa 15 euro.
4. Le felpe in vetrina costano _____.
5. Alice prova la felpa
   - a ☐ verde.
   - b ☐ bianca.
   - c ☐ rossa.

Punti ____ / 10

Leggere

2 **Leggi il testo e controlla se le frasi sono vere (V) o false (F).**

Il mito dell'alta moda italiana nasce il 12 febbraio 1951, quando il marchese Giovanni Battista Giorgini organizza nella sua casa di Firenze un'importante sfilata. Infatti, con grande determinazione, convince i presidenti dei grandi magazzini americani, che sono a Parigi per le giornate della moda, a venire in Italia. Per loro organizza una sfilata con dieci stilisti italiani che in futuro diventeranno molto famosi, come le sorelle Fontana, Emilio Schubert e la casa di moda Fabiani. Ogni stilista presenta diciotto modelli. Il gruppo dei compratori torna in America molto soddisfatto e, quando Giorgini organizza la seconda sfilata, dall'America arrivano trecento compratori. È un successo grandissimo tanto che per le sfilate successive il comune di Firenze dà il permesso di usare prima palazzo Strozzi e dopo palazzo Pitti.
Prima delle sfilate di Giorgini, il fenomeno commerciale della moda in Italia non esisteva.

		V	F
1	Il marchese Giorgini nasce il 12 febbraio 1951.	☐	☐
2	Alla prima sfilata in Italia partecipano dieci stilisti.	☐	☐
3	Gli stilisti presentano dieci modelli.	☐	☐
4	Giorgini organizza la seconda sfilata a palazzo Strozzi.	☐	☐
5	Il comune di Firenze dà il permesso di fare le sfilate in casa di Giorgini.	☐	☐

Punti ____ / 10

Parlare

3 **Immagina un dialogo con il tuo compagno. Un amico viene a casa tua. Apri l'armadio per mostrargli i tuoi vestiti e i tuoi accessori.**

Punti ____ / 15

Scrivere

4 **Stai per partire per un anno di scuola all'estero. Scrivi un'email a un amico e descrivi cosa metti nelle valige.**

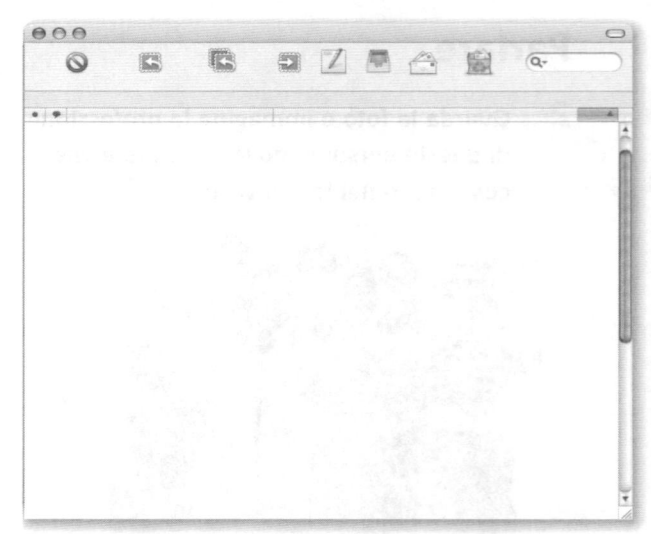

Punti ____ / 15

Totale punti ____ / 50

Nome: _____
Cognome: _____
Classe: _____ Data: _____

Test
Verso la certificazione 8B

Ascoltare

1 🎧 **Ascolta il dialogo e completa le frasi.**

1 Alice cerca
  a ☐ una felpa a tinta unita.
  b ☐ una felpa stretta.
  c ☐ una felpa rossa.
2 La felpa che vuole Alice c'è solo nelle taglie
  a ☐ 42 e 44.
  b ☐ 46 e 48.
  c ☐ 48.
3 La felpa che vuole Alice
  a ☐ è in saldo.
  b ☐ è un po' cara.
  c ☐ costa 15 euro.
4 Le felpe scontate sono in _____.
5 Alice prova la felpa
  a ☐ rossa.
  b ☐ bianca.
  c ☐ verde.

Punti ___ / 10

Leggere

2 **Leggi il testo e controlla se le frasi sono vere (V) o false (F).**

Il mito dell'alta moda italiana nasce il 12 febbraio 1951, quando il marchese Giovanni Battista Giorgini organizza nella sua casa di Firenze un'importante sfilata. Infatti, con grande determinazione, convince i presidenti dei grandi magazzini americani, che sono a Parigi per le giornate della moda, a venire in Italia. Per loro organizza una sfilata con dieci stilisti italiani che in futuro diventeranno molto famosi, come le sorelle Fontana, Emilio Schubert e la casa di moda Fabiani. Ogni stilista presenta diciotto modelli. Il gruppo dei compratori torna in America molto soddisfatto e, quando Giorgini organizza la seconda sfilata, dall'America arrivano trecento compratori. È un successo grandissimo tanto che per le sfilate successive il comune di Firenze dà il permesso di usare prima palazzo Strozzi e dopo palazzo Pitti.
Prima delle sfilate di Giorgini, il fenomeno commerciale della moda in Italia non esisteva.

 V F
1 Il marchese Giorgini organizza la prima sfilata di moda nel 1951. ☐ ☐
2 Alla sfilata partecipano diciotto stilisti. ☐ ☐
3 Gli stilisti presentano dieci modelli. ☐ ☐
4 Per la seconda sfilata vengono in Italia trecento compratori. ☐ ☐
5 Il comune di Firenze dà il permesso di fare le sfilate a palazzo Strozzi. ☐ ☐

Punti ___ / 10

Parlare

3 **Immagina un dialogo con il tuo compagno. Un amico viene a casa tua. Apri l'armadio per mostrargli i tuoi vestiti e i tuoi accessori.**

Punti ___ / 15

Scrivere

4 **Stai per partire per un anno di scuola all'estero. Scrivi un'email a un amico e descrivi cosa metti nelle valige.**

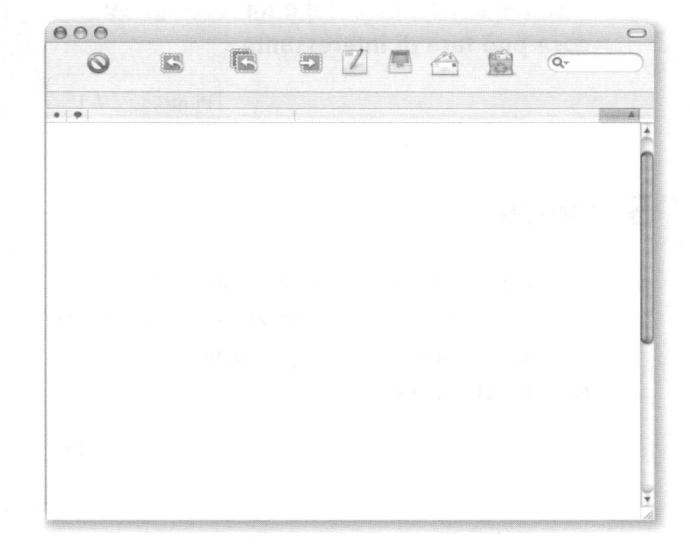

Punti ___ / 15

Totale punti ___ / 50

Fotocopiabile

9A Test — Verso la certificazione

Nome: _____
Cognome: _____
Classe: _____ Data: _____

Ascoltare

1 🔊 **Ascolta il dialogo e rispondi alle domande.**

1. Chi va spesso a Firenze?
   ☐ Simona ☐ Mario

2. Che cosa si può fare al parco delle Cascine?
   a ☐ fare un giro a cavallo.
   b ☐ passeggiare sul prato.
   c ☐ dormire sul prato.

3. Dov'è il mercato?
   ☐ In centro. ☐ Vicino al parco.

4. Quale mostra c'è a palazzo Pitti?
   a ☐ sulla storia del palazzo.
   b ☐ sulla storia del computer.
   c ☐ sulla storia dell'euro.

5. Simona va a visitare la mostra a palazzo Pitti?
   ☐ Sì ☐ No

Punti ___ / 10

Parlare

2 Un amico vuole visitare la tua città nel fine settimana. Parla con lui e da' consigli su cosa può fare di interessante.

Punti ___ / 15

Scrivere

3 Scrivi un'email a un amico e racconta i progetti per le prossime vacanze: dove vai, quando parti e come viaggi, quanto tempo rimani, che cosa fai.

Punti ___ / 15

Leggere

4 **Leggi l'email e rispondi alle domande.**

Ciao Serena,
come stai? Io sono in vacanza in Calabria con la mia famiglia. I miei nonni hanno una casa a Tropea e noi veniamo qui in vacanza tutte le estati. Ho molti amici e insieme ci divertiamo molto. Andiamo tutti i giorni in spiaggia e giochiamo a pallavolo, prendiamo il sole e facciamo il bagno. Stiamo al mare fino alle sei di sera, dopo torno a casa e ceno con la mia famiglia. La sera, di solito, esco con mia sorella e mio fratello e andiamo a mangiare un gelato o a vedere un film. Mi piace molto passare le vacanze a Tropea. Perché non vieni anche tu qualche giorno a casa nostra? Se accetti, scrivi un'email per comunicare quando arrivi, giorno e ora, e con quale mezzo arrivi.
Ti aspetto!
Claudio

1. Chi scrive l'email?
   _____

2. Chi è il destinatario dell'email?
   _____

3. In quale regione si trova la persona che scrive l'email?
   _____

4. In quale paese si trova la casa dei nonni?
   _____

5. Che cosa fa Claudio in spiaggia?
   ☐ fa windsurf. ☐ gioca a calcio.
   ☐ prende il sole. ☐ fa il bagno.
   ☐ mangia il gelato. ☐ gioca a pallavolo.

6. Claudio fino a che ora rimane al mare?
   _____

7. Claudio con chi esce la sera?
   _____

8. Se Serena accetta l'invito di Claudio, che cosa deve comunicare?
   _____

Punti ___ / 10

Totale punti ___ / 50

Nome: _____
Cognome: _____
Classe: _____ Data: _____

Test Verso la certificazione 9B

Ascoltare

1 **(10) Ascolta il dialogo e rispondi alle domande.**

1 Chi va a Firenze in gita scolastica?
   ☐ Simona ☐ Mario

2 Cosa si può fare al parco delle Cascine?
   a ☐ nuotare nel fiume.
   b ☐ fare un giro in bicicletta.
   c ☐ dormire sulle panchine.

3 Come sono i prezzi al mercato?
   ☐ Alti ☐ Buoni

4 Quanto costa il biglietto per la mostra di palazzo Pitti?
   a ☐ due euro e cinquanta.
   b ☐ dodici euro.
   c ☐ cinquantadue centesimi.

5 Simona va a visitare la mostra a palazzo Pitti?
   ☐ NO ☐ SÌ

Punti ___ / 10

Parlare

2 **Un amico vuole visitare la tua città nel fine settimana. Parla con lui e da' consigli su che cosa può fare di interessante.**

Punti ___ / 15

Scrivere

3 **Scrivi un'email a un amico e racconta i progetti per le prossime vacanze: dove vai, quando parti e come viaggi, quanto tempo rimani, che cosa fai.**

Punti ___ / 15

Leggere

4 **Leggi l'email e rispondi alle domande.**

Ciao Mauro,
come stai? Io sono in vacanza in Friuli Venezia Giulia con la mia famiglia. Abbiamo una casa a Lignano Sabbiadoro e veniamo qui in vacanza tutte le estati. Ho molti amici e insieme ci divertiamo molto. Andiamo tutte le mattine in spiaggia, prendiamo il sole, facciamo windsurf e, qualche volta, andiamo in barca a vela. Stiamo al mare fino all'una, dopo torno a casa per pranzare con la mia famiglia. Il pomeriggio di solito con mia sorella e mio fratello andiamo in piscina e facciamo le gare di tuffi.
Mi piace molto passare le vacanze a Lignano Sabbiadoro. Perché non vieni anche tu qualche giorno a casa nostra? Se accetti, scrivi un'email per comunicare quando arrivi, giorno e ora, e con quale mezzo arrivi.
Ti aspetto!
Roberta

1 Chi scrive l'email?
_____

2 Chi è il destinatario dell'email?
_____

3 In quale regione si trova la persona che scrive l'email?
_____

4 In quale paese si trova la sua casa?
_____

5 Cosa fa Roberta in spiaggia?
   ☐ fa windsurf.   ☐ gioca a calcio.
   ☐ prende il sole.   ☐ va in barca a vela.
   ☐ mangia il gelato. ☐ fa gare di tuffi.

6 Roberta fino a che ora rimane al mare?
_____

7 Con chi va in piscina?
_____

8 Se Mauro accetta l'invito di Roberta, che cosa deve comunicare?
_____

Punti ___ / 10

Totale punti ___ / 50

Competenza linguistica

Unità 1

Completa il testo scegliendo le parole corrette.

Oggi è il primo (1) _____ di scuola. Matilde è in classe e (2) _____ con Alice, una studentessa nuova. Alice è (3) _____ Genova ma adesso abita a Torino. Anche Rafael è in classe: (4) _____ è brasiliano ma parla l'italiano perfettamente.
La professoressa Ragini entra in classe e comincia la (5) _____ di geografia.

1	a studente	b giorno		c libro	
2	a abita	b ascolta		c parla	
3	a di	b a		c la	
4	a loro	b lei		c lui	
5	a lezione	b italiano		c insegna	

Unità 2

Completa il dialogo con le parole mancanti.

A Ciao, io mi chiamo Alessandra, tu come ti (1) _____?
B Piacere, io mi chiamo Barbara. Come (2) _____, Alessandra?
A Bene, grazie! Barbara, quanti anni (3) _____?
B Dodici anni.
A Quando è il tuo (4) _____?
B Il 29 giugno. E tu, Alessandra, (5) _____ festeggi il compleanno?
A Il 27 settembre.

Amici d'Italia © ELI   Fotocopiabile

Competenza linguistica

Unità 3

Completa il testo con le parole nel riquadro.

> ama ▪ appunti ▪ compagni ▪ controllano ▪ lo ▪ professoressa ▪ questo

Questa è una foto della mia classe e questi sono i miei simpatici (1) _____! Alla lavagna c'è Stefania, lei (2) _____ molto la matematica e infatti qui risolve un problema. (3) _____ ragazzo con gli occhiali si chiama Saverio, lui parla sempre di calcio con Diego, il suo compagno di banco, (4) _____ studente con i capelli biondi. Poi ci sono Viola e Penelope, loro (5) _____ l'esercizio di inglese. Infatti qui a destra c'è la (6) _____ Raddi che entra in classe: lei insegna inglese ed è molto esigente! E infine questo sono io: sono pronto per seguire la lezione e prendere (7) _____!

Unità 4

Completa il testo scegliendo le parole corrette.

Dolcenera è una famosa cantante italiana. È molto (1) _____ ma ha successo già da molti anni. È originaria di un piccolo paese in provincia di Lecce, in Puglia, ma adesso (2) _____ a Firenze. Scrive da sola quasi tutte le (3) _____ canzoni, che canta con molta passione e grinta. Dolcenera è alta un metro e sessanta ed è magra. Ha i (4) _____ neri e lisci che porta generalmente abbastanza corti. Ha un carattere molto aperto, allegro e simpatico: sul palco è piena di energia, come la (5) _____ musica, ma nella vita di tutti i giorni è una ragazza tranquilla. È molto (6) _____; infatti, anche se è impegnata per il suo lavoro, quando è libera nuota e (7) _____ sport all'aria aperta.

1	a	intelligente	b	popolare	c	giovane	d	bassa
2	a	vive	b	canta	c	suona	d	preferisce
3	a	sua	b	sue	c	le sue	d	suoi
4	a	occhi	b	occhiali	c	capelli	d	lunghi
5	a	nostra	b	sue	c	bella	d	sua
6	a	sportiva	b	pigra	c	generosa	d	disordinata
7	a	fare	b	fai	c	fa	d	faccio

Fotocopiabile

Amici d'Italia © ELI

Competenza linguistica

Unità 5

Completa il testo con le parole nel riquadro.

> a ■ alimentari ■ alta ■ è ■ festeggia ■ giugno ■ il ■ mozzarella ■ nel ■ quel ■ una ■ visita

Fra tutte le pizze, la Margherita (1) _____ certamente una delle più conosciute e apprezzate (2) _____ mondo. (3) _____ e soffice, fatta di pasta di pane, pomodoro, mozzarella, olio e basilico, (4) _____ il suo compleanno l'11 (5) _____ di ogni anno. Questo piatto, tipicamente sano e mediterraneo, nasce (6) _____ Napoli nel 1889 dall'inventiva di Raffaele Esposito. In occasione di una (7) _____ di Margherita, regina d'Italia e moglie del re Umberto I, (8) _____ pizzaiolo pensa di creare (9) _____ specialità per celebrare l'unità d'Italia sotto i Savoia. Per fare questo decide di richiamare attraverso i colori degli ingredienti (pomodoro, (10) _____ e basilico) la bandiera tricolore. La regina, e non solo lei, apprezza talmente la pizza che da (11) _____ momento la ricetta prende il suo nome e oggi è uno dei prodotti (12) _____ italiani più diffusi nel mondo.

Unità 6

Completa il testo scegliendo le parole corrette.

Non è ancora Natale ma a Todi sono in (1) _____ con i lavori. La piazza è già circondata dagli abeti (2) _____, dai grandi fiocchi rossi, e al centro il tradizionale (3) _____ di Natale. Tutt'intorno le persone hanno abiti estivi, non (4) _____ giacche pesanti né sciarpe. Com'è possibile? Siamo sul set del film (5) _____ Paolo Genovese, *Una famiglia perfetta*.
Il regista torna con una commedia pensata apposta per (6) _____ attore Sergio Castellitto, che interpreta Leone, un personaggio (7) _____ potente che, dopo una vita di ricchezza e solitudine, decide di affittare una compagnia di attori per interpretare, la notte di Natale, la (8) _____ che non ha. In una intervista Castellitto dice: «(9) _____ a recitare dopo due anni e (10) _____ diverto molto con questo cast meraviglioso. La mia famiglia reale è molto (11) _____, per questo è ancora più interessante per me interpretare (12) _____ personaggio».

1	a tardo	b anticipo	c dietro
2	a colorati	b colorato	c colorate
3	a uovo	b albero	c colombo
4	a c'è	b vanno	c ci sono
5	a a	b da	c di
6	a l'	b la	c le
7	a rosso	b alto	c molto
8	a gatta	b villa	c famiglia
9	a torno	b vado	c vengo
10	a ci	b si	c mi
11	a poca	b numerosa	c tanta
12	a questo	b uno	c dello

Competenza linguistica

Unità 7

Completa il testo con le parole mancanti.

Damiano da grande vuole fare l'astronauta e spesso parla di questo desiderio con i (1) _____ amici. I ragazzi a volte ridono e dicono che (2) _____ un sogno irrealizzabile. Damiano però insiste, infatti (3) _____ il tempo libero a leggere i (4) _____ di fantascienza che prende (5) _____ biblioteca e a guardare documentari sulle esplorazioni dell'universo. La (6) _____, prima di andare a dormire, fissa il cielo e immagina di viaggiare tra le stelle. Damiano ha (7) _____ idee chiare: dopo le scuole superiori, (8) _____ studiare ingegneria aerospaziale all'università e diventare un grande viaggiatore del cosmo.

Unità 8

Completa il testo con le parole nel riquadro.

> accessori ■ con ■ dagli ■ di ■ famoso ■ firma ■ marrone ■ molto ■ mondo ■ sua ■ successo ■ usa

La stilista italiana Laura Biagiotti è nota nel (1) _____ per le sue linee moda e per il suo (2) _____ profumo *Laura Biagiotti Roma*. Disegnatrice di abiti, scarpe e (3) _____, ha sempre lavorato nel settore della moda (4) _____ anni '60 a oggi. Giovanissima, (5) _____ la sua prima collezione per Schubert e, in seguito, collabora (6) _____ grandi stilisti come Rocco Barocco e Roberto Capucci.
Nel 1972 presenta a Firenze la (7) _____ prima linea e ottiene un enorme (8) _____, sia con il pubblico che con la stampa, per il suo stile (9) _____ raffinato e femminile.
Ancora oggi è simbolo (10) _____ fascino, stile ed eleganza: nelle sue creazioni, di solito, (11) _____ i colori bianco, (12) _____, nero e rosso, nelle loro varie sfumature.

Fotocopiabile

Amici d'Italia © ELI

Competenza linguistica

Unità 9

Completa il testo scegliendo le parole corrette.

Quest'anno vacanze a contatto con la (1) _____! Una bella villeggiatura in (2) _____ splendido agriturismo toscano, con piscina e parco giochi (3) _____ bambini. Ci sono attività per tutte le età: il programma dei più piccoli è basato sul contatto diretto con (4) _____ animali, l'acqua, i profumi e i colori (5) _____ terra; il programma dei più (6) _____ soddisfa, invece, gli interessi più diversi. (7) _____ desidera una vacanza sportiva, infatti, (8) _____ scegliere tra mountain bike, trekking, canoa, piscina, tornei di tiro con l'arco, hockey su prato, pallacanestro, ping pong, aerobica...
E poi ancora, giochi, animazione ed escursioni al (9) _____, in canoa sul fiume Ombrone, alle terme di Petriolo e all'Acqua Village di Follonica.
I partecipanti dormono in camere con bagno privato e (10) _____ condizionata. L'agriturismo dispone, poi, di saloni climatizzati per svolgere (11) _____ e per l'animazione. La cucina è a base, soprattutto, di prodotti locali. (12) _____ disponibili in tutto 30 posti.

1	a scuola	b natura	c cinema
2	a lo	b un	c uno
3	a nei	b per	c sui
4	a i	b gli	c l'
5	a della	b dalla	c per la
6	a grandi	b piccoli	c vecchi
7	a cosa	b perché	c chi
8	a ha	b vuole	c può
9	a montagna	b mare	c campagna
10	a aria	b doccia	c lampada
11	a escursioni	b laboratori	c piatti
12	a vendono	b prenotano	c sono

Amici d'Italia © ELI

Soluzioni

Test d'ingresso

1. Risposta libera.
2. Risposta libera
3. n. 2.
4. Roma.
5. pizza, spaghetti, tiramisù.
6. n. 2 il cappuccino, n. 4 il Carnevale di Venezia, n. 6 la Vespa.
7. ciao.
8. n. 1 Roberto Benigni, n. 3 Valentino Rossi (gli altri personaggi sono n. 2 Daniel Radcliff e n. 4 Shakira).

Bilancio Unità 1A

1. 1 studente, 2 dottore, 3 professoressa, 4 studentessa, 5 professore.
2. 1 m, 2 m, 3 f, 4 f, 5 m.
3. 1 è, 2 siamo, 3 sono, 4 siete, 5 sei.
4. 1 comincia, 2 compro, 3 abitate, 4 ascoltano, 5 parli, 6 ama, 7 insegna, 8 mangiano, 9 studio, 10 guardi.
5. 1 bella, 2 tedesco, 3 rumena, 4 bianca, 5 nero, 6 cinese, 7 americano, 8 indiana, 9 bravo, 10 giapponese.
6. 1 Come ti chiami? 2 Lui è il professore di matematica? 3 Di dove siete? 4 Tutto bene? 5 Loro come si chiamano?
7. Produzione libera.

Bilancio Unità 1B

1. 1 studentessa, 2 dottoressa, 3 professore, 4 dottore, 5 attrice.
2. 1 f, 2 m, 3 m, 4 m, 5 f.
3. 1 sono, 2 sei, 3 siete, 4 siamo, 5 sono.
4. 1 abitiamo, 2 mangio, 3 guardi, 4 ascoltate, 5 ama, 6 studiano, 7 compriamo, 8 insegna, 9 parliamo, 10 comincia.
5. 1 italiana, 2 bravo, 3 brasiliana, 4 bello, 5 francese, 6 cinese, 7 bianca, 8 spagnola, 9 nigeriano, 10 nero.
6. 1 Come si chiama la professoressa di geografia? 2 Di dove sei? 3 Come ti chiami? 4 Lei è la professoressa di italiano? 5 Tutto bene?
7. Produzione libera.

Bilancio Unità 2A

1. a diciassette, b sessantaquattro, c tredici, d cento, e ventisei, f novantanove, g settantotto, h trentacinque, i ottantuno, l quarantadue.
2. 1 marzo, 2 agosto, 3 novembre, 4 gennaio, 5 dicembre.
3. 1 dizionari, 2 studenti, 3 piedi, 4 università, 5 gatti, 6 banchi, 7 chiavi, 8 professori, 9 matite, 10 cartine.
4. 1 le, 2 il, 3 gli, 4 lo, 5 gli, 6 l', 7 la, 8 il, 9 i, 10 il.
5. 1 abbiamo, 2 avete, 3 sto, 4 ha, 5 stai.
6. Produzione libera.

Bilancio Unità 2B

1. a quarantanove, b dodici, c sette, d trentasei, e novantaquattro, f diciotto, g cinquantuno, h venticinque, i sessantatré, l settantasette.
2. 1 luglio, 2 aprile, 3 febbraio, 4 ottobre, 5 agosto.
3. 1 esercizi, 2 fette, 3 baci, 4 caffè, 5 cani, 6 streghe, 7 stomaci, 8 penne, 9 mucche, 10 regali.
4. 1 gli, 2 i, 3 lo, 4 i, 5 l', 6 la, 7 le, 8 gli, 9 il, 10 le.
5. 1 sta, 2 ho, 3 stanno, 4 hai, 5 abbiamo.
6. Produzione libera.

Bilancio Unità 3A

1. 1 educazione musicale, 2 scienze, 3 geografia, 4 educazione fisica, 5 educazione artistica.
2. a settecentosessantaquattro, b duemilanovecentoquattordici, c ventimila, d seicentocinquantamila, e un milione.
3. 1 offri, 2 apro, 3 prendono, 4 dormono, 5 chiede.
4. 1 un', 2 degli, 3 un, 4 un, 5 dei, 6 un, 7 delle, 8 delle, 9 una, 10 degli.
5. 1 ci sono, 2 c'è, 3 ci sono, 4 c'è, 5 c'è.
6. 1 quell', 2 quel, 3 quegli, 4 questa, 5 queste.
7. Produzione libera.

Bilancio Unità 3B

1. 1 geografia, 2 educazione musicale, 3 scienze, 4 educazione artistica, 5 matematica.
2. a trecentoventisette, b ottomilatrecentododici, c quarantaduemila, d ottocentodiecimila, e due miliardi.
3. 1 chiedono, 2 seguiamo, 3 discutete, 4 scrivi, 5 legge.
4. 1 un, 2 dei, 3 un, 4 delle, 5 un', 6 uno, 7 uno, 8 un, 9 delle, 10 una.
5. 1 ci sono, 2 c'è, 3 ci sono, 4 ci sono, 5 c'è.
6. 1 quello, 2 questa, 3 quelle, 4 questi, 5 quell'.
7. Produzione libera.

Bilancio Unità 4A

1. 1 pigro, 2 golosa, 3 intelligente, 4 studiosa, 5 simpatico.
2. 1 basso, 2 grasso, 3 lisci, 4 corti, 5 bionda.
3. 1 classe, 2 laboratorio di scienze, 3 cortile, 4 segreteria,

Soluzioni

5 palestra.
4 1 paghi, 2 facciamo, 3 starnutisce, 4 faccio, 5 dimentichi, 6 capiscono, 7 fa, 8 spedite, 9 preferisci, 10 litighiamo.
5 1 i suoi, 2 la vostra, 3 i miei, 4 il tuo, 5 il mio, 6 la tua, 7 la nostra, 8 il vostro, 9 le sue, 10 il suo.
6 Produzione libera.

Bilancio Unità 4B

1 1 chiacchierona, 2 disordinato, 3 pigro, 4 generosa, 5 timido.
2 1 ricci, 2 mora, 3 lunghi, 4 magro, 5 alto.
3 1 corridoio, 2 aula magna, 3 laboratorio di scienze, 4 campo sportivo, 5 palestra.
4 1 arrossisci, 2 fanno, 3 ubbidisce, 4 litighi, 5 dimentichiamo, 6 faccio, 7 spedisce, 8 paghi, 9 fate, 10 preferisce.
5 1 i nostri, 2 i loro, 3 la sua, 4 il suo, 5 il tuo, 6 la vostra, 7 i suoi, 8 i nostri, 9 la nostra, 10 i miei.
6 Produzione libera.

Bilancio Unità 5A

1 1 lunedì, 2 mercoledì, 3 giovedì, 4 sabato, 5 domenica.
2 1 si pettina, 2 va a scuola, 3 si mette il pigiama, 4 fa colazione, 5 pranzano/cenano.
3 1 le otto e un quarto, 2 le dodici/mezzogiorno e venti, 3 l'una/le tredici e cinque, 4 le sette meno dieci/le sei e cinquanta/le diciotto e cinquanta, 5 mezzanotte meno un quarto/le undici e tre quarti/le undici e quarantacinque/le ventitré e quarantacinque.
4 1 di, 2 a, 3 di, 4 a, 5 in.
5 1 beve, 2 esco, 3 vado, 4 beviamo, 5 escono, 6 vai, 7 beviamo, 8 escono, 9 andate, 10 esce.

6 1 in, 2 al, 3 allo, 4 in, 5 a.
7 Produzione libera.

Bilancio Unità 5B

1 1 martedì, 2 giovedì, 3 venerdì, 4 sabato, 5 domenica.
2 1 si sveglia, 2 dorme, 3 si fa la doccia, 4 fa i compiti/studia, 5 si lava i denti.
3 1 le undici e cinquanta/mezzogiorno/le dodici meno dieci, 2 l'una e un quarto/le tredici e quindici, 3 le cinque/le diciassette e trentacinque, 4 le nove/le ventuno e venticinque, 5 le dieci/le ventidue e cinquantacinque/le undici meno cinque.
4 1 in, 2 alle, 3 a, 4 a, 5 in.
5 1 andate, 2 beviamo, 3 esce, 4 bevo, 5 vanno, 6 va, 7 escono, 8 bevete, 9 esco, 10 vado.
6 1 a, 2 in, 3 al, 4 a, 5 in.
7 Produzione libera.

Bilancio Unità 6A

1 Andrea è il nipote di Roberto e Sonia, Laura è la mamma/madre di Andrea, Rossella è sua zia. Rossella è anche la sorella di Laura. Lucio è il papà/padre di Andrea.
2 1 in bagno, 2 in camera da letto, 3 in cucina, 4 nello studio, 5 nel soggiorno.
3 1 stanno bevendo, 2 si sta lavando, 3 si stanno alzando, 4 stiamo facendo, 5 sto chiudendo.
4 1 viene dal, 2 vieni da, 3 vengo dall', 4 vengono da, 5 veniamo dal.
5 1 sotto l', 2 sulla, 3 dietro la/alla, 4 fra/tra (i), 5 nel/dentro il/al.
6 mia madre, mio padre, le mie sorelle, la nostra amata gatta, la nostra casa.
7 Produzione libera.

Bilancio Unità 6B

1 Lucio e Rossella sono i genitori di Andrea. Laura è la sorella di Lucio e la zia di Andrea. Sonia è la mamma/madre di Lucio ed è la nonna di Andrea.
2 1 nello studio, 2 in camera da letto, 3 in bagno, 4 in bagno, 5 in garage.
3 1 si sta facendo, 2 stanno scrivendo, 3 sto bevendo, 4 stai dormendo, 5 sta spiegando.
4 1 viene dalla, 2 vengo da, 3 vengono dal, 4 vieni da, 5 venite dall'.
5 1 vicino la/alla, 2 davanti la/alla, 3 sul, 4 nello/dentro lo, 5 fra/tra (i).
6 suo padre, sua madre, i suoi fratelli, il loro amato cane, la loro casa.
7 Produzione libera.

Bilancio Unità 7A

1 1 veterinario, 2 barista, 3 poliziotto, 4 pompiere, 5 cameriera.
2 1 fa, 2 ripara, 3 taglia/lava/pettina, 4 dipinge, 5 consegna.
3 1 dobbiamo, 2 volete, 3 vuole, 4 possono, 5 devo, 6 puoi, 7 vogliamo, 8 deve, 9 possiamo, 10 posso.
4 1 sanno, 2 dice, 3 dai, 4 spengono, 5 raccolgo, 6 scelgo, 7 si tolgono, 8 spengo, 9 danno, 10 so.
5 1 che/cosa/che cosa, 2 qual, 3 che, 4 chi, 5 che.
6 Produzione libera.

Bilancio Unità 7B

1 1 chirurgo, 2 meccanico, 3 parrucchiere, 4 pittrice, 5 postino.
2 1 spegne, 2 serve, 3 cura, 4 prepara, 5 arresta.
3 1 puoi, 2 vogliono, 3 devono, 4 vuoi, 5 posso, 6 vuole,

Amici d'Italia © ELI

Soluzioni

7 dobbiamo, 8 potete, 9 devo, 10 vuole.
4 1 rimango, 2 scelgono, 3 sappiamo, 4 dite, 5 danno, 6 mi tolgo, 7 contengono, 8 spengo, 9 dici, 10 danno.
5 1 quanti, 2 che/cosa/che cosa, 3 che, 4 quanto, 5 chi.
6 Produzione libera.

Bilancio Unità 8A

1 1 gonna a fiori, 2 calzini a pois, 3 maglione a righe, 4 pantaloni a tinta unita, 5 camicia a fantasia.
2 1 piace, piace, 2 piace, piace, 3 piacciono, piacciono, 4 piacciono, piacciono, 5 piace, piace.
3 1 potrebbe, 2 potreste, 3 vorrei, 4 potremmo, 5 vorrei, 6 potrei, 7 potresti, 8 vorrei, 9 potresti, 10 vorremmo.
4 1 scontatissimo, 2 bellissimo, 3 piccolissime, 4 grandissima, 5 simpaticissimi.
5 Produzione libera.

Bilancio Unità 8B

1 1 vestito a fantasia, 2 camicia a fiori, 3 guanti a tinta unita, 4 sciarpa a righe, 5 felpa a pois.
2 1 piace, piace, 2 piace, piace, 3 piacciono, piacciono, 4 piacciono, piacciono, 5 piace, piace.
3 1 vorremmo, 2 potresti, 3 potrei, 4 vorrei, 5 vorremmo, 6 potrei, 7 potresti, 8 potrebbe, 9 potrebbe, 10 vorrei.
4 1 piccolissima, 2 simpaticissima, 3 grandissimi, 4 carissime, 5 bruttissima.
5 Produzione libera.

Bilancio Unità 9A

1 1 treno, 2 bicicletta, 3 traghetto, 4 aereo, 5 autobus.
2 1 prendere il sole, 2 fare una passeggiata, 3 fare windsurf, 4 sciare, 5 andare in barca a vela.
3 1 allora, 2 prima, dopo, 3 ma, 4 invece.
4 tu: ascolta, mangia, parla, prepara; lui/lei/Lei: dorma, legga, vada, studi, entri, guardi.
5 1 va'/vai, 2 mangia, 3 fa'/fai, 4 dormite, 5 beva.
6 1 il, 2 in/d', 3 fra/tra, 4 in/a, 5 fra/tra.
7 Produzione libera.

Bilancio Unità 9B

1 1 bicicletta, 2 treno, 3 aereo, 4 traghetto, 5 autobus.
2 1 fare arrampicata, 2 tuffarsi, 3 andare a cavallo, 4 andare in bicicletta, 5 rilassarsi.
3 1 prima, dopo, 2 ma, 3 allora, 4 invece.
4 tu: mangia, apri, fa', impara, va', pulisci; lui/lei/Lei: cucini, torni, chiacchieri, lavi.
5 1 pulisci, 2 mangiate, 3 ascolta, 4 bevete, 5 studia.
6 1 in/ad, 2 in/d', 3 fra/tra, 4 il, 5 fra/tra.
7 Produzione libera.

Rinforzo Unità 1

1 1 tedesco, 2 spagnolo, 3 cinese, 4 nigeriano, 5 americano, 6 francese, 7 italiano, 8 svizzero.
2 1 dottore, 2 professoressa, 3 studente, 4 dottoressa, 5 studentessa, 6 professore.
3 io sono, tu sei, lui/lei è, noi siamo, voi siete, loro sono.
4 1 amate, 2 mangia, 3 sei, 4 comincia, 5 guardiamo, 6 studio, 7 abitano, 8 parlo, 9 siamo, 10 compra.
5 1 bianca, 2 bello, 3 tedesco, 4 francese, 5 nero, 6 giapponese.
6 1 mi chiamo *Nome studente*, 2 sono di *Città studente*, 3 no, non sono italiano, sono *nazionalità studente*, 4 l'insegnante si chiama *Nome insegnante*, 5 sì, è italiano.

Rinforzo Unità 2

1 a trentanove, b undici, c quarantuno, d ventiquattro, e novantadue, f otto, g diciannove, h dieci.
2 2 febbraio, 5 maggio, 6 giugno, 8 agosto, 9 settembre, 11 novembre.
3 1 feste, 2 biglietti, 3 amiche, 4 attività, 5 ristoranti, 6 esercizi, 7 musiche, 8 giochi.
4 1 lo, 2 le, 3 l', 4 il, 5 la, 6 l', 7 gli, 8 le.
5 1 hanno, 2 ho, 3 abbiamo, 4 hai, 5 avete, 6 ha.
6 io sto, tu stai, lui/lei sta, noi stiamo, voi state, loro stanno.

Rinforzo Unità 3

1 1 cattedra, 2 banco, 3 sedia, 4 cestino, 5 televisore, 6 righello.
2 a cinquecentosettantuno, b millequattrocentodiciassette, c sessantanovemila, d duecentoquarantamila, e due milioni, f tre miliardi.
3 1 d, 2 a, 3 f, 4 c, 5 b, 6 e.
4 1 leggiamo, 2 correggono, 3 scrive, 4 aprite, 5 ripetono, 6 prendo, 7 parti, 8 perdete.
5 1 un, 2 degli, 3 dei, 4 un, 5 una, 6 un, 7 degli, 8 delle.
6 1 c'è, 2 ci sono, 3 c'è, 4 ci sono, 5 ci sono, 6 c'è.
7 1 quell', 2 quelle, 3 quello, 4 quegli, 5 quel, 6 questa.

Soluzioni

Rinforzo Unità 4

1. 1 antipatico, 2 attivo, 3 avaro, 4 pauroso, 5 ordinato, 6 attento.
2. robusto, lunghi, ondulati/ricci, occhiali.
3. 1 palestra, 2 segreteria, 3 laboratorio, 4 cortile, 5 corridoio, 6 aula.
4. 1 litighi, 2 tossisce, 3 capisce, 4 preferisco, 5 dimentichiamo, 6 paghiamo, 7 arrossiscono, 8 spedisco.
5. 1 fa, 2 faccio, 3 facciamo, 4 fanno, 5 fate, 6 fai.
6. la mia amica, le mie matite, il mio gatto, i miei professori, la tua borsa, le tue penne, il tuo cane, i tuoi libri, la sua casa, le sue caramelle, il suo banco, i suoi occhi, la nostra classe, le nostre biciclette, il nostro dizionario, i nostri capelli, la vostra scuola, le vostre mamme, il vostro direttore, i vostri occhiali, la loro palla, le loro torte, il loro regalo, i loro voti.

Rinforzo Unità 5

1. la mattina vado a scuola e il pomeriggio faccio sempre i compiti a casa, la sera a volte guardo la tv, la notte dormo.
2. 1 sempre, 2 a volte/qualche volta, 3 spesso, 4 mai, 5 di solito, 6 raramente.
3. 1 vado a letto, 2 vai al cinema, 3 va in farmacia, 4 andiamo in pasticceria, 5 andate allo stadio, 6 vanno a teatro.
4. 1 beve, 2 esce, 3 bevi, 4 escono, 5 beviamo, 6 esco.
5. 1 alle, 2 in, 3 a, 4 dalle, alle, 5 in, 6 di, 7 di, 8 a.
6. tu ti alzi, noi ci pettiniamo, voi vi vestite, io mi chiamo, loro si lavano, lui/lei si sveglia.

Rinforzo Unità 6

1. 1 letto, 2 frigorifero, 3 armadio, 4 divano, 5 scrivania, 6 specchio.
2. 1 sto ripetendo, 2 sta facendo, 3 si stanno alzando, 4 sta leggendo, 5 stai chiacchierando, 6 stiamo pulendo, 7 state bevendo, 8 si stanno lavando.
3. 1 viene da, 2 vengono dallo, 3 veniamo dagli, 4 venite da, 5 vengo da, 6 vieni dall'.
4. 1 il computer è sul tavolo, 2 lo zaino è nel/dentro il cestino, 3 la sedia è tra/fra i tavoli, 4 i libri sono sotto il/al tavolo.
5. mia sorella, nostra madre, nostro padre, i nostri fratelli, la nostra gatta, il nostro cane, i nostri nonni, nostro zio.

Rinforzo Unità 7

1. chirurgo, 2 vigile urbano, 3 cameriera, 4 meccanico, 5 parrucchiere, 6 pittrice, 7 postino, 8 farmacista.
2. 1 recita (opere teatrali), 2 difende i clienti, 3 fa il pane, 4 disegna appartamenti, 5 vende prodotti, 6 suona uno strumento musicale.
3. 1 sai, 2 dobbiamo, 3 voglio, 4 possiamo, 5 scelgo, 6 diciamo, 7 spengono, 8 rimango, 9 danno, 10 contiene, 11 posso, 12 vuoi.
4. 1 chi, 2 quanti, 3 chi, 4 che, 5 che/cosa/che cosa, 6 quanto, 7 qual, 8 che.

Rinforzo Unità 8

1. 1 guanti, 2 camicia, 3 pantaloni, 4 taglia, 5 fantasia, 6 maglietta.
2. 1 sciarpa, 2 giaccone, 3 cintura, 4 calzini, 5 vestito, 6 berretto, 7 maglione, 8 giubbotto.
3. 1 d, 2 a, 3 f, 4 b, 5 c, 6 e.
4. 1 mi piacciono, 2 ti piace, 3 ti piace, 4 mi piacciono, 5 mi piace, 6 ti piaccio.
5. 1 vorrei, 2 potrebbe, 3 vorremmo, 4 potresti, 5 vorrei, 6 potremmo.
6. 1 disordinatissimo, 2 grandissima, 3 lunghissima, 4 bruttissime, 5 simpaticissimo.

Rinforzo Unità 9

1. 1 prendere il sole, 2 fare una passeggiata, 3 andare a cavallo, 4 sciare, 5 rilassarsi, 6 tuffarsi.
2. 1 invece, 2 prima, dopo, 3 allora, 4 ma.
3. 1 albergo, 2 campeggio, 3 villaggio turistico, 4 pensione.
4. parti, assaggia, mangia, bevi, ricorda, fa'/fai, va'/vai, dormi.
5.

	a	da	di	in	su
il	al	dal	del	nel	sul
lo	allo	dallo	dello	nello	sullo
l'	all'	dall'	dell'	nell'	sull'
la	alla	dalla	della	nella	sulla
i	ai	dai	dei	nei	sui
gli	agli	dagli	degli	negli	sugli
le	alle	dalle	delle	nelle	sulle

Test Verso la certificazione Unità 1A

(2) *Mi chiamo Paul, sono inglese, di Londra. Sono Angela, sono svizzera, di Zurigo. Mi chiamo Maria, sono argentina, di Rosario. Mi chiamo Lorena, sono italiana, di Siena. Mi chiamo Miguel, sono spagnolo, di Madrid.*

1. 1 Angela svizzera, Zurigo, 2 Paul inglese, Londra, 3 Miguel spagnolo, Madrid, 4 Lorena italiana, Siena, 5 Maria argentina, Rosario.

Amici d'Italia © ELI

Soluzioni

2 **Produzione possibile**:
1 Ciao Franca! - Ciao Paolo!
2 ArrivederLa signora! - ArrivederLa professore! 3 Salve Marina, tutto bene? - Ciao Lisa, sì, tutto bene! 4 Lea, lui si chiama Giulio! - Ciao Giulio, piacere! Sono Lea - Piacere! 5 Lei come si chiama? - Si chiama Patrizia.

3 1 V, 2 F, 3 V, 4 V, 5 F.

4 1 lei come si chiama? 2 come ti chiami? 3 buonanotte *Nome*! 4 di dove siete? 5 è di *Città*.

Test Verso la certificazione Unità 1B

1 1 Maria argentina, Rosario, 2 Miguel spagnolo, Madrid, 3 Paul inglese, Londra, 4 Angela svizzera, Zurigo, 5 Lorena italiana, Siena.

2 **Produzione possibile**: 1 Ciao Teresa, tutto bene? - Ciao Tea, sì, tutto bene! 2 Ciao Fulvio! - Ciao Marilena! Tutto bene? 3 Lei si chiama Tea? - No, si chiama Alessandra. 4 ArrivederLa professoressa! - ArrivederLa dottore! 5 Catia, lui si chiama Ludovico! - Piacere Ludovico! Sono Catia!

3 1 V, 2 F, 3 V, 4 F, 5 V.

4 1 come ti chiami? 2 Lui come si chiama? 3 Buonanotte *Nome*! 4 Siamo di *Città*. 5 Lei di dov'è?

Test Verso la certificazione Unità 2A

(3) *Ciao, mi chiamo Luisa, il mio numero di cellulare è 339 712 42 33. Io sono Teresa, il mio numero è 332 464 90 94. Sono Lorenzo, non ho il cellulare, il numero di casa è 011 348 61 12 90. Ciao, mi chiamo Ugo, il mio cellulare è 327 817 46 11.*

Mi chiamo Vania, il mio telefono è 312 912 72 04.

1 1 Luisa 339 712 42 33, 2 Teresa 332 464 90 94, 3 Lorenzo 011 348 61 12 90, 4 Ugo 327 817 46 11, 5 Vania 312 912 72 04.

2 1 25 maggio, 2 la torta, 3 un regalo, 4 un CD, 5 una bicicletta.

3 **Produzione possibile:** Lui si chiama Frank Engelmann. Ha dodici anni e il suo compleanno è il 16 marzo. Abita a Berlino.

4 **Produzione possibile:**
Biglietto: Caro Alex/ciao Alex, tanti auguri di buon compleanno! Grazie per l'invito alla festa! Busta: Alex Blunt, Via Wagner 12, Locarno.

Test Verso la certificazione Unità 2B

1 Vedi A.

2 1 16 aprile, 2 le pizze, 3 un DVD, 4 un videogioco, 5 un libro.

3 Vedi A.

4 Vedi A.

Test Verso la certificazione Unità 3A

(4) *Questa è una foto della mia classe e questi sono i miei compagni, sono tutti molto simpatici! Questa ragazza con gli occhiali è Tullia, cerca la penna nello zaino e sorride: è molto distratta e dimentica sempre qualcosa! La ragazza che scrive sulla lavagna si chiama Benedetta, è molto intelligente e, infatti, risolve un problema di matematica! Questo ragazzo che entra in classe e chiude la porta invece è Pietro. Alex mangia sempre caramelle, anche qui mentre legge il libro e ripete la lezione! Questa ragazza si chiama Lucilla, segue attentamente la lezione: qui prende appunti e sottolinea il libro di matematica.*

1 Scrive alla lavagna: Benedetta. Legge il libro: Alex. Mangia le caramelle: Alex. Chiude la porta: Pietro. Segue la lezione: Lucilla. Prende appunti: Lucilla. Sorride: Tullia. Ripete la lezione: Alex. Entra in classe: Pietro. Cerca la penna: Tullia.

2 1 bene, ma è stanco, 2 insegna inglese, 3 la professoressa Sannini, 4 insegna geografia, 5 guarda un film.

3 **Produzione possibile**: In classe ci sono il professore e undici studenti. Sulla cattedra e su tre banchi ci sono i computer. In classe c'è anche il televisore. C'è un cestino e ci sono due armadi. Una studentessa entra in classe. Uno studente saluta e sorride. Uno studente lavora al computer.

4 **Produzione possibile**: Vedi esercizio 3.

Test Verso la certificazione Unità 3B

1 Legge il libro: Alex. Risolve un problema: Benedetta. Chiude la porta: Pietro. Sottolinea il libro: Lucilla. Prende appunti: Lucilla. Dimentica sempre qualcosa: Tullia. Ripete la lezione: Alex. Scrive alla lavagna: Benedetta. Entra in classe: Pietro. Cerca la penna: Tullia.

2 1 è stanca, 2 insegna tedesco, 3 la professoressa Marsili,

Soluzioni

    4 insegna educazione artistica, 5 gioca alla Playstation.
3. Vedi A.
4. Vedi A.

Test Verso la certificazione Unità 4A

(5) *Ciao, mi chiamo Isabella: ho 14 anni e sono una studentessa italiana. Ho i capelli neri lunghi e lisci; ho gli occhi neri e porto gli occhiali. Sono alta e magra. Amo molto lo sport, gioco regolarmente a pallacanestro. Sono una persona dinamica e sportiva, e per fortuna, perché sono anche molto golosa! A scuola amo studiare le lingue, parlo bene l'inglese e il tedesco. Con la mia amica Sonia frequento un corso di francese on line.*

1. 1 b, 2 pallacanestro, 3 golosa, dinamica, sportiva, 4 inglese e tedesco, 5 Sonia.
2. 1 b, 2 V, 3 b, 4 a, 5 per chattare in due lingue e per parlare di danza.
3. **Produzione possibile:** Elisa è magra e ha i capelli castani, lunghi e lisci. Ha gli occhi castani. In questa foto sorride un po'.
4. Produzione libera.

Test Verso la certificazione Unità 4B

1. 1 a, 2 ha 14 anni, 3 magra, golosa, alta, 4 l'inglese e il tedesco, 5 il francese.
2. 1 b, 2 V, 3 b, 4 b, 5 per fare pratica e per parlare di sport.
3. **Produzione possibile:** Giovanna Mezzogiorno ha i capelli castani lunghi e lisci. Ha gli occhi chiari. In questa foto sorride un po'.
4. Produzione libera.

Test Verso la certificazione Unità 5A

(6) *1 Risponde la segreteria telefonica della dottoressa Marchini. Lo studio dentistico è aperto tutti i giorni dal lunedì al venerdì dalle nove alle tredici e dalle quindici alle diciannove. Il sabato e la domenica lo studio è chiuso. Si riceve solo su appuntamento.
2 Buongiorno. Questa è la segreteria telefonica di 'Bellezza e stile', il tuo parrucchiere di fiducia. Il negozio è aperto tutti i giorni dal martedì al venerdì dalle otto e mezza alle sei e mezza. Il sabato siamo aperti fino alle sette e mezza. La domenica e il lunedì siamo chiusi. Ti aspettiamo!*

1. 1 due parrucchiere – uno dentista, 2 dal martedì al venerdì dalle otto e mezza alle sei e mezza – sabato dalle otto e mezza alle sette e mezza, 3 domenica e lunedì, 4 dal lunedì al venerdì dalle nove alle tredici e dalle quindici alle diciannove.
2. Produzione libera.
3. 1 una pubblicità, 2 a Recanati, Marche, 3 dal 2 al 30 luglio e dal 2 al 30 agosto, 4 due ore e mezza, 5 programma 1.
4. Produzione libera.

Test Verso la certificazione Unità 5B

1. 1 uno dentista – due parrucchiere, 2 dal lunedì al venerdì dalle nove alle tredici e dalle quindici alle diciannove, 3 sabato e domenica, 4 dal martedì al venerdì dalle otto e mezza alle sei e mezza – sabato dalle otto e mezza alle sette e mezza.
2. Produzione libera.
3. 1 una pubblicità, 2 a Recanati, Marche, 3 dal 2 al 30 luglio e dal 2 al 30 agosto, 4 due ore e mezza, 5 programma 1.
4. Produzione libera.

Test Verso la certificazione Unità 6A

(7) **Mariella:** *Ciao Umberto!*
Umberto: *Ciao Mariella, come stai?*
Mariella: *Bene grazie. Sai che non abito più in centro, vero?*
Umberto: *Davvero? E adesso dove abiti?*
Mariella: *In periferia. Infatti non vengo più a piedi a scuola ma prendo l'autobus, però la casa è davvero bella e comoda.*
Umberto: *Sono contento per te! C'è anche il giardino per i tuoi cani?*
Mariella: *Sì, sì, un bel giardino grande con molti alberi dove corrono e giocano tutto il giorno. E c'è anche un grande garage per due macchine, così finalmente i miei genitori non hanno più il problema del parcheggio.*
Umberto: *E la casa com'è?*
Mariella: *È una piccola casa indipendente su due piani. Al piano terra ci sono il soggiorno, la cucina, un bagno e una piccola camera per gli ospiti. Al primo piano ci sono tre camere da letto e un altro bagno.*
Umberto: *Allora adesso hai una camera tutta per te!*
Mariella: *Sì, io e mia sorella*

Soluzioni

abbiamo finalmente due camere separate! Nella mia camera c'è anche un piccolo terrazzo.
Umberto: Bene! Sono davvero contento per te! Allora aspetto il tuo invito per venire a prendere un tè nel tuo giardino o sulla tua terrazza.

1. 1 F, 2 V, 3 V, 4 F, 5 F, 6 V, 7 F, 8 F, 9 V, 10 V.
2. Produzione libera.
3. 1 a Londra, 2 utile e divertente, 3 l'amico di penna di Lea, 4 cura il giardino di casa, 5 cinque animali.
4. Produzione libera.

Test Verso la certificazione Unità 6B

1. 1 V, 2 F, 3 F, 4 V, 5 F, 6 V, 7 V, 8 V, 9 V, 10 F.
2. Produzione libera.
3. 1 con una famiglia molto simpatica, 2 utile e divertente, 3 la sorella di Richard, il suo amico di penna, 4 è insegnante di musica, 5 ci sono sette animali.
4. Produzione libera.

Test Verso la certificazione Unità 7A

(8) *1 Mi chiamo Monica e sono commessa in un negozio di articoli da regalo. Amo il mio lavoro anche se sto in piedi tutto il giorno! Mi diverto a chiacchierare un po' con le clienti e a dare consigli per i loro regali.
2 Sono proprio fortunato perché faccio il lavoro dei miei sogni: sono musicista in un'orchestra di musica tradizionale, suono la chitarra e qualche volta il basso.
3 Mi chiamo Sonia e lavoro in un ospedale per bambini. Sono dentista e fortunatamente i miei piccoli pazienti non hanno paura di me!
4 Uff... in questa città c'è sempre tanto traffico! Per i tassisti come me questo è davvero un grande problema.
5 Amo molto i libri e infatti sono impiegata in una biblioteca. Ci sono sempre molti studenti che cercano volumi particolari o rari, e io so sempre dove sono!*

1. 1 c, 2 e, 3 a, 4 d, 5 b.
2. Produzione libera.
3. 1 b, 2 gli studenti delle scuole secondarie inferiori, 3 forse perché non vogliono passare troppo tempo sui libri, 4 lavori nel turismo, lavori a contatto con la gente, 5 nei settori del divertimento e della moda.
4. Produzione libera.

Test Verso la certificazione Unità 7B

1. 1 e, 2 c, 3 b, 4 a, 5 d.
2. Produzione libera.
3. 1 c, 2 molti ragazzi italiani delle scuole secondarie superiori, 3 forse perché non vogliono passare troppo tempo sui libri, 4 per vivere in campagna, lontano dal traffico e dallo stress, 5 nei settori del divertimento e della moda.
4. Produzione libera.

Test Verso la certificazione Unità 8A

(9) ***Alice:** Vorrei una felpa a tinta unita, mi piace questa verde.
Commessa: Certo! Che taglia porti?
Alice: La 42, ma va bene anche la 44, mi piacciono le felpe un po' larghe.
Commessa: Mi dispiace ma abbiamo solo taglie grandi, 46 e 48. Se vuoi abbiamo la 44 in blu, rosso e bianco.
Alice: Va bene il rosso allora. Quanto viene?
Commessa: Costa 35 euro.
Alice: È un po' cara! Non è in saldo?
Commessa: No, queste felpe sono ancora a prezzo intero, ma se vuoi quelle in vetrina sono scontate, costano solo 15 euro.
Alice: No grazie, non mi piacciono molto i colori; preferisco questa rossa. Posso provarla?
Commessa: Certo! I camerini sono lì a destra.*

1. 1 b, 2 c, 3 a, 4 costano 15 euro, 5 c.
2. 1 F, 2 V, 3 F, 4 F, 5 F.
3. Produzione libera.
4. Produzione libera.

Test Verso la certificazione Unità 8B

1. 1 a, 2 b, 3 b, 4 vetrina, 5 a.
2. 1 V, 2 F, 3 F, 4 V, 5 V.
3. Produzione libera.
4. Produzione libera.

Test Verso la certificazione Unità 9A

(10) ***Simona:** Mario, tu conosci bene Firenze, vero?
Mario: Sì, certo, vado spesso a visitare le mostre.
Simona: Allora potresti darmi qualche consiglio? La prossima settimana andiamo a Firenze in gita scolastica e abbiamo un pomeriggio libero; cosa posso fare di interes-*

Soluzioni

sante?
Mario: *Mah... guarda Simona, se vuoi rilassarti va' al parco delle Cascine: puoi dormire sul prato o fare un giro in bicicletta. Se invece vuoi visitare ancora qualcosa, c'è il mercato in centro, vicino al duomo: si trovano sempre cose simpatiche e a buon prezzo.*
Simona: *Sai se in questo periodo ci sono mostre interessanti?*
Mario: *Sì, a palazzo Pitti c'è una mostra sulla storia del computer. Il biglietto per gli studenti costa solo due euro e cinquanta!*
Simona: *Due euro e cinquanta? Benissimo! Allora vado sicuramente a visitarla! Grazie mille per i consigli Mario!*

1. 1 Mario, 2 c, 3 in centro, 4 b, 5 sì.
2. Produzione libera.
3. Produzione libera.
4. 1 Claudio, 2 Serena, 3 in Calabria, 4 a Tropea, 5 prende il sole, fa il bagno, gioca a pallavolo, 6 fino alle sei, 7 esce con sua sorella e suo fratello, 8 quando arriva, giorno e ora, e con quale mezzo arriva.

Test Verso la certificazione Unità 9B

1. 1 Simona, 2 b, 3 buoni, 4 a, 5 sì.
2. Produzione libera.
3. Produzione libera.
4. 1 Roberta, 2 Mauro, 3 in Friuli Venezia Giulia, 4 a Lignano Sabbiadoro, 5 prende il sole, fa windsurf, va in barca a vela, 6 fino all'una, 7 con sua sorella e suo fratello, 8 quando arriva, giorno e ora, e con quale mezzo arriva.

Competenza linguistica

1. 1 b giorno, 2 c parla, 3 a di, 4 c lui, 5 a lezione.
2. 1 chiami, 2 stai, 3 hai, 4 compleanno, 5 quando.
3. 1 compagni, 2 ama, 3 questo, 4 lo, 5 controllano, 6 professoressa, 7 appunti.
4. 1 c giovane, 2 a vive, 3 b sue, 4 c capelli, 5 d sua, 6 a sportiva, 7 c fa.
5. 1 è, 2 nel, 3 alta, 4 festeggia, 5 giugno, 6 a, 7 visita, 8 il, 9 una, 10 mozzarella, 11 quel, 12 alimentari.
6. 1 b anticipo, 2 a colorati, 3 b albero, 4 c ci sono, 5 c di, 6 a l', 7 c molto, 8 c famiglia, 9 a torno, 10 c mi, 11 b numerosa, 12 a questo.
7. 1 suoi, 2 è, 3 passa/trascorre, 4 libri, 5 in, 6 sera, 7 le, 8 vuole.
8. 1 mondo, 2 famoso, 3 accessori, 4 dagli, 5 firma, 6 con, 7 sua, 8 successo, 9 molto, 10 di, 11 usa, 12 marrone.
9. 1 b natura, 2 c uno, 3 b per, 4 b gli, 5 a della, 6 a grandi, 7 c chi, 8 c può, 9 b mare, 10 a aria, 11 b laboratori, 12 c sono.

Consigli per la drammatizzazione

Partendo dal presupposto che l'apprendimento sia un processo lento, basato principalmente su esperienze ricettive e facilmente bloccato da avvenimenti frustranti e ansiogeni, è fondamentale che coinvolga tutte le modalità esperienziali dell'individuo: uditive, affettive, motorie e visive. Lo studente deve essere sempre al centro del processo di insegnamento, motivato all'azione e, allo stesso tempo, protetto dagli insuccessi e guidato all'autorealizzazione. Questo avviene tramite l'associazione dell'apprendimento della lingua al movimento: le azioni e la fisicità degli allievi non sono spinte alla produzione della lingua ma esposte a una serie di input linguistici che possono interessare anche la produzione orale, come avviene nella drammatizzazione. Pertanto si è pensato di inserire alla fine del Libro dello studente una breve commedia che si potrà mettere in scena a fine anno. Si tratta di un'attività utile a superare il blocco della produzione orale: rifarsi a un testo scritto rassicura gli alunni che di solito mostrano maggiori difficoltà espressive. È un momento di apprendimento rilassato in cui gli allievi e l'insegnante si trovano a lavorare insieme senza la pressione della valutazione e delle aspettative di rendimento. Gli studenti maturano, quindi, l'idea che lo studio di una lingua passa anche attraverso canali alternativi ai metodi tradizionali.

La trama

I cinque protagonisti (Alice, Damiano, Matilde, Rafael e Silvia) sono davanti alla scuola. È l'ultimo giorno prima dell'inizio delle vacanze. Matilde è triste perché passerà tre mesi lontano dagli amici. Alice, per consolarla, propone di organizzare una serata nel suo giardino prima di partire per la villeggiatura, cogliendo anche l'occasione per festeggiare anticipatamente il compleanno di Damiano. Con un breve giro di telefonate si avvertono i compagni che, entusiasticamente, aderiscono all'iniziativa. Nel frattempo Alice va in un negozio di abbigliamento per comprare un regalo a Damiano.

È il momento della festa e ognuno è indaffarato: Silvia si occupa della musica, Matilde e Alice preparano da mangiare mentre Damiano e Rafael apparecchiano la tavola. L'allegria dilaga e anche Matilde riacquista il buonumore.

Il metodo di lavoro

Presentare il progetto alla classe.
Indicare il numero dei ruoli e fare una lista.
Discutere con la classe la drammatizzazione del testo e la scenografia, attirando l'attenzione sull'importanza degli elementi decorativi che creano l'atmosfera festaiola ed estiva.
Individuare i compiti da assegnare, oltre quelli della recitazione:

- la scelta dei costumi;
- la realizzazione della scenografia;
- la scelta della musica;
- la creazione di una locandina dello spettacolo;
- la gestione del suono e delle luci;
- la presentazione della commedia;
- la preparazione di un 'gobbo' con i testi (nel caso qualcuno si scordasse le battute...).

È importante spiegare agli alunni-attori che dovranno lavorare autonomamente, imparando le loro parti a memoria e studiando i loro movimenti di scena. Per gli altri compiti, invece, si potrà fare ricorso all'ausilio degli insegnanti di altre discipline (musica, arte, educazione tecnica ecc.).
Le prove devono essere svolte sempre davanti a tutta la classe, che deve sentirsi interamente partecipe alla realizzazione della commedia. All'inizio si lavorerà solo con gli attori, poi si aggiungeranno la scenografia, le luci, i suoni, i costumi, la musica ecc. Per una buona riuscita del progetto è necessario fare numerose prove, anche tecniche. Lo spettacolo potrà essere rappresentato a fine anno alla presenza degli alunni di tutta lo scuola e/o dei genitori.

Elenco delle tracce dei due audio CD per la classe

Audio CD 1

Traccia	Unità	Esercizio	Pagina
1-2	0	Esercizio 1	pagina 10
1-3	0	Esercizio 2	pagina 10
1-4	0	Esercizio 3	pagina 10
1-5	0	Esercizio 5	pagina 11
1-6	0	Esercizio 7	pagina 11
1-7	0	Esercizio 9	pagina 12
1-8	0	Esercizio 10	pagina 12
1-9	0	Esercizio 1	pagina 13
1-10	0	Esercizio 2	pagina 13
1-11	0	Esercizio 3	pagina 13
1-12	0	Esercizio 4	pagina 13
1-13	1	Esercizio 1	pagina 14
1-14	1	Esercizio 2	pagina 16
1-15	1	Esercizio 3	pagina 16
1-16	1	Esercizio 4	pagina 17
1-17	1	Esercizio 5	pagina 17
1-18	1	Esercizio 1	pagina 17
1-19	1	Esercizio 2	pagina 17
1-20	1	Esercizio 1	pagina 18
1-21	1	Esercizio 3	pagina 18
1-22	1	Esercizio 4	pagina 18
1-23	1	Esercizio 5	pagina 18
1-24	1	Esercizio 1	pagina 22
1-25	2	Esercizi 1-2	pagina 26
1-26	2	Esercizio 4	pagina 27
1-27	2	Esercizio 1	pagina 28
1-28	2	Esercizio 2	pagina 28
1-29	2	Esercizio 4	pagina 29
1-30	2	Esercizio 7	pagina 29
1-31	2	Esercizio 1	pagina 30
1-32	2	Esercizio 3	pagina 30
1-33	2	Esercizio 5	pagina 30
1-34	2	Esercizio 1	pagina 31
1-35	2	Esercizio 2	pagina 31
1-36	2	Esercizio 3	pagina 31
1-37	2	Esercizio 1	pagina 34
1-38	3	Esercizio 1	pagina 38
1-39	3	Esercizio 1	pagina 40
1-40	3	Esercizio 2	pagina 40
1-41	3	Esercizio 4	pagina 41
1-42	3	Esercizio 5	pagina 41
1-43	3	Esercizio 1	pagina 42
1-44	3	Esercizio 2	pagina 42
1-45	3	Esercizio 4	pagina 42
1-46	3	Esercizio 1	pagina 43

Amici d'Italia © ELI

1-47	3	Esercizio 2	pagina 43
1-48	3	Esercizio 1	pagina 46
1-49	Tiriamo le somme	Esercizio 7	pagina 51
1-50	4	Esercizio 1	pagina 52
1-51	4	Esercizio 4	pagina 53
1-52	4	Esercizio 1	pagina 54
1-53	4	Esercizio 3	pagina 54
1-54	4	Esercizio 5	pagina 55
1-55	4	Esercizio 6	pagina 55
1-56	4	Esercizio 1	pagina 56
1-57	4	Esercizio 2	pagina 56
1-58	4	Esercizio 5	pagina 57
1-59	4	Esercizio 7	pagina 57
1-60	4	Esercizio 1	pagina 59
1-61	4	Esercizio 2	pagina 59
1-62	4	Esercizio 3	pagina 59
1-63	4	Esercizio 3	pagina 61
1-64	4	Esercizio 4	pagina 61

Audio CD 2

2-1	5	Esercizio 1	pagina 64
2-2	5	Esercizio 1	pagina 66
2-3	5	Esercizio 2	pagina 66
2-4	5	Esercizio 3	pagina 66
2-5	5	Esercizio 5	pagina 67
2-6	5	Esercizio 6	pagina 67
2-7	5	Esercizio 1	pagina 68
2-8	5	Esercizio 3	pagina 69
2-9	5	Esercizio 6	pagina 69
2-10	5	Esercizio 1	pagina 69
2-11	5	Esercizio 2	pagina 69
2-12	5	Esercizio 3	pagina 69
2-13	5	Esercizio 2	pagina 73
2-14	6	Esercizio 1	pagina 76
2-15	6	Esercizio 1	pagina 78
2-16	6	Esercizio 4	pagina 79
2-17	6	Esercizio 5	pagina 79
2-18	6	Esercizio 1	pagina 80
2-19	6	Esercizio 4	pagina 80
2-20	6	Esercizio 6	pagina 81
2-21	6	Esercizio 1	pagina 81
2-22	6	Esercizio 2	pagina 81
2-23	6	Esercizio 3	pagina 81
2-24	6	Esercizio 2	pagina 82
2-25	6	Esercizio 1	pagina 84
2-26	Tiriamo le somme	Esercizio 8	pagina 89
2-27	7	Esercizio 1	pagina 90
2-28	7	Esercizio 1	pagina 92
2-29	7	Esercizio 2	pagina 92
2-30	7	Esercizio 5	pagina 93
2-31	7	Esercizio 1	pagina 94
2-32	7	Esercizio 4	pagina 94
2-33	7	Esercizio 6	pagina 95

2-34	7	Esercizio 1	pagina 95
2-35	7	Esercizio 2	pagina 95
2-36	7	Esercizio 3	pagina 95
2-37	7	Esercizio 4	pagina 95
2-38	7	Esercizio 4	pagina 99
2-39	8	Esercizio 1	pagina 102
2-40	8	Esercizio 1	pagina 104
2-41	8	Esercizio 2	pagina 105
2-42	8	Esercizio 3	pagina 105
2-43	8	Esercizio 1	pagina 106
2-44	8	Esercizio 4	pagina 106
2-45	8	Esercizio 6	pagina 107
2-46	8	Esercizio 9	pagina 107
2-47	8	Esercizio 1	pagina 107
2-48	8	Esercizio 2	pagina 107
2-49	8	Esercizio 3	pagina 107
2-50	8	Esercizi 1-2	pagina 110
2-51	9	Esercizio 1	pagina 114
2-52	9	Esercizio 1	pagina 116
2-53	9	Esercizio 2a	pagina 116
2-54	9	Esercizio 4	pagina 117
2-55	9	Esercizio 1	pagina 118
2-56	9	Esercizio 3	pagina 118
2-57	9	Esercizio 5	pagina 118
2-58	9	Esercizio 7	pagina 119
2-59	9	Esercizio 1	pagina 119
2-60	9	Esercizio 2	pagina 119
2-61	9	Esercizio 4	pagina 119
2-62	9	Esercizio 5	pagina 119
2-63	9	Esercizio 2	pagina 122
2-64	Tiriamo le somme	Esercizio 8	pagina 127

Cartina dell'Italia: da fotocopiare e usare per le ricerche.

Note